珞珈语言文学丛书

"看"类动词词义聚合网络的认知研究

欧阳晓芳 ◎ 著

中国社会科学出版社

图书在版编目（CIP）数据

"看"类动词词义聚合网络的认知研究／欧阳晓芳著 . —北京：中国社会科学出版社，2015.7

ISBN 978-7-5161-5758-9

Ⅰ.①看… Ⅱ.①欧… Ⅲ.①汉语—动词—词义学—研究 Ⅳ.①H13

中国版本图书馆 CIP 数据核字（2015）第 060741 号

出 版 人	赵剑英
责任编辑	李炳青
责任校对	郝阳洋
责任印制	李寡寡

出　　版	中国社会科学出版社
社　　址	北京鼓楼西大街甲 158 号
邮　　编	100720
网　　址	http://www.csspw.cn
发 行 部	010-84083685
门 市 部	010-84029450
经　　销	新华书店及其他书店

印　　刷	北京市大兴区新魏印刷厂
装　　订	廊坊市广阳区广增装订厂
版　　次	2015 年 7 月第 1 版
印　　次	2015 年 7 月第 1 次印刷

开　　本	710×1000　1/16
印　　张	15.75
插　　页	2
字　　数	268 千字
定　　价	56.00 元

凡购买中国社会科学出版社图书，如有质量问题请与本社联系调换
电话：010-84083683
版权所有　侵权必究

目 录

第一章　绪论 ……………………………………………………… (1)
　第一节　选题缘起 …………………………………………… (1)
　　一　词义网络研究具有理论和应用双重价值 ………… (1)
　　二　立足认知开辟词义网络研究的新视角 …………… (2)
　　三　选择"看"类动词进行尝试性探索 ………………… (4)
　第二节　研究现状 …………………………………………… (6)
　　一　汉语语言学领域的词义聚类研究 ………………… (6)
　　二　面向信息处理的词汇语义知识库研究 …………… (12)
　　三　"看"类动词研究 …………………………………… (18)
　第三节　本书的相关说明 …………………………………… (19)
　　一　研究思路 …………………………………………… (19)
　　二　语料说明 …………………………………………… (20)

第二章　词义聚合网络的理论框架建构 ……………………… (22)
　第一节　词义聚合网络的理论基础 ………………………… (22)
　　一　"词群—词位变体"理论 …………………………… (22)
　　二　范畴化视角下的词义观 …………………………… (25)
　　三　范畴等级结构与词义聚合网络 …………………… (25)
　第二节　词义聚合网络的构建方式 ………………………… (27)
　　一　提取基本范畴词,确立词义聚合网络的基点 …… (27)
　　二　构拟意象图式,发掘词义聚合网络中的上层义位 ………… (28)
　　三　利用范畴发展规律,实现词义聚合网络的纵横延展 ……… (30)
　第三节　立足语言事实的词义范畴发展探察 ……………… (32)

第三章 "看"及"看"类词群的纵向构建 (34)
第一节 "看"核心地位的确立 (34)
第二节 "看"义位的梳理 (37)
  一 "看"词义表现的初步考察 (37)
  二 传统释义中"看"的义项分割 (40)
  三 立足认知的"看"义位发掘 (43)
第三节 "看"类词群的分别构建 (47)
  一 "看1"词群的建构 (48)
  二 "看2"词群的建构 (78)
  三 "看3"词群的建构 (113)
  四 "看"及"看"类词群义位概览表 (122)

第四章 "看"及"看"类词群的横向系联 (128)
第一节 一词多义与隐喻转喻 (128)
  一 隐喻思维机制影响词义演变 (129)
  二 转喻思维机制影响词义演变 (131)
  三 隐喻转喻与词义演变的群体性类化倾向 (134)
第二节 "看"在隐喻推动下的词义引申 (135)
  一 "以身喻心"隐喻模式 (135)
  二 "以身喻心"推动下的视觉隐喻 (137)
第三节 "看"在转喻推动下的词义引申 (139)
  一 辅助行为转喻核心行为 (139)
  二 部分行为转喻整体事件行为 (141)
  三 行为过程转喻行为结果 (142)
  四 行为转喻行为标记 (142)
第四节 "看"类词群的群体隐喻转喻考察 (143)
  一 "看1"词群成员的隐喻转喻分析 (144)
  二 "看2"词群成员的隐喻转喻分析 (150)
  三 "看3"词群成员的隐喻转喻分析 (153)
  四 "看"类词群的群体隐喻模式 (156)

第五章 "看"类范畴发展的语言表现 ……………………… (164)
第一节 范畴发展表现为词形转换 …………………… (165)
一 范畴内合体字的生成 ………………………… (165)
二 范畴内复合词的产生 ………………………… (168)
第二节 范畴发展表现为词义引申 …………………… (175)
一 词义引申概述 ………………………………… (175)
二 "看"词义发展中的"继发引申" ……………… (176)
第三节 范畴发展表现为句法功能变化 ……………… (183)
一 表具体行为范畴的"看" ……………………… (185)
二 表主观情态范畴的"看" ……………………… (208)
三 表客观关系范畴的"看" ……………………… (215)

第六章 结语 ……………………………………………… (220)

附录 ……………………………………………………… (224)

参考文献 ………………………………………………… (233)

第 一 章

绪 论

第一节 选题缘起

一 词义网络研究具有理论和应用双重价值

关于词汇系统的研究已经表现出越来越明显的词义中心倾向。从20世纪50年代开始,汉语语言学界就开始关注词汇的系统性问题,并针对"词汇是否成为一个体系"展开了激烈的论争。随着讨论的深入,词汇具有系统性逐步成为共识,研究者们从不同的角度对词汇系统进行了探索,主要有如下几个层面:意义层面、结构层面、语音层面、语法层面、来源层面、运用层面和综合属性(赵世举,2006)。越来越多的学者认为词的核心是词义,词汇系统的研究应该着重研究词义系统。词汇的系统性虽然在各个层面均有所体现,但起决定作用的是意义。更有学者明确指出"词汇系统实际上就是词义的结构系统"(洪成玉,1987)。"语言的词汇是一个体系,每个词(以至每个词义)在总的体系的网络中只占一席之地,同时又与周围的词及词义处于纵横交错的相互关系之中"(李锡胤,1986)。还有学者从心理学角度考察大脑词库的网络结构,并通过实验材料证明了词语之间存在着复杂的语义联系(周国光,2003)。因此,揭示词义网络的具体构成已经成为当前汉语词义理论研究的重点之一。

另外,汉语言的应用研究也对词义网络的发掘提出了要求。作为应用语言学两个重要分支的汉语作为第二语言教学和中文信息处理都表现出了对汉语词义网络的迫切需求。

在汉语作为第二语言教学中,词汇教学是非常重要的一环。英国语言学家威尔金斯（George Wilkins）在《语言教学中的语言》（1972）里说：
"如果没有语音和语法，还可以传达一点点信息；但是如果没有词汇，那就不能传达任何信息。"（盛炎，1990）足见词汇对于语言教学的重要性。心理学家对词语习得规律的研究表明：词语是以网络的形式储存在记忆中的，孤立的词不容易记住也不容易检索出来（陈贤纯，1999）。可见二语词汇习得过程就是一个建构二语心理词汇网络的过程。但心理词汇的组织结构仍然是一个存在争议的问题，目前语义网络被一致认为是这方面最理想的模型。在语义网络中，词与词之间是通过语义关系相互联系联结的。因此，发掘和描写出汉语词义网络，可以帮助教师更加有计划、有意识地科学安排词汇教学，从而帮助学生快速有效地构建和发展心理词汇网络，促进其对汉语词汇的习得。

随着信息时代的来临，语言的使用空间从人际延伸到人机，这就促成了语言学与计算机科学的联姻，构成了信息时代独具特色的产物——面向自然语言处理的语言研究，即人机空间的语言研究（萧国政，2001）。目前，中文信息处理已经全面进入了语义处理阶段，作为语义理解的基础和核心，词汇语义资源建设是语言信息处理技术取得进步的重要保障。语言信息处理要求提供可计算化的语义结构文本，语言系统的计算机仿真也有赖于语义结构网络的形式化，而计算机本身不具备语义网络的自建构能力，因此必须为之建构以供语言编码和解码之用的可计算语义网络（李葆嘉，2007）。因此，对词义的体系性描写和精确的形式分析，成为当务之急。

综上所述，不论是从汉语词义理论研究的发展趋势来看，还是从语言研究服务于应用的角度来看，对汉语词义网络的分析和描写都具有非常重要的意义。这也正是本书选题的缘起。

二 立足认知开辟词义网络研究的新视角

按照认知语言学的观点，语言不是直接表现或对应于现实世界，而是有一个中间的"认知构建"层次将语言表达和现实世界联系起来。这一观点可表述为"现实—认知—语言"模式。因此，认知规律和认知模式不但是个体习得语言的客观规律，也是语言系统本身形成和发展的依据和脉络（萧国政、胡悍，2008）。

从认知的观点来看，人们为了认识世界，必须对世界万物进行分类和范畴化，认知过程的结果（即范畴）作为概念（mental concepts）储存于大脑，形成心理词汇（mental lexicon），心理词汇又表现为外部的语言符号（赵艳芳，2001）。也就是说，认知范畴作为认知概念储存于大脑中，其外部表现为语言中的词。大脑中的词库不可能是毫无结构的，以往的语言学将词汇分为名词、动词、形容词等词性，又分为同义词和反义词、上义词和下义词等各种意义关系，也是试图描述词与词之间的关系和结构。但以前的语言理论都认为这些词的意义是有明确界限的，其地位是等同的。认知语言学从认知的角度观察语言中词汇的组织和规律，以人的经验和认识事物的规律为基础说明语言中词汇产生、发展与习得的内在机制，反映了人类认识事物的有序性以及词汇在人的大脑中不同的地位和作用。研究表明，人们先认知基本范畴，然后在基本范畴的基础上认知上、下位范畴，并经由转喻、隐喻等思维机制形成复杂或抽象的概念，在这些范畴形成的同时产生了词汇，也决定了词汇产生和发展的顺序，构成了一定的词汇等级结构。在语言层面上，基本范畴等级具有特殊的地位，上位范畴词汇和下属范畴词汇一般来说都晚于基本范畴词汇产生。认知语言学关于词汇发展变化的相关研究，为我们构建词义聚合网络提供了基点和扩展脉络，即以基本范畴词为基点，根据人类的认知规律和认知模式来系联上位范畴词和下位范畴词，以及复杂抽象概念。例如：

  Super-ordinate：*furniture*
       ↑
  Basic-level：*chair*→Complicated or abstract：*chair*（n. chairman）*chair*（vt.）
       ↓
  Subordinate category：*armchair*

近年来，萧国政提出了一种科学的词义网络构建理论——"词群—词位变体"理论（萧国政，2007、2008）。"词群—词位变体"理论认为：概念是无限的，但是任何一种语言用词位表达的概念是有限的。词位有基点词位和非基点词位之分，一种语言的词义系统是以基点词位及其变体构成的同义词群体系（即词义网）。其中每个以基点词位为起点的同义词群——集合，是由上位变体集合、下位变体集合、同位变体集合和邻位变体集合共同形成的同义词群体系（萧国政，2008）。这一理论本质上是从认知视野构拟和揭示词义产生、发展及其联系，与认知语言学的有关研究在基本原理上应是彼此呼应的。

"词群—词位变体"理论认为，一种语言的词网是由有限的认知基元网构成的，其基元网的构建是整个词汇语义网构件的基础。其词汇语义网的构建方法及基本策略的研究也是通过基元网的构建来探索、实现和完善。"词群—词位变体"理论有三个学术支撑：一是句法语义原则；二是语言认知原理；三是本体（ontology）网络架构。

本书将以"词群—词位变体"理论为理论基石，利用语言与认知的相关原理，通过选取一个小范围的词义聚合（一个基元词义网络）的建构为对象进行研究，探索和论证认知词义网建构的可行性，以及建构词义网络的有关理论和方法。

三 选择"看"类动词进行尝试性探索

本书之所以选择"看"类动词进行词义聚合网络研究是出于以下考虑：

首先，"看"类动词以表达视觉行为为基础，视觉行为是身体与外界进行交流的最初形式和基本形式，是人类获取客观世界信息的首要来源，与人类的认知活动和抽象思维联系紧密。经由视觉信息产生的对客观世界的认知，必然会打上视觉的烙印。从视觉行为入手，某种程度上也是对认知的溯源性研究，有助于我们发现人类认知世界的某些内在规律。

其次，"看"所表达的视觉行为范畴是基本层级概念范畴，是人们认识世界最直接、最基本的层面，也是人们对事物进行范畴化的有力工具，在言语中使用最广、最为人所熟知，可能涵盖的范围也会很广，以此为基点所发生的横向扩展（抽象、复杂概念范畴）和纵向延伸（上、下位范畴）也会更加充分，可以系联的各层级位内变体和位外变体更多，涉及的领域也会更广，因此表现在语言层面的词义聚合网络也会更加的繁杂丰富、纵横捭阖，极具典型性。

再次，"看"类动词潜隐着较强的词义演变规律。由于视觉行为对于人类生存的重要性，视觉动词的起源非常早，使用历史漫长且频率高、范围广，故其词义具有一定的原初性和基础性。所以从古至今意义演变发展不易产生脱节，具有完整的历时演变过程，便于观察其大致的语义发展趋势。再加上视觉行为与人的认知经验具有直接相关性，又和人的现实生活紧密相连，因此，"看"类动词词义在发展过程中不仅积淀了丰富的认知经验，而且凝聚了深刻的民族文化心理，容易从中提炼出具有代表性的词义演变规律。

最后，"看"类动词是人们耳熟能详的常用词汇，其使用频度和辨识理解程度都非常高，但恰恰是最为人所熟知的词汇或概念却往往最容易被忽略，从而最缺乏相应的研究。因此，看似最易理解的概念却最难诉诸文字，汉语教师们给外国学生进行讲解辨析的时候总是语焉不详，又何谈形式化以备机器之用。所以，开展"看"类动词词义网络研究是编撰科学的对外汉语学习型词典和构建机读语义知识库的基础性内容之一。

因此，本书以《现代汉语词典》作为"看"类动词的选词基本来源，并参考《同义词词林》《简明汉语义类词典》以及符淮青《词义的分析与描写》中收录的视觉行为动词，最终将以下212个动词，共238条义项列入考察范围之内：

傲视、白、拜读、拜望、饱读、饱览、逼视、鄙视、参观、参看、参阅、侧目、查看、查阅、察看、察验、觇、骋目、驰目、仇视、瞅、瞅见、传观、传看、传阅、打量、瞪、敌视、谛视 dìshì、睇 dì、盯、定睛、读、睹、端量、端详、睋 é、翻阅、反顾、放眼、俯察、俯瞰、俯视、鹄望 húwàng、顾、顾盼、观、观测、观察、观看、观览、观摩、观赏、观望、观瞻、观照、忽视、虎视、环顾、环视、回顾、回眸、极目、监视、检查、检视、检验、检阅、见、鉴、静观、校阅、看 kān、看顾、看管、看护、看守、看押、看 kàn、看不起、看承、看待、看得起、看见、看轻、看望、看重、瞰、窥、窥测、窥察、窥视、窥伺、窥探、睐、览、睖 lèng、瞭、瞭望、瞵 lín、溜、浏览、瞜 lōu、掠视、裸视、眄 miàn、眄视 miànshì、瞄、藐视、乜 miē、乜斜 miēxié、蔑视、漠视、目、目测、目睹、目击、目见、目送、目验、睨 nì、鸟瞰、凝眸、凝目、凝视、凝望、怒视、盼、旁观、批阅、披览、披阅、睥睨 pìnì、瞟、瞥、瞥见、瞥视、平视、凭眺、歧视、睄 shào、翘望、瞧、瞧得起、瞧见、轻视、觑 qū、觑 qù、圈阅、扫视、赏、赏阅、审视、视、视事、收看、收视、守望、四顾、睃 suō、踏看、探视、探望、眺、眺望、透视、望、围观、睎 xī、盼 xì、相 xiāng、相看 xiāngkàn、相 xiàng、小看、小瞧、小视、斜视、省 xǐng、省视 xǐngshì、巡、巡视、验、验看、仰视、仰望、遥望、一览、游览、远眺、阅、阅读、阅批、瞻、瞻顾、瞻望、瞻仰、展望、张、张望、珍视、正视、重视、瞩、瞩目、瞩望、注目、注视、纵观、纵览、纵目、坐视

以上 212 个动词的 238 条义项均来源于《现代汉语词典》（2005 年第 5 版），① 详见附录。

第二节　研究现状

一　汉语语言学领域的词义聚类研究

汉语词义聚类研究有着悠久的历史，在不同的时期，学者们从不同的视角对汉语词义聚类进行了不同阐释。

（一）传统语言学视角下的词义聚类研究

1. 传统训诂学的词义聚类研究

训诂学旧日作为"小学"的分支学科，有着研究词义的悠久传统。尽管古代训诂学家没有明确提出词义系统理论，但在实践上早就开始了词义梳理和类化的工作，主要表现在两个方面：

首先，是单个词不同词义之间的聚合研究，即本义、引申义研究，这是古代词义研究的核心。但"本义"、"引申义"的说法，是站在以"字"为语言单位的立场提出的。但由于汉字兼有表音和表义的功能，字义与词义存在着密不可分的联系。本义就是造字之初的本来意义。本义的研究以东汉许慎的《说文解字》为开端，它主要依靠形训来求取本义。此外还有声训，如东汉刘熙的《释名》就是通过声音追索语词命名的由

---

① 由于本书成稿早于《现代汉语词典》第 6 版，且第 6 版所做修订基本未涉及本书研究对象，故仍以第 5 版为选词来源。

来。引申义是由本义引申出来的意义。引申义的研究是从南唐徐锴开始的。他在《说文解字系传·说文解字疑义》中提到了两种假借："据义而借"和"远而借之"。"据义而借"就是引申，又称为假借引申。"远而借之"就是据音假借，也就是人们通常所说的假借。"据义而借"的引申，《说文系传》中的例子如，"权"，许慎说本义是树的杈枝。徐锴说"可以撑船"，那就是引申为船叉；"可以刺鱼"，那就是引申为鱼叉。徐锴之后，宋代戴侗、清代段玉裁、朱骏声都对引申系统都进行了卓越的研究。段玉裁的《说文解字注》就对一千多个词的引申、演变线索进行了细致入微的探讨。江沅在为其写的《后序》中说："许书之要，在明文字本义而已……本义明而余义明，引申之义亦明。"朱骏声《说文通训定声》以本义、引申义排列字义，形成完整的本义、引申义的序列。本义、引申义、假借义等术语的明确界定昭示着清代的学者对单个词内部的意义系统有了清晰的理论认识。

其次，是词与词之间意义聚合关系的探讨，即义类研究。对汉语义类的探秘是古代词义研究的热点，并取得了辉煌的成就。至少在汉代或以前，这种工作就已经自觉或不自觉的开展了。《尔雅》前三篇的词条，字数较多的词条实际上就是一个义类，后16篇的归类也是对词义系统的一种粗略划分。刘熙在《释名序》中明确提出了"义类"一说："名之于实，各有义类。"并从语源上探讨了词与词之间的联系。宋代王圣美的"右文说"将词语之间关系的探讨提升到形、音、义三者结合的层面。再到清代王念孙总结"义类"说、"义通"说，开始从理论上探讨词与词之间的关系问题，也把传统的义类研究提高到了崭新的水平。传统训诂学的义类研究成果主要体现在两个方面：第一，词语之间同近义关系的探讨。同训、互训、递训、转训等名称繁多的训释方法，本质上都是着眼于词义之间的同近义关系。结果是把单个的离散的词联结为一个个或大或小的同义或近义词群。第二，词语之间同源关系的求取。其理论根据是客观事物和声音的相似性。同源词的研究是汉语词汇系统中最具理论性、特色性的研究。

传统训诂学对本义、引申义、同义近义、同源的研究，为我们的词义聚类研究提供了宝贵的材料。但由于传统训诂学的词义研究服务于经学，以训释词语为主要任务，"读经辨志"下的读懂文义，贯通文理，成为词义研究的目的，这种根本的限定造成了古代词义研究的局限性：

第一，拥有大量的初级词义材料，而缺乏深加工的精细产品。

第二，词义研究处于零散状态，缺乏解释整体的宏观理论。

第三，在方法和目的上过分注重求同，辨异涉及较少，大量使用同训、互训等，导致对同义词的认识停留在类似、近似、大约的模糊层面。

第四，重经验式的感悟，缺乏理性的实证研究。

第五，研究对象局限于古代的书面语言，严重缺乏对口语材料的分析。

这些局限性到章黄学派手中有所改观，如章太炎主张以音韵为手段整理汉语词汇的系统，并作《文始》以明文字孳乳浸多之理。黄侃认为训诂学的目的就是"求语言文字之系统与根源"，并系联《说文解字》中的字词来探求词汇意义系统（王宁，2000）。从而使训诂学脱离附庸经学的地位，成为一门独立的学科。现代训诂学家们正致力于在前人研究成果中发掘其内在的理论体系，构建词义系统，并进行方法上的革新。

2. 现代词汇学的词义聚类研究

现代词汇学始于20世纪30年代，随着白话文的普及，现代汉语基本成型，词汇研究的对象终于从古汉语词汇转向现代汉语词汇。到五六十年代，一批现代汉语词汇学专著面世，如《汉语词汇》《普通话词汇》《现代汉语词汇》及《汉语词汇讲话》等，开始从理论上对现代词汇学进行了建构，80年代陆续出版和发表的一批词汇学论著在具体研究领域进行了进一步的探讨，形成了现代词汇学的基本理论框架。此时期的词义聚类研究表现为：第一，同义词和反义词类聚研究。第二，词义的发展演变（扩大、缩小、转移）。虽然学者们已经在有意识地研究词汇的系统性，但仍然局限于传统理论框架内，没有形成相对独立和创新的研究领域，而且存在着以下不足：

第一，词义聚合关系的研究基本上和词的聚合关系混在一起。虽然是以词义为标准进行聚类，却又以词为单位，只有"同义词、反义词"的说法，没有词义之间"同义、反义"关系的阐述。

第二，忽视同一词形内部各词义之间的聚合关系研究，将多义词笼统地称作"内部几个意义有联系的词"。

第三，未涉及除同义、反义关系之外的其他词义关系，这必然导致词义聚类的零散性和局限性。

（二）结构主义语言学视角下的词义聚类研究

结构主义语言学的主流是重视语言外在结构的精细化、充分性描写，把语义排除在外，但这也促使一部分学者开始用结构主义方法对词义进行微观层面的探索和系统性方向的思考，其"义素分析法"、"语义场"理论，从词义的内部结构和外部联系两个方面，把词义研究向科学性和系统性方面推进了决定性的一步。国内学者在学习、借鉴这两种理论的基础上，对汉语词汇及其系统性进行了详细的分析和深入的研究，有的学者还据此建立起了自己的汉语词汇研究的理论体系。其中，与词义聚类相关的研究表现在以下几个方面：

第一，用语义场理论来研究词义之间的聚合关系，以贾彦德（1982）为代表，他认为："语言中的词义总是存在于一定的语义场内，并与该场的其他词义处在某种聚合关系中，既有共同特征，彼此又不相同。因此，词义应该通过语义场的聚合关系进行研究。"他将语义场分两大类：一类是由不同词的词义构成的；一类是由一个多义词内诸义项构成的。前一类语义场中词义间聚合关系可分为：分类义场、顺序义场、关系义场、反义义场、两极义场和否定义场等。符淮青也对语义场的结构进行了探讨，但他用的是词群的概念，根据词群成员的意义关系将词群分为：同义近义词群、层次关系词群、非层次关系词群和综合词群。

第二，用义素分析法对语义场内词义之间聚合关系进行微观描写，如贾彦德对亲属词的分析，符淮青对颜色词群、亲属词群、眼睛活动词群等的描写，李红印对现代汉语892个颜色词的词义结构聚合分析，等等。其中，符淮青对动词行为词词群的分析具有突破性意义，而且他还对特定词群进行了"普通话—方言"以及"现代汉语—古代汉语"的比较。这些都是非常有意义的尝试。

语义场理论和义素分析法反映出语义结构化的思想，义素分析试图揭示词汇微观语义结构，找到所有的"语义原子"，语义场理论的目标则是从宏观上全面揭示词汇语义结构。两种理论将宏观与微观相结合，立足系统性和形式化，无疑给汉语词义研究带来了重大突破，但是随着研究的深入，其局限性也逐渐显露出来：

第一，语义场的边界问题。按照语义场理论，词汇系统由一个个场界分明、组合有序的大大小小的场聚集而成，但是究竟依据什么标准确定某个场的存在？如何界定场的范围？如何确定一个场所包含的具体成员？这些问题都没有得到较好的解答，从而导致语义场要么越分越细，场的数量无限增加，要么无限扩展，场的范围不着边际。

第二，语义场和义素分析法的适用范围有限，大都止于对实词的静态词义进行聚类和分析，对虚词及真实语料中的动态词义则少有涉及，如"母亲"一词一般归入亲属义场，义素分析为[血缘关系]、[最近的直系长辈]、[女性]，但"祖国母亲"中的"母亲"明显不能作以上归属和分析。同时，词义的模糊性和主观性也使学者们在运用结构语义学理论进行分析时，显得力不从心。

概而言之，汉语词义聚类的研究经历了从零散到系统，从经学附庸到自成体系的漫长发展过程，前期从传统训诂学中继承了许多思路和方法，后期则从西方语义学中吸取了相关的现代理论，使词义聚类研究走向了微观与宏观、分析与描述相结合的道路。但是，由于以往研究都只是停留在语言层面，就词义论词义，将人的主观动因排除在外，因此总是无法从本质上解决问题，直到20世纪末认知语言学兴起，才为词义研究打开了一片全新的视野。

（三）认知语言学视角下的词义聚类研究

认知语言学认为语言不是自足的独立系统，而是与认知领域密切相关的，语义以认知为基础，是人类在对世界进行范畴化和概念化的过程中形成的。范畴化是人类对世界万物进行分类的一种高级认知活动，在此基础上人类才具有了形成概念的能力，才有了语言符号的意义（赵艳芳，2001）。以范畴理论为核心，认知语言学对词义的产生、发展及词义之间的关系形成了一系列独特的见解。越来越多的国内学者开始将这些理论应用于汉语词义研究领域，为汉语词义聚类研究注入了新的生命力，以范畴理论为核心，认知语言学对词义的产生、发展及词义之间的关系形成了一系列独特的见解。越来越多的国内学者开始将这些理论应用于汉语词义研究领域，为汉语词义聚类研究注入了新的生命力。主要表现在：

第一，立足基本范畴词，运用隐喻、转喻理论建立起单个词内部的词义聚合网络。人体名词是其中的研究热点，如对"心"、"眼"、"手"、"足"等的一词多义研究。还有涉及基本行为动词的多义认知研究，如"吃、到、看"等。由于基本范畴词多为单音节高频词，以之为词素构成合成词的几率也比较高，因此学者们对相关同素词也进行了考察，从而使单个词的词义聚合网络得到了扩展和延伸。

第二，用认知的观点将前人的词义聚类研究进行重新梳理和整合，使之向有理据的层级性词义聚合网络推进。

在理论研究方面表现为从认知角度对词义聚合理论进行重新解释，如周国光用范畴化理论解释语义场理论，并对汉语词汇体系中的语义场进行了分类描述（周国光，2005）。还有以赵艳芳为代表，对"一词多义"和"一物多词"的认知阐释，都大大推进了词义聚合理论的研究深度。

在具体的词义聚类方面，比较集中的是对颜色词的认知性阐发和系联，学者们以原型理论为依据确立基本颜色词，然后以此为基点对颜色词进行逐级延伸，并且结合人类的认知规律和文化因素，对各基本颜色词的语义网络进行了探索。

随着认知语言学理论的不断引进和发展，国内从认知角度进行的词义聚类研究也越来越多，但目前存在的问题也比较明显。

第一，尚未形成系统的认知词义聚合理论，只是从认知角度对词义问题进行尝试性的解释和探讨，因此大多数研究只是套用国外零散的认知研究成果，在汉语中来寻求验证。或者直接用国外理论研究英语词义，有关汉语的探讨只是稍有提及。

第二，针对"一词多义"的个案研究为主，很少有针对词群的词义聚合研究，或者虽以某类词群为研究对象，但只作总括式的简单探讨，未有详细遍及式的描写和分析。

第三，侧重认知的视角，却忽略了语言系统内部的作用，不注重利用真实语料，也较少结合句法、语用等因素，从而使研究结果流于主观。

因此，我们认为虽然从认知的角度研究词义聚类，是对以往研究的推进，但它不能替代以前的理论和研究。因此，我们不能全面否定和抛弃以前的语言理论。认知语义学理论基础来源于心理学，其对语义的把握往往是感性的、经验式的，无法对语义进行精确的分解，因而在语义分析中也有着自身的局限性。词义研究是多层次、多视角的，各种理论互相补充才能推动对词义聚类的全面、深入研究。

二 面向信息处理的词汇语义知识库研究

随着信息科学技术的发展，人们可以从互联网上接触到浩如烟海的信息，因此，有效地获取知识、占领资源成为人们的迫切需求，这就给自然语言处理研究提出了更高的要求。目前，自然语言处理已经全面进入语义处理阶段，作为语义理解的基础和核心，词汇语义资源建设是语言信息处理技术取得进步的重要保障。

自然语言处理是人工智能的重要内容，机用词汇语义资源的知识表征形式应该是对词义系统在人脑中认知和储存方式的形式化仿真模拟。1968年美国心理学家奎连（R. Quillian）研究人类联想时提出了语义网络的概念。1972年，美国人工智能专家西蒙斯（R. F. Simmons）和斯乐康（J. Slocum）首先将语义网络用于自然语言理解系统中。到1985年，许多认知心理学家和计算语言学家开始以"网"的形式来描述词语的意义。再到以WordNet为代表的一系列语义知识库研发成功，信息处理用词汇语义资源的知识表征方式逐步明朗并得到广泛的认同，那就是具有层级、连线和节点的词义聚合网络。

由于词汇语义资源建设是语言信息处理技术取得进步的重要保障，基于不同的理论基础和目标追求，国内外研究者们已经开发出了多种面貌各异的词汇语义知识库。它们分别从不同的角度、以不同的方式发掘了概念之间的语义关系，并以此构建出各自的聚合语义网络，在语言信息处理中发挥着重要的作用。有的学者根据这些资源的结构特征、功能和应用价值，将它们分为系统方案型、知识本体型、基础词库型、语义关系型和语料库型等五种类型（萧国政、胡惮，2007）。由于本书旨在探索更为高效的词网构建理论和方法，因此以下我们将选取其中影响最大，最具代表性的几种，主要从理论基础和组织体系等方面进行简单介绍。

（一）WordNet

WordNet是美国普林斯顿大学认知科学实验室的心理学家、语言学家和计算机工程师联合设计开发的在线词典数据库（在网上可机读的英语词库），由米勒（Miller）教授从1985年开始主持开发。

WordNet的理论基础是心理语言学。在人的大脑中所储存的词汇知识，就像一本词典所载有的信息那样，也规定词的拼写形式或发音形式、词的意义；在普通词典里，我们用已知的词去定义一个生词，通过对意义的解释把语言和客观世界联系起来。在人的语义记忆里，也需要表示这种词义及概念之间的关系，但是其组织方式又有所不同，词义的心理表征比普通词典的词义表示更为复杂。通过开始于20世纪初关于词的关系的研究，以及近几十年来心理语言学的研究，大量研究成果开始揭示出这种复杂的词汇语义关系。WordNet 正是在上述思想的影响下进行研发的。其初衷只是打算提供一个能与传统的在线词典紧密结合的辅助工具，用来按概念而不仅仅按字母顺序查词典。然而随着工作的进展，WordNet 的组织结构以及它所追求的目标都闪现出其特有的火花。因为它实践了基于心理语言学家研究成果的设想，因此 WordNet 可以说是一部基于心理语言学原理的语义词典。

　　WordNet 以词为基本的组织单位，将众多意义相似或相近的词组织成为同义词集，并在各个同义词集之间建立一种指针，以此来表示各种语义关系，进而组织体系结构。WordNet 涉及的语义关系主要包括：同义反义关系、上下位关系、整体—部分关系、蕴涵（推演）关系等等。在不同词性中，具体的组织形式又有所不同。WordNet 将词分为五种类型：名词、动词、形容词、副词、功能词等，事实上当前只包含四种词性，不对功能词作处理。名词是利用词典存储中主题的等级层次来组织的，其中体现了一种词汇继承机制，并将同义反义关系、部分整体关系这三种语义关系都包含进来。动词是按各种搭配关系来组织的，其中最主要的是利用蕴涵（推演）关系来组织动词间的时间包含、方式关系、对立关系、上下位关系和因果关系。形容词和副词主要按照同义、反义关系组织。其中以建立指针的方式将关系性形容词与多个相对应的名词来进行组织。Word-Net 主要在同义词集之间通过大量的关系来表达语义信息，但缺乏不同词类词语间的关系。如：名词与动词之间就不容易建立关系。

　　目前，WordNet 在自然语言处理和信息检索领域正发挥着重要作用。而且，在 WordNet 的影响下，多语种版本的 WordNet 也在不断研发之中，中文信息处理领域比较著名的有北京大学的中文概念词典（CCD）和台湾中央研究院的中英双语知识本体词网（SinicaBOW）。可见，WordNet 框架的合理性已为词汇语义学界和计算词典学界所公认。同时，由于存在"人类语言的认知语义结构具有共通性"的假设，WordNet 作为人类语言词汇概念知识库研究和应用的（事实上的）标准的地位以后还会加强。

（二）FrameNet

FrameNet 是美国加州大学伯克利分校菲尔莫尔（Fillmore）等人于 1997 年开始构建的基于真实语料库支持的计算机词典编撰工程。

FrameNet 的理论基础是框架语义学。框架语义学是 Fillmore 的原创理论，是用来研究词义和语法结构意义的方法。该理论认为词义是用框架来描写的。词语可以通过其所在的语言结构，按照一定的原则或方式选择和突出基本的语义框架的某些方面。要理解词语的意义，就必须首先具备概念结构，即语义框架的知识，而这些知识通常同一些情境，如：相关实体、行为模式、社会制度背景等等相关。当一个词的词义是基于某一特定的框架们则说该词激活了一个框架。这种将词汇意义的描述同一定的语义框架相联系的方法，使得研究者从词汇层面进行概念抽象，将具有共同认知结构、支配相同类型的语义角色的一类词语集中用一个框架描述，同时构建框架与框架之间的静态、动态的复杂关系。

因此，FrameNet 以框架为核心，以真实语料库为基础，将具有相同语义角色的众多词元归属于同一框架，用具有个性特征的框架元素来描述千变万化的自然语言语义，并通过标注例句揭示每一个词在每一个义项下的各种语义和句法结合的可能性（配价）。FrameNet 数据库主要由词汇库、框架库和例句库三部分构成。词汇库中主要包含每个词条传统的词典释义、各词元的语义结构（配价）模式、与标注例句库的链接、与所对应的框架库以及其他机器可读资源如与 WordNet 的链接。框架库包括框架的名称及其定义、框架元素表（包含框架元素名称、描述及若干示例）、框架之间关系、包含的词元集合、附加说明（如：人员分工、时间）等。例句库以词汇库的词语为目标词，标注句中框架元素、框架元素所在短语的短语类型，以及框架元素的句法功能。

FrameNet 关注的焦点是框架而不是词元，因此缺乏有关词元之间的聚合关系。如：没有明确指出词元之间的形态联系，也没有明确指出诸如同义、反义这样的语义联系。而是把反义的情况分属到不同的框架。像 WordNet 一样，FrameNet 也有许多语言的版本，在汉语领域，上海师范大学和山西大学也正在联合开发汉语框架语义知识库（CFN），并且已经取得了阶段性的成就。

（三） HowNet

HowNet（知网）由中国科学院计算机语言信息工程研究中心董振东先生主持开发，是一个以汉语和英语的词语所代表的概念为描述对象，以揭示概念与概念之间以及概念所具有的属性之间的关系为基本内容的常识知识库。

HowNet 是以逻辑语义为理论依托来建构的。他们认为语言之所以能够成为交际的工具，是由于它的表义性，从根本上说，是表达逻辑语义。逻辑语义是一种语义关系。在特定的交际环境下，某一语言片断的各个基本单元之间必然存在着某种逻辑关系，这些逻辑关系称为逻辑语义。逻辑语义的集合称为逻辑语义结构。所谓逻辑关系，是由于在客观世界上，包括语言者（语言传输者和语言接受者）在内的各种事物、动作、现象等都存在着一定的逻辑关系。这种关系是客观的，是高度抽象概括的。而且，语言的逻辑语义结构所包含的逻辑关系并不一定也并不要求符合客观的逻辑关系。每个语言片断（通常指句子）都蕴含三种关系：第一，语言传输者和语言接受者之间的关系；第二，语言者和语言片断内部其他实体之间的关系；第三，语言内部除语言者外的各实体之间的关系。据此，HowNet 归纳出逻辑语义的种类如下（见图 1—1）：

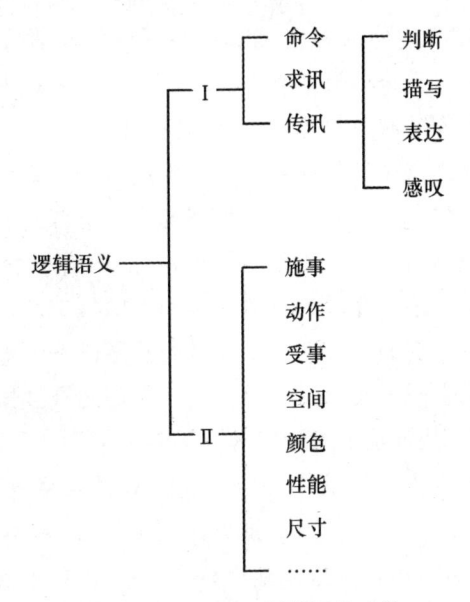

```
                     ┌─ 命令
                     │          ┌─ 判断
                  I ─┼─ 求讯     ├─ 描写
                     │          ├─ 表达
                     └─ 传讯 ───┤
                                └─ 感叹
逻辑语义 ──┤
                     ┌─ 施事
                     ├─ 动作
                     ├─ 受事
                     ├─ 空间
                  II ┤ 颜色
                     ├─ 性能
                     ├─ 尺寸
                     └─ ……
```

图 1—1　HowNet 逻辑语义分类

知网创立者首先确定有限的义元和基本标注集,然后"静态地、孤立地对概念(由词语表现)逐一进行义元标注,然后期待通过概念的内在联系来动态地、综合地反映它们的关系网络"。知网描述了下列 16 种语义关系:(a)上下位关系;(b)同义关系;(c)反义关系;(d)对义关系;(e)部件—整体关系;(f)属性—宿主关系;(g)材料—成品关系;(h)施事/经验者/关系主体—事件关系;(i)受事/内容/领属物等—事件关系;(j)工具—事件关系;(k)场所—事件关系;(l)时间—事件关系;(m)值—属性关系;(n)实体—值关系;(o)事件—角色关系;(p)相关关系。这些关系构成了知网独特的语义体系。不管这些语义关系对语言的语义知识的揭示是否系统、简洁和充分,但知网作为一个知识系统,名副其实是一个网而不是树。它不仅描述概念的共性和个性,而且也描述了概念之间和概念的属性之间的种种关系。

(四) HNC 词语知识库

HNC 词语知识库是 HNC 知识库的核心部分,是在中国科学院声学研究所黄曾阳的原创理论——HNC 理论基础上构建而成的。

HNC 是"Hierarchical Network of Concepts"(概念层次网络)的简称,它以概念化、层次化、网络化的语义表达为基础,故名为概念层次网络理论。HNC 认为语言表达的内容在大脑中并不是以自然符号系统的形式存在,而是以概念符号系统的形式存在,"自然语言理解是一个从自然语言空间到语言概念空间的映射过程","语言概念空间是存在于人类大脑之中的一个符号体系,这个符号体系既是人类进行语言思维的载体,也是人类进行语言交际的引擎。计算机要获得理解自然语言的能力就必须也拥有一台在功能上类似的引擎"(黄曾阳,2004)。语言概念空间是一个四层级的结构体:基层、第一介层、第二介层和上层。其中,与自然语言空间的词汇体系大体相对应的,是这个结构体的基层——语言概念基元符号体系,也称概念基元空间。建立一个网络式概念基元符号体系,即概念表达的数学表示式,是 HNC 整个理论架构的基础。

从概念基元符号体系的整体架构看,HNC 语言概念空间的基层继承并发展了《尔雅》的基本思路,将概念分成三种基本范畴 11 个次类("8—2—1"结构),即:抽象概念(8 类)、具体概念(2 类)和两可概念(1 类),其 11 类次范畴——11 类概念,不仅构成了 HNC 语言概念基元符号体系的基本框架，而且在此基础上构建了"概念范畴—概念林—概念树—根概念"这个四层级概念的延伸结构——HNC 高层概念网络。以根概念为源头，向下延伸可以覆盖任何概念。

HNC 词语知识库对知识进行了提纲挈领式的表示，从概念和语言两个层面，对语法、语义、语用和世界知识进行综合、抽象、提炼，对概念之间存在的关联关系有清晰的描述。它对知识的表示是概念化、数字化的，不是用自然语言描述自然语言。

以上几种词汇语义知识库分别从不同的角度、以不同的方式发掘了概念之间的语义关系，并以此构建出各自的聚合语义网络，在语言信息处理中发挥着重要的作用，它们的成功之处非常值得我们借鉴，如 WordNet 的同义词集组织体系，FrameNet 的例句库，HowNet 以概念的内在联系来反映概念之间的动态关系网络，HNC 形式化的概念构成表述方式等等。

综观国内外现有的词汇语义知识库，它们虽然分别从不同的角度、以不同的方式发掘了概念之间的语义关系，并以此构建出各自的聚合语义网络，在语言信息处理中发挥着重要的作用，但它们存在的问题也比较明显，主要有以下三类：

一是把语义关系的研究直接建立在传统词典释义和语言学本体研究成果基础之上，如微软的 MindNet、北京大学的 SKCC 和新加坡国立大学与厦门大学联合开发的 XHK。此类不仅把语言研究中存在的问题全盘带到了语言处理中来，而且增加了经费、人力和物力的开支及计算的复杂化，导致微软和很多计算程序专家愤怒地叫喊：每减少一个语言学家，就会成倍地提高我们的工作效率和计算速度。

二是完全脱离或基本脱离语言进行逻辑语义及其系统研究，如 HowNet。[①] 此类资源使词汇语义研究向信息抽取、机器翻译迈进了一大步，但是词语毕竟不只是概念的载体（同义词和近义词的很多差异就是非概念差异），并且词语在句子中的用法很多是不能用纯概念进行推理的。

三是语义知识描写的颗粒度不够精细，这个问题在当前各类词义知识库中都存在。这必然会对语义识别的准确性造成影响。

[①] 虽然董振东一再声明 Hownet 是常识知识库，但计算语言学界普遍把它当作国内最早的大规模可计算的汉语词汇语义知识库系统。

以上三大问题的存在，其实反映了当前词义知识库在构建理论和方法上存在的先天缺陷。要真正推动自然语言处理，攻克语义处理难关，还需要重新探索词义聚合网络的构建理论和方法。

三 "看"类动词研究

前人对"看"类动词进行专项研究的不多，而且大都以视觉动词为研究对象。其研究成果主要体现在以下几个方面：

（一）视觉动词的分类研究。如符淮青（1995）把眼睛活动产生视觉的词分为两类：第一类表示眼睛活动产生视觉行为的词，如看、看见、瞧、瞧见等；第二类表示眼睛活动产生视觉而有各种不同情况的词，如环顾、俯视、环视、展望等。还有根据英语视觉动词的分类，按因果事件关系将汉语视觉动词分为视觉动作动词和视觉感知动词两类，见张建理（2005）。赵彦春、黄建华（2001）也作了类似分类，不过是针对英语视觉动词进行的，对汉语只是稍作提及。

（二）视觉动词的词义静态描写。以符淮青（1995）为典型代表，他对眼睛活动产生视觉的词进行了收集，并用"词义成分—词义构成模式"为框架对各个视觉词的意义进行了分析和描写，并指出表眼睛活动词群成员间存在上位、下位、同义、反义关系。

（三）视觉动词的词义引申研究。受认知语言学的影响，近年来有不少文章运用隐喻理论对视觉动词的词义变化进行了分析研究，指出视觉动词词义呈现出从视觉域向精神域等其他域投射的现象，如韩玉国（2003）、吴新民（2006）等。但大多是对英语、俄语视觉动词引申义的研究，内容基本上也相差不大，对引申义的研究不太全面，系统性较弱。

（四）"看"的语法化研究。对视觉动词"看"的语义和功能变化的研究主要集中在两个方面：一是从语义和结构的角度对"看"作为语气助词表"尝试义"的探讨；二是从认知和功能的视角对"看"的虚化过程的研究。前者以陆俭明先生《现代汉语中一个新的语助词"看"》（1959）为发端。后者如曾立英《"我看"与"你看"的主观化》（2005），张爱玲、张秀松《近将来时态标记词"看"字的语法化》（2004），以及张磊《汉英视觉动词语法化的认知研究》（2006）等。

（五）值得一提的是武文杰 2011 年出版的专著《现代汉语视觉行为

动词研究》。该书可以说是近年来视觉动词研究的集大成者，表现在：①对现代汉语视觉行为动词进行了明确界定，并从及物性、结构、语义三个方面进行了分类；②通过义素分析对现代汉语视觉行为动词的意义特征进行了归纳；③考察了视觉行为动词在现代汉语中的使用频度和语法特征分布状态；④以《说文解字》和《现代汉语词典》为依托，从数量和语义特征方面进行了视觉行为动词古今对比和演变分析。应该说该书填补了视觉动词研究的多项空白。

关于视觉动词的已有研究成果为本书研究"看"类动词提供了借鉴，但也存在以下不足：

第一，从研究对象角度看，较少对视觉动词进行明确界定，或者虽有所界定，却将某些与视觉词密切相关的复杂行为动词排除在外，如"拜读、傲视"等，既不符合人类视觉行为范畴发展的客观规律，也不利于建构完整的词义聚合网络。

第二，对视觉动词缺少全面的穷尽性考察研究，对由现代汉语基本视觉动词作为词、词素、语素构成的引申意义的词和词义分析很少，对现代汉语视觉词的意义类型、基本视觉词的意义体系及意义关系进行细致分析的也不多。

第三，词义静态描写较多，动态分析不足。对视觉动词语用方面研究得比较少，意义分析得也不太细致，没有充分利用语境来研究视觉动词。

第四，利用认知隐喻理论研究视觉词义的不少，但专门针对现代汉语视觉词群的词义引申进行系统思考，并作出合理解释几乎没有。

第三节 本书的相关说明

一 研究思路

上文已经提到，不论是从汉语词义理论研究的发展趋势来看，还是从语言研究服务于应用的角度来看，对汉语词义网络的分析和描写都具有非常重要的战略意义。传统语言学和结构主义语言学背景下形成的词义理论无法完成这一使命，新兴的认知语言学虽然为词义聚合网络研究提供了新视角，但未能形成体系，而且认知的主观经验性在某种程度上不利于词义的精确分解和形式化,因此需要整合以往的理论,互相补充,才可能摸索出构建词义聚合网络的有效途径。

从目前的研究来看,能够达到此目的的理论和技术,主要有以下三个:(一)词义知识库的网络层级模式,我们简称为词网;(二)为实现词网模式而建构的"词群—词位变体"理论;(三)能够帮助发掘大脑词库储存和提取方式的认知原理。其中,词网是目标,"词群—词位变体"理论是理论基础,认知原理是实现途径,并提供解释。这就是本书的重心所在。

在具体操作中,本书的研究思路是:一方面以"词群—词位变体"理论和认知原理为主线进行理论阐释和方法探求,构建词义聚合网络的理论框架;另一方面通过对"看"类动词词义的实践性研究,对理论进行验证和完善,从而探索出有效的词义科学描写和词义聚合网络模型。在研究过程中,力求做到宏观与微观相结合,解释与描写相印证,共时与历时相呼应,最大限度地发挥语言研究者的语言观察分析能力,又紧扣面向自然语言处理、服务对外汉语教学这一应用目标来开展研究。

二 语料说明

本书所用语料主要来源于以下几个方面:

(一)词典类
《现代汉语词典》第 5 版,商务印书馆 2005 年版。
《现代汉语八百词》增订本,商务印书馆 1995 年版。
《汉语动词用法词典》第一版,商务印书馆 1999 年版。
《同义词词林》第二版,上海辞书出版社 1996 年版。
《简明汉语义类词典》,商务印书馆 1987 年版。
《汉语大词典》光盘版 2.0,商务印书馆(香港)有限公司。
《汉典》(在线词典):http://www.zdic.net/。

(二)在线语料
北京大学现代汉语在线语料库:http://ccl.pku.edu.cn:8080/
通过 Google 和 Baidu 检索到的网络语料(用于部分例句)。

(三)"内省式"语料

"内省式"语料,即本书作者凭借自己的语感所提出的语料。萧国政(2001)曾提出"内省式"是现代汉语共核语法语料提取的方式之一,其假设前提是"认为取料者本人就拥有一个普通话的语感系统,这个系统就是一个共核语法的心理鉴别模型和语言制造机制,只要依靠它就可以把所要的普通话语料提取出来"。

第二章

词义聚合网络的理论框架建构

第一节 词义聚合网络的理论基础

本书的研究主要以萧国政先生的"词群—词位变体"理论以及语言和认知的相关原理作为理论基础,因此,非常有必要对以上两方面的内容进行介绍。

一 "词群—词位变体"理论

萧国政先生(2007、2008)提出的"词群—词位变体"理论是为了建构方便计算机进行信息处理的词群以及词群体系(词义网),并且是通过研究词的意义构成以及意义相同、相近或相类的词之间的关系达到这一目标。因而这个理论的着眼点是词群及词群体系,发掘和确认词位变体就是建构词群和词群体系的方式和途径。总的说来,"词群—词位变体"理论可以分为词群理论、词位理论及词位变体理论。

(一)词群理论

"词群—词位变体"理论所要构建的词网是以词群体系的形式存在的,是一种语言中以词义为纲、以词形为目的词汇语义概念的总集合。由于语言本身的系统性,词群体系具有系统性,所有的词群所构成的总集所对应的是交际及计算机信息处理中由词表达的全部概念。词群体系的系统性表现在:

(1)词群与词群之间有对立统一的关系,所有的词群组合起来即为自然语言的词汇系统，只是这个词汇系统为了信息处理的目的被分割成相对独立但又相互联系的一个个词群。

（2）词群与词群之间有语法的、语义的联系。每个词群的词之间是聚合关系。词群与词群之间的关系可以是聚合关系也可以存在组合关系。

（3）每个词群内部的各个词不同于其他词群内部的词，即使词形一样，词义也不同。因此，多义词的每个义项可以构成一个词位但分别属于不同的词群。

（二）词位理论及词位变体理论

"词群—词位变体"理论认为：概念是无限的，但是任何一种语言用词位表达的概念是有限的。词位有基点词位和非基点词位之分，一种语言的词义系统是以基点词位及其变体构成的同义词群体系。其中每个以基点词位为起点同义词群——集合，是由上位变体集合、下位变体集合、同位变体集合、邻位变体集合共同形成的同义词群体系。

一个面向语言知识与语言推理的动词特定词义的 Synset，一方面是一张网的一个概念节点，另一方面它又是一张上下左右都带着钩子的局域网或子网。如果把一个词的基本意义与不同附加意义或限定意义的集合当作一个概念节点，该节点所反映的概念是一个词位（或称基点词位）[①] 的义位（meaning lexeme）[②]，它的若干同义词就是该义位的若干概念变体，这些概念变体（词位变体）又是子网上的一个个节点。

词位变体分为形位和义位两类。词网和《同义词词林》显示的同义词群词的成员一般就是同一词位的不同形位，而其处于上下义关系的概念，为了使词网具有推理性，可以以一个概念（义位）为基点，把另一个概念（义位）看作其条件变体，语言中不同的义项都是某个义位的条

[①] 在建构同义词群时，我们把一个特定的词当作起点，描述它的概念要素，那些概念要素与这个起始词的概念要素稍有区别的词就是它的同义词。建构同义词群的过程就是寻找和描述这些概念要素的组合（即词），并把它们收纳同一个词群中的过程。在"词群—词位变体"理论中，我们把这个起始词所在的词位称作基点词位，把它的同义词所在的词位称作变体词位或者说词位变体。

[②] 虽然义位反映概念，但是不同语言的义位不是完全相同的。因为虽然概念在每一语言里都能得到全量反映和表达，但是有些概念在一种语言里用义位反映，可能在另一种语言里可能用短语（义丛）甚至用句子来反映和表达。

件变体。① 概念是无限的，一种语言的义项是有限的。一种语言的义项是相对无限的，而其义位是相对有限的。所谓同义词群就是把一种语言相对开放的义项合并为相对有限的义位。一个同义词群就是语言中的一个义位。用义位梳理义项，是词义系统建构中用有限控制无限的一种技术操作和方法思路。从理论上讲，只要把一种语言的词义的同义词群全都整理出来，则该语言词义的义位也就自动产生了。因为一种语言词义之义位的个数与其同义词群相等。②

词位理论、词位变体理论的基本内容包括：

（1）词位（lexeme）是词的基本意义与特定语音形式（或文字形式）的结合。词位既指词的某个基本意义与特定语音形式或文字形式结合形成的个体，也指词的一个基本意义与不同语音形式或文字形式结合形成的若干个体的集合，即异形同义词群。该集合中的每个词都是这个集合的形位变体，该集合或词群构成语言里一个"形位"。

（2）词义一般可描述为基本义＋附加义，不同附加意义的词围绕相同的基本义共同构成同一义位的不同附加义变体，这些变体构成的集合，可叫异色同义词群，其中的每个成员可叫色彩变体。因为众所周知，附加义又常称为色彩附加义。

（3）基本义大致相当于形式逻辑中概念的内涵，根据其上下左右关系，义位有其上位变体、下位变体、邻位变体和同位变体。

（4）"词群—词位变体"理论构成的词群，是以认知"起点义位"为基点的同位变体、上位变体、下位变体及邻位变体构成的"词位变体词群"。

（5）"句法—语义要素"分析法是确立描写词位、分离多义词义位、发掘词位变体的基本方法。其具体操作方法是：在对词义构成进行义素分析的基础上，用句法—语义结构模式来描述和揭示其语义结构，显示此义跟彼义的语法语义对立及联系，按词一个一个词义地建立词的语义"词

---

① 简单地讲，一个义位相当于词的一个义项。如果词典的义项分割合理，同义词群的建构就可直接以义项为基础。但事实是，面向人学习的词典和机器使用的词典，它们对词义解释和义项分割合理性或科学性要求是不一致的。在确定词位的过程中，词义的描述和刻画至关重要，它决定着所建词群的客观性、合理性以及智能性。因而面向工程研究的词义刻画，是不能简单地搬用或化用字典的研究成果的，更不能依赖它。

② 某个词可能没有同义词，但可看作一种特殊的同义词群，即该集合的成员就是它自己。

位",再根据词位和词义鉴别式确立其同义词,通过变体理论建立起其同位次词群、下位次词群以及邻位次词群,最终形成多义词的某个意义的多层次多侧面的立体词群系统。

二 范畴化视角下的词义观

在认知语言学中,"范畴"是指事物在认知中的归类。而"范畴化"则是人类对世界万物进行分类的一种高级认知活动,在此基础上人类才具有了形成概念的能力,才有了语言符号的意义(赵艳芳,2001)。

世界由纷繁复杂、千变万化的事物组成,人类存在于客观世界中,必须充分认识它,并采取最有效的方式对其进行储存和记忆。因此,大脑对事物的认识不能是杂乱的,而是采取分析、判断、归类的方法将其进行分类和定位。这种主客观相互作用对事物进行分类的过程就是范畴化的过程,其结果即认知范畴。认知范畴作为认知概念储存于大脑中,其外部表现为语言中的词。如当我们把某类事物称为"树"、"花"、"杯子"时,我们在给实体范畴赋予名称,当我们把某类行为描述为"看"、"打"、"走"时,我们在用概念描述行为范畴。所以,我们可以认为范畴、概念与词义是基本对应的。一个词之所以能在具体的语境下具有指称的功能,是建立在词的概念的基础上的。概念是词义的基础,词义是概念在语言中的表现形式。因此,研究词义离不开概念的形成过程,应该以人的经验、认知、范畴化为出发点。

三 范畴等级结构与词义聚合网络

在人类认知世界的过程中,事物被划分为不同的范畴,如动物、植物、家具、建筑,等等,而且范畴可大可小,"苏格兰牧羊犬"是范畴,"牧羊犬"、"狗"、"犬科动物"、"哺乳动物"、"动物"、"生命体"都是范畴,所以,只要可以按照某种相似性进行归类的,都可以形成范畴。那大脑是如何对事物进行最有效的分类和组织的呢?认知科学研究发现,范畴化所产生的范畴集合是整齐有序的,基本范畴最容易也最先被人们所认知,并作为人们认知复杂和抽象事物的基点和参照点,向上发展为上位范畴,向下区分为下属范畴,并向外扩展出复杂抽象范畴,从而构成了一个有序的范畴等级结构，在这些范畴形成的同时产生了词汇，也决定了词汇产生和发展的顺序，构成了一定的词汇等级结构。围绕着基本范畴词所指称的词义概念，其他等级范畴词按照一定的认知规律和层级聚集在它周围，表现出纵横交错的网状结构。这就是词义聚合网络的认知基础。

如果从知识的静态层次来看，基本范畴处于中间层。但在知识产生的动态层面上，基本范畴处于最基层。在此层面上，人们的分类与客观主义的自然分类最接近，在人们处理自然的事物时最有效、最成功。基本范畴是完整的感知外形（完形）区别特征和内部相似性达到理想平衡的最高等级，其成员具有明显的能被感知的对外区别性特征。因此人们区分事物最容易，比如区分"狗"和"猫"要比区分"犬科动物"和"猫科动物"、区分不同种类的"狗"或"猫"更容易。因此，基本范畴是使人们认识世界最直接、最基本的层面，是人们对世界事物进行范畴化的有力工具。

上位范畴寄生于基本范畴之上，依赖基本范畴获得完形和大部分属性。上位范畴具有两个功能：一个是聚合功能，即集合下级范畴成员构成范畴等级；二是突出所属成员明显的共有属性。上位范畴依赖于基本范畴，所以，他们被称为寄生范畴（parasitic category），因为物体的完形形象和大部分属性都来自基本层次范畴。比如"家具"，它本身没有统一的完形，人们只能以"椅子"、"柜子"、"桌子"等完形来感知它；它是基本范畴成员的集合体，突出了"家里的用具"之属性。如果说基本范畴是直接的基本层面，那么上位范畴是间接的，更多地反映认识世界和表达的需要，因为离开了基本范畴，没有人能直接认知完形的"家具"。在语言上，上位范畴词应晚于基本范畴词语的产生。

下属范畴是在基本范畴基础上进一步切分的结果，也是寄生范畴。在下属范畴上，人们很难区分原型、中心成员和边缘成员，因它们之间的微小差别已不影响人的完形感知。只有当人们需要更加细致的区分时才进行下属范畴切分。下属范畴语言也是晚于基本范畴语言产生的，多是由基本范畴词构成的，多为复合结构。如"竹椅"、"藤椅"、"木椅"等是在基本范畴词"椅子"的基础上对材料进行区别产生的下属范畴词。

抽象范畴是相对于具体范畴而言的，当人的思维发展到一定阶段时，它已不满足于对具体事物的认识与表达，而是要认知、思考、表达一些抽象的概念与思想。但对抽象事物的认知不可能凭空产生，而是通过将抽象事物与已认知事物相联系，找到它们之间的关联点，从而用对已有事物的认识来处理、对待、思考、表达新概念,在词汇层面表现为用已产生的词来表达新的意义或用已产生的词为原料来构成新词。其中,大部分抽象范畴是以基本范畴为参照点被人类认知的。如"头"本指称"人或动物的头部",被用来表达"头发的样式","领导、头目","(物体)顶端","(事情)终点、起点","领头的、居先的、第一"等相对抽象的概念,并相应地产生了一系列以"头"为构词词素的新词,如"平头(发型)"、"头儿(领导)"、"山头(山体顶端)"、"话头(谈话的头绪)"、"头羊(领头的)"等等。

如果说从基本范畴到上位、下属范畴是范畴的纵向发展的话,那么抽象范畴的产生则是范畴的横向扩展。以基本范畴为基点进行纵向横向发展的结果,体现在词汇层面就是词义聚合网络的纵横交错。因此,认知语言学关于范畴发展变化的相关研究,为我们构建词义聚合网络提供了基点和扩展脉络,即以基本范畴词为基点,根据人类的认知规律和认知模式来联系上、下位范畴词,以及复杂抽象概念。

第二节 词义聚合网络的构建方式

一 提取基本范畴词,确立词义聚合网络的基点

上文已经提到基本范畴在人类认知过程中的基础性地位,基本范畴在语言层面表现为基本范畴词,这些词是整个词汇系统的基础,它们所表达的基本范畴词义是词义聚合网络的基点。因此提取基本范畴词,是构建整个词义聚合网络的开端。

基本范畴词一般具有如下特点:

第一,基本范畴词多是词形简单、音节较少的不可分析的本族语词。由于基本范畴事物是与人们有最直接关系、最经常接触的、有单一完形的事物,所以最早获得语言符号,也是儿童最早习得和理解的。如表人体部位的"头"、"手",指人体基本动作行为的"看"、"吃"等。[①]

[①] 基本范畴的词形表现可能会在不同历史时期或不同地域而有所不同,如"首—头"、"视—看"等。本书以现代汉语中的词形表现为准。

第二，基本范畴词属中性词，使用频率最高。如"说"和"看"呈中性，且分别在《现代汉语三千常用词表》中居于第 14 和第 44 位。

第三，基本范畴词的生命力极强，具有很强的构词能力。基本范畴词的数量是有限的，而且大体上已经固定，但在它们的基础上用合成法和派生法组合的非基本等级词可以说是无限的。如以"心"为词素产生的复合词：心术、心地、心意、心思、心病、良心、信心、野心、决心、恒心、横心、爱心、耐心、中心、核心、揪心、操心、费心、安心、狠心、恶心、闲心、热心、灰心、散心……

第四，基本范畴词从基本意义（一般为原型义）向外扩展过程中，发展了更多的隐喻和转喻意义，而且也承载了丰富的文化内涵。如"狗、狮子、狼、猪"等比"动物"的隐喻义多，且带有浓厚的文化色彩。

因此，词汇系统中有限的基本范畴词是可以通过一系列标准来进行识别的。这些词所表达的基本范畴义可以作为我们分别构建词义聚合网络的基点。目前，针对基本范畴词的定性和定量研究尚处于起步阶段，要将完整的基本范畴词汇全部提取完毕再进行词网构建显然不太现实。本书着力于探索以基本范畴词为基点的词义网络构建模式，仅以现代汉语词汇中的一个语义小类作为实验研究对象，因此只需要确定该语义小类的核心基点词即可。本书通过多方考察，确定"看"为基本范畴词，并以此为基点构建"看"类动词词义聚合网络。

二　构拟意象图式，发掘词义聚合网络中的上层义位

构建词义聚合网络的过程就是基本范畴为基点进行纵向横向扩展的过程，当范畴发展到一定程度，发生了向另一个认知域的投射时，新的范畴便因其与原范畴之间具有足够的区别性特征而产生，在词汇语义层面表现为不同的义位。这些范畴不同于基本范畴的寄生范畴（上位范畴和下属范畴），它们与原来的基本范畴一样有相对独立的地位，并且也可以发展出自己的一整套范畴等级结构，在词汇层面形成相应的词义层级。因此，我们将这些范畴和基本范畴所表示的义位称为上层义位。有几个上层义位，就意味着该聚合网络中有几个词群。

发掘上层义位要从范畴的确定入手。认知语言学认为，对范畴的确定是一个围绕原型建构的模糊的识别过程。在确认事物范畴时，"原型"的

个例性得到了进一步加强，经常用来指物体范畴中最好、最典型的成员，如麻雀与鸵鸟和企鹅同属于"鸟"的范畴，而麻雀更典型。但原型更确切的含义是指作为范畴核心的图式化的心理表征，而并不只是某种典型个例。如"狗"的原型并不是某只或者某种特定的狗，而是映现在人脑中的一个相对粗线条的完形印象。这种印象是主体对经验的保持，是主体识别和类化新事物的基础。原型不可能是细节型的，否则无法扩展。

人类存在于客观世界中，必须先从自身出发了解外部世界，于是有了表示动作的范畴，产生了动词。这些动作也构成了一定的概念与范畴，也是原型结构。动作也可以理解为认知范畴，也包括原型事例与非原型事例。也可以构成上位范畴，基本范畴和下属范畴等级，产生不同等级的动词，如：move、walk、stride、consume、eat、munch 即是两组三个不同范畴等级上的词，上位范畴词属概括词①，基本范畴词属中性词，下属范畴词往往突出动作的某一具体属性，从而获得更具体的含义。如果说具象原型是人类认识事物并对其进行范畴化的基本层面，那么动觉意象图式（kinesthetic image schema，简称为意象图式），则是人类对事物之间关系、对动作进行认知的基础。

皮亚杰认为智慧是有结构基础的，而图式就是他用来描述智慧（认知）结构的一个特别重要的概念。他对图式的定义是："图式是指动作的结构或组织，这些动作在同样或类似的环境中由于重复而引起迁移或概括。""在一个活动中，我们把其中的那个能被从一个情景传递到另一个情景因而能加以普遍化和分化的东西称作动作图式。换言之，图式就是同一活动在多次重复和运用中共同具有的那个东西。"可以看出，图式就是主体对于某类活动的相对稳定的行为模式或认识结构。简单地说：图式就是动作的结构或组织。图式是认知结构的一个单元，一个人的全部图式组成一个人的认知结构。图式作为智力的心理结构，是一种生物结构，它以神经系统的生理基础为条件。这些图式在人脑中的存在是根据可以观察到的行为推测的。

赵艳芳在《认知语言学概论》（2001）中对图式有一个较为具体的说明："意象图式是在对事物之间关系的认知的基础上所构成的认知结构，

---

① 上位范畴词起概括作用，但在汉语中很难找到适当的上位范畴词，可能是因为中国人的形象思维能力强，但抽象思维能力则弱于西方，而且汉字本身就是形象思维的结晶。

是人类经验和理解中一种联系抽象关系和具体意象的组织结构，是反复出现的对知识的组织形式，是理解和认知更复杂概念的基本结构。"人类的经验和知识是建立在这些基本结构和关系上的。意象图式可以用简图来表示，具有静态和动态本质，而且会随着焦点的移动而发生改变。因此，以认知层面少数的图式来统率语言层面数量繁多的动词，用图式理论从根源上对动词进行研究和解释，将会打开词汇研究的新局面。

但图式作为一种心理结构，归根结底是一种生物结构，它以神经系统的生理基础为条件。目前由于受到神经科学技术的限制，我们无法用特别科学、精确的技术手段来实现对图式的探测。但这些图式在人脑中的存在可以根据观察到的行为进行推测。而语言作为认知的窗口，处处体现着认知。因此，我们也可以通过对语言现象的观察来总结意象图式。Lakoff（1987）总结了多种意象图式：部分—整体图式（The PART-WHOLE Schema）、连接图式（The LINK Schema）、中心—边缘图式（The CENTER-PERIPHERY Schema）、起点—路径—目标图式（The SOUTH-PATH-GOAL Schema）、上—下图式（The UP-DOWN Schema）、前—后图式（The FRONT-BACK Schema）、线性图式（LINEAR ORDER Schema）、力图式（FORCE Schema），等等。Johnson（1987）总结了意象图式的基本特征如下：①意象图式决定我们的经验结构；②意象图式具有完形结构，在我们的经验和认知中是有意义的统一的整体；③存在将意象图式投射到抽象域的隐喻概念；④隐喻不是任意的，而是源于日常经验的结构。

国外研究者们将总结出的若干图式用于英语介词、名词研究，体现出强大的解释力。而汉语作为意合语言，本身就即为倚重意象，汉人的思维同样重意象，意象图式应该在汉语研究中具有更为强大的生命力。本书在对"看"的语言现象进行观察之后，发现可以用Lakoff的力图式来对"看"的上层义位进行发掘，从而确定"看"类动词词义聚合网络中的三大词群，详见本书第三章。

三 利用范畴发展规律，实现词义聚合网络的纵横延展

（一）核心图式法进行词群纵向构建

范畴可以发展出上位范畴、下属范畴以及相邻范畴，形成相应的范畴层级，在语言中表现为词汇等级。"词群—词位变体"理论构成的词群，

是以上层义位为基点的同位变体、上位变体、下位变体及邻位变体构成的"词位变体词群",发掘和确认词位变体就是建构词群的方式和途径。由于上位范畴及上位变体主要用于词群体系更大范围的聚合,而且汉语中也很难找到适当的上位范畴词,因此本书暂不考虑。

通过构拟意象图式发掘出词义聚合网络的上层义位之后,接下来要做的工作就是在各词群内部发展下层节点,并找出各个节点对应的词位。我们采取的是核心图式法。认知语言学认为多义词的多个义项都能从一个单一的核心图式中生发出来,核心图式扮演着基础性的角色,由于认知操作活动如聚焦、着眼点转移和意象图式改变,而从核心图式引申出不同的义项。我们认为,不仅基本范畴词本身的多个义项,还有围绕基本范畴词发展出来的其他词汇,都是从该基本范畴词的核心图式中生发而来。

具体操作是从上层义位的核心图式中确定基本要素或核心属性,通过对核心属性进行细化,对边缘属性进行细化或改变来产生下层节点,再根据细化后的图式来求取词位。此过程必须严格按照以下标准:①全面继承上层义位的核心图式且保持其核心地位不变;②对继承来的核心图式只作细节上的突显,不作框架上的修改和增删。符合以上标准的则是词群上层义位的下位变体,下位变体的确认是词群纵向构建的主体部分。

同位变体是指跟上层义位核心图式完全对应,只存在语体、文体等色彩差异的变体,即色彩变体,包括口语变体、书面变体和方言变体等,如"的士"是"出租车"的方言变体。

邻位变体是指与上层义位核心图式有一定交叉,但包含其他核心属性或基本要素的变体,本书所涉及的主要有结果邻位变体、目的邻位变体和过程邻位变体。如表视觉的"见"是"看"的结果邻位变体。

需要特别说明的是,同位、上位、下位及邻位变体是相对的概念,理论上,处在任何层级上的义位都可能有自己的"词位变体词群",但以上层义位为基点构成的变体词群对于词义聚合网络的构建最具价值。

(二) 隐喻转喻思维机制实现词群横向系联

认知语言学和心理学的研究表明,隐喻和转喻是人们对抽象概念认识和表达的强有力工具,不仅是语言的,更是认知的、概念的。人们通过隐喻转喻思维机制,将物理空间映射到概念空间,将具体事物概念结构映射到相应的抽象概念结构,在词汇语义层面表现为"一词多义"。也就是说同一词形的多个义位之间必然存在某种联系，最基本、最先产生的是基点义位，其他义位与基点义位存在着隐喻或转喻关系，而成为同一词形的义位。

隐喻和转喻机制对词义演变的影响是：思维机制对概念和意义进行加工，在同一思维机制下多次重复的、彼此相似的加工程序逐渐形成一定的模式化流程。因此，在同一上层义位下产生的下位变体由于具有相同的核心图式，它们发生词义引申的起点相同。在这种情况下，同一词群内部的成员会在同一思维机制下形成同一语义关联模式，导致词义发展也具有群体性类化倾向。因此，只要我们以隐喻转喻思维机制为线索，找出词群各上层义位之间的内在联系，就可以实现各大词群的横向联系，形成词义聚合网络。

由于思维方式和思维机制的类型是有限的，对词义发展产生制约作用而形成的转喻隐喻模式也是有限的，受到有限的发展模式制约的词义，尽管在词汇意义和语境语义上有无限可能，却维持着深层的共通性和广义的类聚关系。因此，本书对"看"类词群转喻隐喻机制的探寻对于揭示其他感觉动词和身体动词的词义演变规律，进而把握汉语词义系统的全局变化可以提供良好的参照。

第三节 立足语言事实的词义范畴发展探察

如果说以认知为主导对词义聚合网络进行描写和构建是偏重主观的研究，那么立足语言事实来探察词义范畴发展，对前面所构建的聚合网络进行验证则是回归语言本体的客观研究。要构建科学的词义网络，必须走主、客观相结合的路子。

认知是语言的基础，从认知的角度来看，词义聚合网络的构建就是对人类认知范畴发展的溯源性推求和过程构拟，是以解释带描写。而语言是认知的窗口，认知范畴的发展必然经由丰富的语言事实来得到展现，因此结合语言表现来看词义范畴的发展，是以描写证解释，使词义聚合网络内在的动态性和语言学内涵得以展示。

与范畴发展相关的语言表现主要有以下几种：词形转换、词义引申、句法功能、语用等。词形转换包括合体字和复合词的产生，体现了范畴从简单到复杂、从上位范畴到下属范畴的发展。词义引申主要着眼于对具体引申规律的考察，可与隐喻转喻思维机制形成互补。句法功能主要考察不同词义范畴的句法组合搭配，下属范畴词位一般会从基本范畴词位继承绝大部分句法功能，如表视觉范畴的"看"和其下位变体"注视"等句法表现大致相当，相邻范畴句法功能会有一定差异，如表视觉范畴的"看"能后接"着"或前加"正在"表持续，而表思维察知的"看"一般用"正在"，却很少接"着"。不过，只要是表具体行为范畴的"看"，句法功能差异不大。当"看"进入语用层面，表达更为抽象的主观情态范畴时，不仅其词义会发生变化，其句法功能更显示出明显的差异，从某种程度上说，是范畴选择了句法表现，推动词义演变。

第 三 章

"看"及"看"类词群的纵向构建

第一节 "看"核心地位的确立

词义聚合网络的构建始于该网络核心——基本范畴词的确立。对基本范畴的研究始于罗杰·布朗（Roger Brown）。他观察到，一件东西在范畴等级中可以有不同的名称，而某一范畴等级的名称具有优先地位，事物首先在此等级上被划分。此等级范畴即基本范畴。基本范畴具有如下特征：①具有明显的物理区别特征；②在此等级上，事物首先被命名和被掌握、记忆；③事物名称最简洁，运用频率最高。

在基本范畴基础上，范畴可以向上或向下扩展上位范畴和下属范畴。基本等级范畴是人类对事物进行分类最基本的心理等级，在基本范畴等级上，人与环境的互相作用提供了认知结构与客观事物的重要关联，因此在此等级上，人们更容易感知、学习、记忆事物的非连续体。罗施和默维斯（E. Rosch 和 C. Mervis，1976）进行了试验，说明儿童是最先掌握基本范畴，然后才掌握上位范畴的。基本范畴是人与自然、社会相互作用最直接、相关性最大的关联点，因而也能最有效地反映客观世界。对基本范畴的认知依赖于人的最基本的感知能力：完形感知、意象和动觉功能。在此基础上进一步总结了基本等级范畴的特点：①其成员具有能感知的相似外形的最高等级；②是单个成员的意向能反映整个范畴的最高等级；③人们识别其成员最快；④儿童最早习得和掌握；⑤运用最简洁的中性词语；⑥是知识组织的基本范畴。

在认知基本范畴的基础上，产生或习得基本概念词语。基本范畴和基本范畴词语具有如下特点：

（1）其成员具有明显的能被感知的对外区别性特征。

（2）是完整的感知外形（完形）区别特征和内部相似性达到理想平衡的最高等级，单个事物的意象能反映整个范畴特征。在此等级上，人们可以以最小的努力得到最多的信息。

（3）具有快速识别的特点，因为事物具有最多共同特性和动觉功能。

（4）事物首先被认识、命名、掌握和记忆，也是儿童最早习得和理解的。

（5）运用最简洁的中性词语，其使用频率最高。

（6）是知识组织的重要基本的层面。基本范畴是心理相关等级，在此等级上，大脑的经验范畴与自然界的范畴最接近、最匹配，人们更容易感知和记忆（赵艳芳，2001）。

应该说，前人对基本范畴及基本范畴词语特点的阐述为我们提取现代汉语基本范畴词提供了一定的依据，但因其基本上是从认知的角度来论述，以此作为提取标准难免流于主观。近年来，部分国内学者开始关注范畴化理论并尝试从认知角度来研究汉语词汇，已有的成果基本可以分成以下几类：

（1）直接介绍国外范畴化理论，并用汉语中的一些例子来进行解说，如《认知语言学概论》（赵艳芳，2000）、《认知语言学中的基本层次范畴及其特征》（梁丽、冯跃进，2003）。

（2）从认知语言学的角度对基本范畴词汇的定义、特征、普遍性等进行分析，如：《从基本范畴的角度看基本词汇问题》（杨同用，2005）、《范畴结构和基本范畴词汇》（郭聿楷，2005）、《从现代汉语词汇看基本范畴词汇的特点》（高兵、杨同用，2010）。

（3）少数学者从应用角度提出要重视基本范畴词汇，如：《对外汉语词汇教学应以常用基本层次范畴词汇教学为中心》（杨吉春，2011），*Construction of the Paradigmatic Semantic Network Based on Cognition*（欧阳晓芳，2010）分别立足汉语教学和中文信息处理强调了基本范畴词汇的应用价值，并对如何利用基本范畴词汇建构各自领域的词汇网络提出了设想。

总的说来，基本范畴词汇已经进入了汉语语言学界的研究视野，但仍未引起重视，存在的问题也比较突出：

（1）已有的研究成果比较零散，尚未形成系统的范畴词汇理论，只是从认知角度对词汇问题进行尝试性的探讨，因此大多数研究只是套用国外的认知研究成果，在汉语中寻求验证，或直接用国外理论研究英语词汇，有关汉语的探讨只是稍做提及。

（2）针对基本范畴词汇的定性研究相对较多，一般为举例性的论证，很少就基本范畴词汇的提取标准进行探讨，或者虽列出提取标准，却过于侧重认知的视角，从而使提取标准流于主观。

（3）针对基本范畴词汇的定量研究极度欠缺，国内外均未见到任何一个基本范畴词汇表，更不用说以基本范畴词汇表为基础作进一步的理论和应用研究了。

因此，本书暂时避开提取基本范畴词汇表这一任务，以验证"看"的基本范畴词地位为目标，主要从以下几个方面来着手进行：

（1）立足深层的认知，结合范畴理论关于基本范畴及基本范畴词本质和特点的阐释，从理论上确认动词"看"的核心地位。

（2）从词汇系统角度，考察汉语视觉行为动词在历时层面的发生发展（如产生顺序的先后、词义发展的稳固性和延续性等），以及在相对静态的共时层面体现出的属性特征（如词形表现、使用频率、构词能力、义项数量、文化内涵等），来发掘动词"看"在语言中的特殊表现，与认知理论相印证。

（3）综合前人关于常用和必用词汇的研究成果，包括儿童语言词汇发展研究（儿童最早习得和理解的词汇）、词典释义语言研究（最低限量的词典释义词汇）、日常交际所需最低限量词汇、义类词典、高频词汇、汉语教学大纲词汇等，为"看"的地位确定提供参考。

（4）开展针对现代汉语视觉行为动词及相关词汇的认知状况调查，调查对象包括不同认知特点的人群，为"看"的认知基本地位提供实证支撑。

通过以上论证，我们基本可以确认"看"在现代汉语词汇系统中的基本层次范畴词身份，这是全书进行"看"类动词词义聚合网络构建的起点。

在论证过程中我们发现，"看"是人们日常言语交流中使用频率最高的词之一，根据《现代汉语三千常用词表》的调查结果，"看"在常用词中排名第44位，在常用动词中位居前十。作为典型的高频词，必然有其优越之处：

第一,"看"具有明显可感知的对外区别性特征,以"用眼睛"区别于"听"、"闻"等,以"能获取信息"区别于"眨"、"眯"等。

第二,"看"能够代表所有"用眼睛""获取信息"的动作动词,且最简洁,呈中性,适用于各种语体。

第三,"看"所指称的动作是人类与客观世界进行信息交流的基本方式,因其对生存的重要性而最先被人类认知、被儿童习得。

因此,"看"似乎是最易懂、最好用、最实用的动词之一,连牙牙学语的婴孩儿都知道"看"。另外,"看"作为一个单一完形,是不可分割的。而且,"看"具有很强的构词能力。这些都反映出"看"作为基本范畴词的典型特征。另外,本书将"看 kān"也纳入"看"类词群,考虑到几个原因:共时上存在着语义联系,历时上有着共同来源,语音差异对机器来说没有区别性作用。

正因为"看"的高频使用导致了其使用情况的高度复杂,才有构建起相当规模词义聚合网络的可能。因此,构建"看"类动词词义聚合网络,要从考察其在具体语境中的词义表现开始。同时,已有的词典释义作为语言学家对大量语言事实进行观察后作出的权威性总结,对我们确立"看"的各个义位也存在着参考价值。但义位的揭示最终还是要回到人类的认知体验,因此,以词义表现为原料,参考传统释义,立足认知发掘义位是构建词群的第一步,这也是整个词群框架的搭建。搭建好框架之后就可以逐步添加内容,系联出大大小小不同层级的同义词群。这是一个工程性的操作,但仍需立足认知,考察语料。

第二节 "看"义位的梳理

一 "看"词义表现的初步考察

"看"到底是什么意思?它代表的是哪一类基本范畴呢?首先我们来进行内省式分析,调出我们自己头脑中对"看"的基本印象:

"看"是一种动作,由生命体(主要是人)发出,用眼睛,眼睛睁开并朝向目标,目标是人、物或方位,光线充足,主客体之间有一定的空间距离,会获得影像信息,可能有时间的长短……

以上印象似乎已经足够画出一个简图来描绘"看"了。但我们仍需结合语言事实进行观察。由于"看"在现代汉语中是典型的动作动词，其使用情况相当复杂，我们仅从动作动词的基本句式"X 看 Y"来对"看"在真实语言中的词义表现进行初步展示：

（一）Y = 名词或名词性成分

例1　你看那边！

例2　（问：你看什么书？）我看《红楼梦》。

例3　（问：周末你准备干什么？）我看电影。

例4　我在看风景。

例5　一上午王大夫看了三十多个病人。

例6　我看朋友去了。

例7　他负责赚钱养家，我看孩子。

例8　按监狱规定，一个狱警看二十个犯人。

例9　侦察兵在看地形。

例10　你得仔细看衣服的质量。

例11　（问：你找老公有什么标准？）我看人品。

例12　晓莉看时事。

例13　他向来以平常心看刑满释放人员。

（二）Y = 动词或动词性成分

例14　我在看打架。

例15　他在看踢球。

（三）Y = 形容词或形容词性成分

例16　这衣服/这办法我看行。

例17　这碗汤我看很烫。

（四）Y = 小句

例18　我在看他们打架。

例19　我在看他们踢球。

例20　我看孩子在哪里。

例21　该给孩子喂奶了，你看奶瓶还烫不烫？
例22　我看外面吵不吵。
例23　我看他们表现不错。
例24　我看他们会赢。
例25　我看你明天不用来了。

(五) X = 动词或动词性成分
例26　买衣服看质量。
例27　高校改革看武大。

(六) X = φ①，Y = 名词或"V 着"
例28　看车!
例29　看摔着!

(七) X = φ，Y = 小句
例30　看我不收拾你!
例31　看你还能嚣张多久!
例32　看你干的好事儿!

(八) X = 含动词重叠或动词带时量动量，Y = φ②
例33　走走看。
例34　你想想办法看。

　　仅从"X 看 Y"这一基本句式，我们就发现"看"在实际语料中的词义表现非常复杂，涉及视觉及其他感觉、思维、情感等多个方面，更不用说它在复杂句子中的表现了。因此，用语言对"看"的词义进行穷尽描述难度非常大，比较可行的办法是通过归纳义位构建同义词群来体现。

---

① "X = φ"指 X 为空，"看"前没有其他成分出现。
② "Y = φ"指 Y 为空，"看"后没有其他成分出现。

二 传统释义中"看"的义项分割

传统的词典释义虽然不太适用于机读和二语学习者，但毕竟是语言学家对大量语言事实进行观察后作出的权威性总结，可以给我们归并义位提供借鉴。因此我们先来看看权威词典提供的专家释义。

> 看，睎也，从手下目。锴曰，宋玉所谓扬袂障日而望所思也。此会意。苦寒切。以手翳目而望也。（《说文解字注》，段玉裁，第四卷上133页）

也就是说，在古汉语中（起码在汉代），"看"是指把手放在眼睛上方挡住强光"看"向远方。很明显，此时的"看"比现在多了很多细节，虽然在人们心中形成某种意象，但这个图式范畴化的能力不强，只能作为下属范畴词。与现代汉语中的"看"不在同一层次。

看 kàn[①]：(《现代汉语词典》[②]，2005年，第762页)
(1) 动，使视线接触人或物：～书｜～电影｜～了他一眼。
(2) 动，观察并加以判断：我～他是个可靠的人｜你～这个办法好不好。
(3) 动，访问：～望｜～朋友。
(4) 动，对待：～待｜另眼相～。
(5) 动，诊治：王大夫把我的病～好了。
(6) 动，照料：照～｜衣帽自～。
(7) 动，用在表示动作或变化的词或词组前面，表示预见到某种变化趋势，或者提醒对方注意可能发生或将要发生的某种不好的事情或情况：行情～涨｜别跑！～摔着！｜～饭放凉了，快吃吧！
(8) 助，用在动词或动词结构后面，表示试一试（前面的动词常用重叠式）：想想～｜找找～｜等一等～｜评评理～｜先做几

[①] 本书只对多音词及使用频率较低的生僻词标注汉语拼音。
[②] 《现代汉语词典》以下简称《现汉》。

天~。

看 kān：[（动）2005年，第761页）]

(1) 守护照料：~门｜~自行车｜一个工人可以~好几台机器。
(2) 看押；监视：~犯人｜~俘房。

我们试着用《现汉》的义项分割来考察上文列出的例句，勉强对应如下：

例1、2、3、4、9、14、15、18、19：看 kàn 义项（1）?[①]

例10、12、16、17、20、21、22、23、24、25：看 kàn 义项（2）?

例6：看 kàn 义项（3）

例13：看 kàn 义项（4）

例5：看 kàn 义项（5）

例7：看 kàn 义项（6）、看 kān 义项（1）

例8：看 kān 义项（2）?

例28、29：看 kàn 义项（7）

例33、34：看 kàn 义项（8）

例11：?

例26：?

例27：?

例30：?

例31：?

例32：?

通过比对，我们发现：

1.《现代汉语词典》（简称《现汉》）用"看 kàn 义项（1）""使视线接触人或物"来解释例2、3、4、9显然不行，因为"看书"重在思维的"读取"，如果仅指"视线接触"的话，"看书"只能是看书的外部视觉属性，如厚度、颜色等，对比"这本书看起来好厚"和"这本书看起来很有意思"就可以发现区别，不过"看书"在实际语境中以表达"读

[①] 此处"?"指存疑，下同。

取内容"占绝对优势。"看电影/风景"也存在类似的问题。"看电影"和"看风景"以"欣赏或得到乐趣"为目的,绝非简单的视觉动作,而且"看电影"还要动用听觉等其他感官。"看地形"则是要"察知地形情况",需要以相应背景知识为基础进行思维分析,也不只是单纯的视觉动作。因此,例2、3、4、9中的"看"是以视线接触为辅助的心理行为。

2.《现汉》"看 kàn"义项(2)的解释范围也存在着疑点。例10、12、20、21、22侧重"观察"的过程,尚未涉及判断结果,而且各主体在"观察"过程中所凭借的手段也不一样,有的是依靠视觉,如例20,有的是依靠触觉,如例21,有的是依靠听觉,如例22等,有的是依靠思维,如例12。例16、17、23、24则是侧重"判断"结果,而且有的是对现时情况的评判,如例16、17、23,有的则是对未然情况的提前预测,如例24。

3.《现汉》"看 kàn"义项(3)、(5)、(6)虽然范围比较明确,但它们都是以某种特殊目的为驱动的复杂行为,包含了视觉动作、心理行为和其他社会行为。越复杂的概念在词网中相应节点的位置应该越处于下层,因此不能作为上层节点来构建同义词群,只能以分支次词群的形式存在。

4.《现汉》"看 kàn"义项(4)"对待"义在语料中确实存在,但一般以"把……当……看"或"把……看成……"的形式出现,故未能在前文所列示例中表现出来。但词典中所举"看待、另眼相看"明显是对指"看"的语素义。

5.《现汉》"看 kàn"义项(7)表述得甚为详细,但"表示预见到某种变化趋势",与义项(2)有一定交叉,考察《现汉》所举例子"行情看涨"及类似的"看跌、看俏"等,其中的"看"都是以语素形式出现,可排除。"提醒对方注意可能发生或将要发生的某种不好的事情或情况"则重在描述"看"在特定语境中的语用功能,如"别跑!～摔着!|～饭放凉了,快吃吧!"也不再是单纯的词汇语义。

6.《现汉》"看 kàn"义项(8)是对"看"在某类固定格式中表义的归纳,我们发现"试一试"实际是由动词重叠式或动词带时量或动量结构来体现的,比较"想想"和"想想看","先喝一点"和"先喝一点看"等,前者没有"看"同样有尝试意味,所不同的是有"看"的多出了缓和语气,带商量的意味,这也是语用功能的体现。

除此之外，例11、25、26、27、30、31、32无法从《现汉》各义项中找到对应项。

综上所述，《现代汉语词典》关于"看"的义项分割和词义描述不适用于我们词义聚合网络的构建，主要体现在：①不同上层义位被合并成一个义项；②义位的上下层级关系不明；③同一义位内部的分割不明。不过这是由于《现汉》的编写目的是"推广普通话，促进汉语规范化"，面向的是母语为汉语的读者，所以这样的释义足以达到人们的需求。我们要构建"看"类词群，必须对义位进行重新梳理。

三 立足认知的"看"义位发掘

（一）"力"的图式与"看"

从认知语言学视角来看，语义是从认知结构到语言表达的映现。动词词义往往刻画的是一个动觉意象图式。图式自身具有层次性，包括行为子图式、角色子图式和场景子图式，对应"动作本身、动作参与角色、与动作相关的情境"。其中，"行为"居于整个认知框架的核心地位。三个子图式的结合，勾勒出动作事件的典型认知图式，形成了人类认知经验中普遍的、程式化的规约意象。简单地说，动作义位所激活的概念结构，基本上可以落入"某人或某物，在什么时间和地点，处于何种原因，为达到什么目的，对某人或某物，做了什么，结果如何"的图式中，只不过通常是对该图式的片段式析取。该图式中的各个组成要素，表现为离散性的、可递归出现的抽象意义参数。不同动作义位概念结构上的差异，源于对意义参数数量的调整，或者在意义参数的组合上发生变化，或者在所凸显的意义参数上有所不同（于屏方，2007）。

认知意义是一种体验意义。因此，认知意义中势必包含相当数量的冗余信息。比如，"揍"的认知框架中可能包含"原因"、"工具"、"结果"等意义参数，而在语言系统的对比中，上述意义参数因为不能形成相关义位之间的意义区分度而淡出。因此，动作义位的认知意义同样只是为进一步的语义分析提供了限定框架。语言系统必须在其提供的框架内进行选择，这是由认知框架规定的。但是如何选择，选择什么，则是由语言框架规定的。

因此，我们应该从认知角度来探究词语义位，而构拟意象图式是我们确立动词义位的有效途径。不同类型"力"的图式正是我们分割"看"各义位的标准。产生这一想法的来源，是发现汉语中存在着一系列与视觉、思维有关的"X力"词语，如"视力"、"眼力"、"注意力"、"想象力"、"判断力"等，还有很多用"看"表示或与"看"相关的表述，但却明显突出"力"的说法，如：

"看"有穿透力：魔术师的把戏被看穿了。这辈子我算是看透了。看破红尘。

"看（kān）"有控制力：你可得把钱包看紧了。她居然把这一群出了名调皮的孩子看得牢牢的。

"看"有杀伤力：他最善于用冷峻自信的目光打败对手。用眼光杀死你！

不仅如此，我们对视觉的认知以触觉为基础，最为通行的"看"词典释义"使视线接触人或物"就体现了这一点，而身体的碰触也是一种"力"。不管是视觉动作，还是心理作用，抑或是掺杂了其他行为的诊治、探望等，都能以"力"来解释并且体现区别。因此，从力的图式出发来进行"看"的义位梳理不仅切实可行，而且应该可以推广到其他动词的分析。

"力"图式的提法最早见于 Lakoff 的《女人、火与危险事物》（1987），他在文中总结了二十多种意象图式，其中就包括了力图式（FORCE Schema），但未加以说明。同年，Johnson 在《心中之身》里总结了"力"图式的八种形式：①推动力图式（Compulsion Schema，类似被风、水或拥挤人群推动的力）；②冲撞力图式（Counterforce Schema，类似橄榄球运动员之间互相冲撞和汽车当头碰撞的力）；③转向力图式（Diversion，类似行进中的船在风或水流作用下转向的力）；④阻挡力图式（Blockage，类似爬行中的婴孩被墙壁阻挡或因阻挡而改变爬行方向的力）；⑤解缚力图式（Restraint removal Schema，移除障碍物或潜在阻碍物消失的力）；⑥吸引力图式（Attraction Schema，类似于磁力、吸尘器原理和地心引力）；⑦伺服力图式（Enablement，可执行某种行为的潜力，阻碍或冲撞力的消失）；⑧平衡力图式（Balance Schema，中和、抵消，基于身体直立姿势的经验及正常身体状态，如体温正常的经验）。此外，他还对"力"的基本特点进行了阐述：①人类对"力"的体验来自人与客观世界的互动（interaction）；②"力"是有向运动（directional movement）；③"力"有移动路径（path of motion）；④"力"有目标（tartget）；⑤"力"有源头（origins）；⑥"力"可以从能量（power）和强度（intensity）方面进行量化；⑦"力"表现为成因果关系的结构或序列（structure and sequence of causality）。并用这一理论对英语中的情态动词体系（包括 can, could, may, might, must）作出了解释，很有说服力。如 must 表现的是"推动力"，may 是潜在障碍的消除，而有"解缚力"等等。前人的这些研究为我们提供了新的思路。

（二）基于"力"的图式发掘"看"的义位

根据 Johnson 所阐述的"力"的特点，再结合物理学关于"力"的知识，我们可以对视觉力等的核心图式进行以下描述：

① "力"的定性：X 力。
② "力"涉及的两个角色：施力物 S 和受力物 O。
③ "力"的工具 T。
④ "力"的结果 R。

以上四点构成了"力"核心图式的基本要素和中心属性。此外，还可能涉及"力"的时间 M、空间 K、方式强度 D 等，这些是核心图式的非基本要素、边缘属性。

一种作用力的发生和实现必然涉及两个角色：施力物和受力物，两者处于一定的时间和空间之中，施力物依靠一定的工具，以某种方式或强度作用于受力物，并最终产生某种结果。其中，力、施力物、受力物是图式中的基本组成部分。如视觉行为"看"，体现了"视觉力"，有视觉能力的生命体（施力物）用眼睛（工具）作用于某种具体的人、物或方位（受力物），以获取相关的视觉信息（R）。

根据这一基本图式，我们可以将"看"所涉及的各种力的图式描写出来如下：

1. 视觉力
（1）"力"的定性：视觉力。
（2）"力"的角色：施力物 S（有视觉能力的生命体）和受力物（具体人、物或方位）O。
（3）"力"的工具：眼睛 T。
（4）"力"的结果：获取客体的影像信息 R。

（5）其他：涉及"视觉力"的时间 M，空间 K，方式强度 D 等。

2. 思维力

（1）"力"的定性：思维力（读取力、欣赏力、察知力）。

（2）"力"的角色：施力物 S（有思维能力的人）和受力物（通过感知觉获取的信息）O。

（3）"力"的工具：思维 T。

（4）"力"的结果（目的）：读取 R_1、欣赏 R_2、获知 R_3。

（5）其他：涉及"思维力"的时间 M，空间 K，方式强度 D 等。

3. 情感力

（1）"力"的定性：情感力。

（2）"力"的角色：施力物 S（有情感的人）和受力物（抽象或具体）O。

（3）"力"的工具：眼睛　身体行为等 T。

（4）"力"的结果：情感宣泄 R_1、实现情感交流 R_2、对受力物产生影响。

（5）其他：涉及"情感力"的时间 M，空间 K，方式强度 D 等。

以上是"看"所涉及的三种力的图式描述，但"看"的义位并没有非常规整地按照这三种力进行严格区分，而是存在着交叉的情况。这很正常，客观世界的万事万物之间本来就不是界限分明的，"力"与"力"之间的纠葛并不影响我们对"看"的分类。以这三种力的区分为基础，我们总结出三个"看"的上层义位，从而确定"看"类词群体系的大体框架如下：

1. "看1"视觉作用力：视觉＝〉① 具体。如：<u>看</u>那边。

2. "看2"思维作用力：思维＝〉抽象。

"看21"视觉辅助的读取思维力：读取类思维＝〉抽象（视觉＝〉具体）②。如：<u>看</u>书。

"看22"视觉或听觉辅助的欣赏思维作用力：欣赏类思维＝〉抽象（视觉/③听觉＝〉具体）。如：<u>看</u>风景、<u>看</u>电影。

---

① "＝〉"指作用于，下同。
② "抽象（视觉＝〉具体）"是指"抽象"通过视觉作用于具体来产生。下同。
③ "/"表示"或者"。下同。

"看 23"视觉或其他感觉辅助的察知思维力或无须具体感觉辅助的察知思维力：察知类思维 =〉抽象（视觉/其他感觉/φ① =〉具体）

如：<u>看</u>地形、<u>看</u>烫不烫、<u>看</u>情况如何

3. "看 3"情感作用力：视觉 + 情感 =〉具体/抽象。

"看 31"依托视觉行为的情感作用力：视觉 + 情感 =〉具体。如：他警告地<u>看</u>了我一眼。

"看 32"依托身体行为和心态对待的情感作用力：身体行为或心态对待 + 情感 =〉具体/抽象。如：没人把他当人<u>看</u>。

第三节 "看"类词群的分别构建

"看"类词群的基本框架已初步确定，接下来要做的工作就是发展下层节点，并找出各个节点对应的词位。我们采取的是核心图式法，具体操作是从上层义位的核心图式中确定基本要素或核心属性，通过对核心属性进行细化、对边缘属性进行细化或改变来产生下层节点，再根据细化后的图式来求取词位。此过程必须严格按照以下标准：

第一，全面继承上层义位的核心图式且保持其核心地位不变。

第二，对继承来的核心图式只作细节上的突显，不作框架上的修改和增删。

如："看 1"的基本要素是 S 施力物（有视觉能力的生命体），O 受力物（具体人、物或方位），T 工具（眼睛）和 R 结果（获取影像信息），保持这些不变，对方式 D 进行细化产生下层节点"看 1D"，方式具体到"斜着眼睛"，我们便可以找出一系列词语，如"斜视、瞟、睃、乜斜"等等，这些词都可以表示"斜着眼睛看"，其核心图式没有改变，仍是以视觉力为中心。但同样表示"斜着眼睛"的"侧目"却以"情感力"为核心，因此不是作为"看 1D"的下位词。我们还可以用通行的替换法来进一步验证，即在某个句子中 a 能被 b 替换而保持原句子意义不变，则 a 与 b 为同义。如："我斜视了一眼他手中的文件"中"斜视"可以替换成"瞟、睃、乜斜"等而不改变句义，则进一步验证了它们的同义关系。但

---

① 此处 φ 指无须具体感觉辅助。

在有的句子中它们不能替换，如"他的眼睛有点儿斜视"，因为这里的"斜视"不再指具体视动，而是指眼睛的某种病态，不属于"看1D"下位词。

明确方法之后，我们便可以开始对以上列出的三个上层义位进行下位发掘和词群构建了。

一 "看1"词群的建构

"看1"的核心图式对应上文所说的"视觉力"核心图式，即：视觉＝〉具体。描述如下：

（1）"力"的定性：视觉力；

（2）"力"的角色：施力物S（有视觉能力的生命体）和受力物（具体人、物或方位）O；

（3）"力"的工具：眼睛T；

（4）"力"的结果：获取受力物的影像信息R（隐含，也可以理解为目的）；

（5）其他：涉及"视觉力"的时间M、空间K、方式强度D、条件C等。

此图式可以用简图的形式表现如下（见图3—1）：

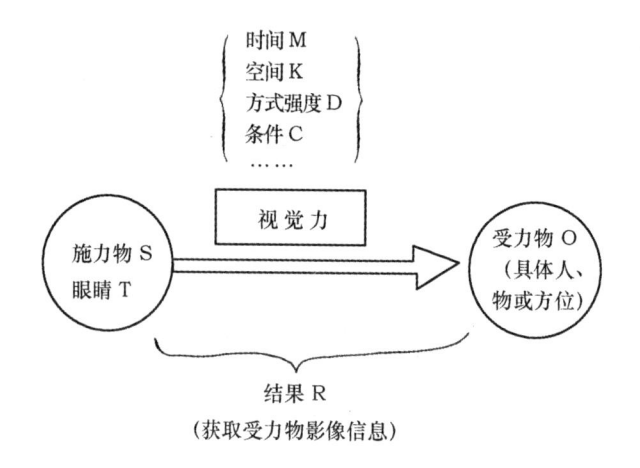

图3—1 "看1"视觉力核心图式

（1）到（4）包含"看1"的基本属性，"看1"指向作用力过程，所以"结果 R"是隐含的。（5）包含"看1"的非基本属性，理论上我们可以通过细化 S、O、T、R、M、K、D、C 中的任何一个或者几个来发展下位节点。但是否细化和如何细化是由人们的言语交际需求决定的，而且细化的成果需要经由高频的使用、大众的认可和历史的沉淀才能最终产生新的义位或词位。通过考察，我们将"看1"词群构建如下。

（一）"看1"的同位变体：看1）x

根据第二章，同位变体是指跟上层义位核心图式完全对应，只存在色彩或形体差异的变体，即色彩变体和形位变体。在理想的词典释义中应表现为以基点词位释变体词位，同时指出色彩或形体差异。如：

瞧：〈口〉看：~见/~书/~病/~热闹/~一~/他~亲戚去了。（1100 页）①

《现代汉语词典》以"看"释"瞧"，并用"〈口〉"指明"瞧"的口语色彩。但我们不能据此就断定"瞧"是"看"的色彩变体。因为"看"在《现汉》中有 8 个义项，有些是"瞧"所不具备的，这里简单地以"看"释"瞧"，不仅忽略了"看"和"瞧"的差异，而且抹杀了"瞧"内部义位系统的存在。这正是我们以义位为基点进行词位变体词群构建的原因。

除了"瞧"，在《现代汉语词典》中直接以"看"作为释义内容的词还有"视、观、览、瞅、瞵、顾、盼、张、觑、溜、睐、目、相看"，如：

视：（1）看：~力/~线/近~/熟~无睹。（1248 页）
观：（1）看：~看/走马~花/坐井~天。（501 页）
览：看：游~/展~/浏~/阅~/一~无余。（811 页）

---

① 1100 页，即表明引自《现代汉语词典》第 5 版，第 1100 页，下同。

瞧：〈口〉看：～见／～书／～病／～热闹／～一～／他～亲戚去了。（1100页）

瞅：〈方〉看：往屋里～了一眼／你别老～着我（195页）

瞜 lōu：〈方〉看（语气不庄重）：这是你新买的吗？我～～／这玩意儿不错，让我～一眼。（882页）

顾：（1）转过头看；看：环～／四～／相～一笑。（492页）

盼：（2）看：左顾右～。（1022页）

张：（4）看；望：东～西望。（1715页）

觑 qù：〈书〉看；瞧：～视／～伺／小～／面面相～／冷眼相～。（1129页）

溜：（4）〈方〉看：～一眼心里就有了数。（872页）

睐：（2）〈书〉看；向旁边看：青～。（809页）

睋 é：〈书〉（1）望；看。（355页）

目：〈书〉看：～为奇迹。（971页）

相看 xiāngkàn：（1）看；注视。（1484页）

"顾、盼、张、觑、睐"在现代汉语中以语素形式存在，不能单独使用，不构成词位，应排除；"睋"未见于现代汉语语料，也可排除。

"相看"词典义项（1）不准确，应为"互相看对方"，如"相看两不厌"、"两人泪眼相看，都已肝肠寸断"，此义不与"看1"处同一层级。

"视"和"观"、"览"也多以语素形式出现，在少数语境中单独成词，则带有较强的书面语体色彩，如"以眼视物"中的"视"可以认为是"看1"的书面变体，但"视金钱如粪土、视具体情况而定"，"观景、夜观天象"，"遍览群书、览风景名胜"等中的"视、观、览"不再适用于纯粹的视觉力图式，因此不是"看1"的同位变体。

《现汉》标记的方言变体"瞜、溜"实则"看1"的下位变体，是对"看1"核心图式中"用眼方式"的细化，都有"短时迅速"之义，因此，它们常见的搭配是"一V"、"VV"、"V一眼"等，但"瞜"的"粗略"意味更浓。

"目"作动词时具很强的书面文言色彩，在现代汉语中用例较少，结构固定为"目为、目之为"，不表视觉行为义。

根据考察发现，只有"瞧、瞅"具有与"看1"同一层级的义位，且能单独成词，在表视觉行为的语境中大多可以与"看"替换，只在语体色彩和语气庄重程度上有差异。如：

我在看那边。＝我在瞧那边。＝我在瞅那边。
给我看看。＝给我瞧瞧。＝给我瞅瞅。
你都看半天了，不累啊？＝你都瞧半天了，不累啊？＝你都瞅半天了，不累啊？

但在"看"和"瞧"都可以构成独词祈使句，而"瞅"不能，如：

看！（爸爸回来了。）＝瞧！（爸爸回来了。）（√）
瞅！（爸爸回来了。）（×）

另外，"瞅"和"瞧"都有各自的义位系统，体现在词典释义上，应该可分成多个义项，在"看"类动词词群中占据着不同的变体节点。

综上所述，与"看1"核心图式完全对应，处在"看1"词群最上层的词位除了"看"以外，还有其书面变体"视"，口语变体"瞧"和方言变体"瞅"，可分别标为：

"看1）0"：看（如：我在看那边）。
书面变体："看1）1"：视（如：她眼睛不好，视物模糊）。
口语变体："看1）2"：瞧（如：我往外瞧了一眼，门口站了好多人）。
方言变体："看1）3"：瞅（如：我在那儿瞅了半天，啥都没看见）。

（二）"看1"的下位变体

"看1"的下位变体，是全面继承"看1"的核心图式且保持其核心地位不变，对视觉力图式中的属性进行细化或突显的变体。在理想的词典释义中，应表现为以上层词位正体"看"为核心释义词，以"属+种差"形式进行描述的形式。如：

瞟 piǎo：斜着眼睛看：他一面说话，一面用眼～老李。（1046页）

"瞟"以"看1"义位的整体词位"看"为核心释义词,通过添加修饰语"斜着眼睛"来突显视觉作用力的方式属性 D,是典型的"看1"方式下位变体词位。参考《现汉》,结合大规模语料考察和内省式分析,我们可以将"看1"的下位变体大致分为以下几类:

1. 方式下位变体:看 1D) x

根据核心图式,"看1"是具体视觉动作,在主客体不变的前提下,对动作的"方式"属性进行细化,从而产生下位节点"看 1D) x"。"看 1D) x"的特点是方式属性在图式中得到突显,方式义在此类下位节点中得到了固化,可以表述为:看 1D) x = 看 1 + Dx。因方式不同,"看 1D) x"分为四个小类:"看 1D) 1"、"看 1D) 2"、"看 1D) 3"和"看 1D) 4"。

第一,因眼睛与目标相对的角度不同,"看 1D) 1"又可以下分两类。

眼睛或视线与目标相对的角度,无非"正、斜"两种,而后者似乎更受汉语使用者的青睐,《现汉》中释义内容为"斜着眼睛看"或"斜着眼看"的有"瞟、睃、睇、睨、睥睨、斜视、眄、眄视、乜、乜斜"等 10 条词目,原文如下:

  瞟 piǎo:斜着眼睛看:他一面说话,一面用眼~老李。(1046 页)
  睃 suō:斜着眼睛看。(1309 页)
  睇 dì:〈书〉斜着眼看。(302 页)
  睨 nì:〈书〉斜着眼睛看:睥~/~视。(994 页)
  睥睨 pìnì:〈书〉眼睛斜着看,表示傲视或厌恶:~一切。(1040 页)
  斜视:(2) 斜着眼看:目不~。(1507 页)
  眄 miàn:〈书〉眄视。(947 页)
  眄视 miànshì:〈书〉斜着眼看。(947 页)
  乜 miē:〈方〉乜斜 (1)。(949 页)
  乜斜 miēxié:(1) 眼睛略眯而斜着看(多表示瞧不起或不满

意)：他～着眼睛，眼角挂着讥诮的笑意。(949页)①

而强调"正着眼睛看"的则无，唯一可表此义的"正视"在《现汉》中被舍弃了视觉义：

正视：用严肃认真的态度对待，不躲避，不敷衍：～现实/～自己的缺点。(1740页)

考察以上各词及其释义，我们发现：虽然《现汉》所收录表示"斜眼看"的词多达10个，但在现代汉语通用语中常用的只有"瞟"、"斜视"，前者表义更为鲜活灵动，后者比较正式，另外，"瞟"带有"偷偷"的意味，而"斜视"没有。"睃、乜"带有方言色彩，"睇、睨、眄、眄视"等即使在现代汉语书面语体中都很少出现，因此很难从语料中发现它们之间的差异。"睥睨"和"乜斜"，一个是书面变体，一个是方言变体，都可以既表示单一视觉动作，又表示以视觉为依托的情感态度行为，词典释义都应分别立项，此处我们取其"眼睛斜着看"的义位。

与"斜眼看"相对，"正视"在实际语境中仍可以表示"正眼看"的视觉义，如："正视前方"等。

因此，因眼睛与目标相对的角度不同，"看1"的第一类方式下位变体可以整理为：

①看1D) 11：看1+方式11（正眼与目标相对）。

"看1D) 11a"：正视（如：我不敢正视他的眼睛）。

②看1D) 12：看1+方式12（斜着眼珠与目标相对）。

"看1D) 12a"：瞟（如：她忙碌着，不时从眼角瞟我）。

"看1D) 12b"：斜视（如：我斜视了一下我的体检表，清楚地看到殷红的"水坦"二字盖在上边）。

方言变体：

"看1D) 12c"：睃（如：可能我脸上显出那么点郁郁寡欢，玩牌的那几位都拿眼睛睃我）。

---

① 《现汉》所举例句与释义不符合，句中的"乜斜"明显为眼部动作"眼睛略眯而斜"，而非视觉行为。

"看1D）12d"：乜（如：她没有停步，只是微微侧脸回眸迅速乜了一眼）。

"看1D）12e"：乜斜（如：柳莺把身子扭了几股……无精打采地乜斜电视荧屏）。

书面变体：

"看1D）12f"：睨（如：崇祯将他们一个个地睨过一遍，这当中又有几人是和他同心同德的）。

"看1D）12g"：睥睨（如：它昂着的头，稍稍歪斜着，用天真、恬静而温柔的目光睥睨着这世界）。

"看1D）12h"：睇（如：倘没有鼻梁的妙设，左眼可睨右眼，右眼可睇左眼/罗斯托夫朝窗口睇了一眼）。

"看1D）12i"：眄（如：朔风卷地吹急雪，转眄玉花深一丈）。

"看1D）12j"：眄视（如：思似笑非笑对文清眄视一下）。

此类下位变体中有一部分的方式突显度非常高，如"瞟、睃、乜斜、睨、睥睨、睇、眄"使"看1"的核心图式相对显得比较暗淡，但其地位并没有发生改变。但当这些词的突显度在语境中进一步得到强化时，其表"看"的意味更加淡化，甚至隐退，此时它们所表词义将不再处于"看1"的下属地位，而成为独立的范畴。但这一方式突显，核心淡化的过程是渐进的，范畴之间的边界比较模糊。结合词源，这些词可能原本就是对眼睛非视觉动作范畴的表达，通过转喻认知模式进入"看1"范畴。这是"看1"范畴作为目的域的转喻投射，还有大量以"看1"作为源域向其他域进行隐喻或转喻投射的现象，如"斜眼视人或物"可以通过"以身喻心"的认知模式向感情域进行投射，表达"轻蔑"的意味。对此我们将在后面进行详细探讨。

另外，斜眼视物时有时会导致眼睛张开的程度较小，如"乜斜（眼睛略眯而斜着看）"，这与"看1D) 2"存在着交叉。在碰到这种情况时，我们按突显度更高的属性来进行分类。可见，范畴内部属性之间存在着相关性，密切相关的两个或多个属性在不同下属范畴中有不同的突显度。

第二，因眼睛看目标时的张开程度不同，"看1D) 2"又可以下分两类，共5个下位变体。

眼睛看目标时的张开程度有大、有小，《现汉》释义中体现这一区别的视觉动词词位有"瞪、睐、瞵"和"觑"。

瞪：(2) 睁大眼睛注视，表示不满意：老秦瞪了她一眼，嫌她多嘴。(288 页)

睖 lèng：〈方〉睁大眼睛注视，表示不满意：她狠狠地~了他一眼。(830 页)

瞵 lín：〈书〉瞪着眼睛看：鹰瞵鹗视。(864 页)

觑 qū：把眼睛合成一条细缝（注意地看）：偷偷儿地~了他一眼/他微微低着头，觑着细眼。(1126 页)

按照《现汉》释义，"觑"应为眼睛活动动词，但其例"偷偷儿地~了他一眼"中"觑"具有明显的视觉行为义，因此"觑"应分成两类：眼部活动义和视觉行为义，而且其视觉行为义还可再分为"眯眼看"和"偷看"两个义位。书面变体"瞵"在现代汉语中仅见"鹰瞵鹗视"一例。"瞪"和"睖"释义相同，仅存在语体色彩差异，它们的核心释义词为"注视"，其实不妥。因为"注视"突出的是在一定时段内视线集中于某个目标，而"瞪"和"睖"可以是瞬间完成的动作，所以一般不说"我注视了他一眼"。另外，并不是所有的"瞪"和"睖"都表示不满意，也并不一定都含有情感态度的表达。因此，根据情感力的有无，应将"瞪"和"睖"细分两个义项。

①看 1D) 21：看 1 + 方式 21（眼睛张开程度低）。

"看 1D) 21a"：觑（如：只有潘信诚态度非常镇定，半闭着眼睛，觑着面前的那个精致的小笔记本）。

②看 1D) 22 = 看 1 + 方式 22（眼睛张开程度高）。

"看 1D) 22a"：瞪（如：让你看那边儿，你瞪着我干吗呀）。

书面变体：

"看 1D) 22b"：瞵（如：鹰瞵鹗视）。

方言变体：

"看 1D) 22c"：睖（如：她睖了我一眼）。

第三，因突显视线集中时间的长短，又发展出"看 1D) 3"。

视觉动作的完成都需要视线集中，但以视线集中于目标物的时间长短为区别属性的视觉行为词位，则构成了"看 1"的第三种方式下位变体。《现汉》中释义突显视线集中时间相对较长的词有"注视、盯、瞄、瞩、瞩望、凝视、凝望、凝眸、凝目、定睛、注目、瞩目、逼视"等，如下：

  注视：注意地看：他目不转睛地~着窗外。(1783页)
  盯：把视线集中在一点上；注视：轮到她射击的时候，大家的眼睛都~住了靶心。也作钉。(318页)
  瞄：把视力集中在一点上；注视：枪~得准。(948页)
  瞩：注视：~目／~望／高瞻远~。(1781页)
  瞩望：(2)〈书〉注视：举目~。(1781页)
  凝视：聚精会神地看：~着对方。(1001页)
  凝望：目不转睛地看；注目远望。(1001页)
  凝眸：〈书〉凝目：~远望。(1001页)
  凝目：目不转睛地（看）：~注视。(1001页)
  定睛：集中视线：~细看(322页)
  注目：把视线集中在一点上：引人~／这个小县城当时成了全国~的地方。(1783页)
  瞩目：〈书〉注目：举世~／万众~。(1781页)
  逼视：向前靠近目标，紧紧盯着：光彩夺目，不可~／在众人的~下，他显得局促不安了。(68页)
  目送：眼睛注视着离去的人或载人的车、船等：~亲人远去。(972页)

  分析以上各词及释义，"注视"被多次用作其他词的释义内容，足见其中心地位，但《现汉》对它的释义并不准确，"注意地看"是从视觉行为发生时主体的精神集中状态来进行描述的，虽然在大多数情况下，"视线集中"伴随着"精神集中"，但后者并不能取代前者，如："说话时要注视对方，不要喃喃自语"，此时的"注视"就显然不是将精神集中于对方。因此，"注视"应解释为"（在一定时段内）将视线集中投注于某对象"。《现汉》中被释为"〈书〉注视"的"瞩望"，应该是"〈书〉注视（远方的事物）"。
  "凝视"与"注视"的区别在于前者隐含了一个"聚集视线"的过程，是指"聚集视线并投注于"。"凝望"词典释义应分立两个义项，"目不转睛地看"与"凝视"同类，但"凝视"的投视点比较明确，"凝望"

的视域比"凝视"更宽广。另外,较之"注视","凝视、凝望"多出一点"凝神"之义。

"盯"和"注视"在语体上存在一定差异,前者偏向口语语体,后者偏向书面语体,此外,"盯"比"注视"具有更为丰富的情感倾向,如:"那人贼眉鼠眼的,老盯着小李"句中的"盯"换成"注视"就不行。

"逼视"在表"注视"义之外,还有向前靠近目标之义。

"瞩"表"注视"义时不能单独成词,是语素义。

"凝目、凝眸、定睛"本来仅表示"集中视线",是"视线投注"这一视觉行为之前的眼睛准备活动,用在"看"类动词前作状语,但在语料中我们发现,它们也逐渐产生视觉行为义,如"凝眸鲁迅峰"、"凝目中秋月"、"定睛奥运圣火车队"等。

"注目、瞩目"重在表达"关注"义,而非视觉的视线集中。

"瞄"和"目送"虽然有"注视"义,但都更侧重目的,"瞄"是为了取客体的位置,且力求精确,"目送"是为了"送行",因此都是"看1"的目的邻位变体。

《现汉》中释义突显视线集中时间短暂的词有"瞥、瞥视、掠视",如下:

瞥:很快地看一下:一~/弟弟要插嘴,哥哥~了他一眼。(1047页)

瞥视:很快地看一下:他和蔼地~了一下每个听讲学生。(1047页)

掠视:目光迅速地掠过;扫视:站在房门口向室内~一周。(896页)

"瞥"和"瞥视"都指视线集中于对象的时间短、速度快,后者较为庄重、正式,具有一定的书面语体色彩。另外,与"瞥"义相近的还有"溜"和"瞄 miāo",《现汉》释为"〈方〉看"(872页),应为"瞥"的方言变体。(参见本书3.4.1.1)"瞄 miāo"未见于《现汉》,但在语感中确实存在,本书特作补充。"瞄"的视线投射方向可以是施动者的眼部正上方,"瞥"很少这样用,如:"他不禁朝天空瞄了一眼"中的"瞄"就不能换成"瞥"。

"掠视"词典释义中被分号隔开的"目光迅速地掠过"和"扫视"应为两个义项,前者与"瞥"等同类,区别在于"瞥"是直接将视线投向目标,"掠视"视线掠过目标。

综上所述,"看1"的第三类方式下位变体可以表述为:

①看1D)31:看1+方式31(视线投注对象时间相对较长)。

a. 看1D)31a:看1+方式31a(视线集中投注)。

"看1D)31a1":注视(如:由于观赏没有翻译字幕的电影,必须全神贯注地注视银幕上的动作)。

"看1D)31a2":盯(如:他的手忽然停了下来,眼睛盯着诗卷,轻轻地吟诵起来)。

书面变体及空间方位变体:

"看1D)31a3":瞩望(如:我站在阳台上,瞩望着远处苍茫的群山)。

b. 看1D)31b:看1+方式31b(视线聚集后集中投注)。

"看1D)31b1":凝视(如:我凝视着那湛蓝的海水,波平如镜)。

"看1D)31b2":凝眸(如:临行时,他依依不舍地凝眸自己心爱的骨肉)。

"看1D)31b3":凝目(如:他经常凝目的还是挂在同一墙上镜子中自己的形象)。

"看1D)31b4":定睛(如:她环视一周,最后定睛十字架上的耶稣)。

空间方位变体:

"看1D)31b5":凝望(如:凝望着她跋涉在山林中的身影,使人顿时有所领悟)。

c. 看1D)31c:看1+方式31c(视线集中投注,且向前靠近目标)。

"看1D)31c1":逼视(如:这颗钻石光彩夺目,不可逼视)。

②看1D)32:看1+方式32(视线投注对象时间相对较短)。

a. 看1D)32a:看1+方式32a(视线直接投向目标)。

"看1D)32a1":瞥(如:山本先生无意中瞥了一下邻座山中社长手中的纸条)。

"看1D)32a2":瞥视(如:孔江子瞥视闭目养神的玉珍一眼,慢慢向她凑过来)。

"看1D)32a3":瞄(如:他瞄了一眼驾照,因为与普通驾照不一样，他不认识）。

方言变体：

"看1D）32a4"：溜（如：祥子乘着拐弯儿的机会，向后溜了一眼，那个人还跟着呢）。

b. 看1D）32b：看1 + 方式32b（视线掠过目标）。

"看1D）32b1"：掠视（如：他习惯地掠视了一下站在自己身旁的人）。

第四，因凸显视觉行为的细致程度，又发展出"看1D）4"。《现汉》释义中体现视觉行为仔细或粗略的词有"谛视、审视、观察、端量、端详、观照、鉴"和"睄、浏览"，如下：

谛视 dìshì：〈书〉仔细地看：凝神~。（302页）

审视：仔细看：~图纸。（1214页）

观察：仔细察看（事物或现象）：~地形/~动静/~问题。（501页）

端量：仔细地看；打量：他把来人仔细~了一番。（339页）

端详：仔细地看：~了半天，也没认出是谁。（339页）

观照：原为美学术语，现也指仔细观察，审视：~传统文化/~现实，正视生活。（502页）

鉴：（3）仔细看；审察：~别/~定。（673页）

睄 shào：〈方〉略看一眼。（1201页）

浏览：大略地看：~市容/这本书我只~了一遍，还没仔细看。（872页）

"谛视"等都有"仔细看"之义，但"观察、端量、端详、观照、鉴"重在以细看来察知相关情况，而且"鉴"表仔细看，是语素义。只有"谛视"仍以视觉行为为核心。"浏览"因"览"隐含"阅览、观览"义而不能简单归入"看1"的下位。除此之外，《现汉》释为"〈方〉看"的"睄"具有较强的"粗略"义，应归入此类。因此，"看1D）4"下位变体应表述为：

①看1D）41 = 看1 + 方式41（细致程度高）。

"看1D）41a"：审视（如：赵富林等仔细审视这些满身泥浆的战士，看到的是一张张黝黑的脸庞，一双双充血的眼）。

书面变体："看1D）41b"：谛视（如：我一一地谛视她的指纹，果然，她的中指是一个"罗")。

②看 1D) 42 = 看 1 + 方式 42（细致程度低）。

方言变体："看 1D) 42a"：瞇（如：出片尾字幕时我瞇了一眼，做视觉特效的只有两人）。

"看 1D) 42b"：睄（如：云珏忙说了些安慰的话，然后睄一下云飗，见他安然的睡着）。

第五，因突显主体的态度，发展出下位变体"看 1D) 5"。

《现汉》释义中体现主体在发生视觉行为时带有某种态度的有"瞻仰、怒视、盻、虎视"，如下：

瞻仰：恭敬地看：~遗容。(1711 页)

怒视：愤怒地注视：~着凶残的敌人。(1008 页)

盻 xì：〈书〉怒视：瞋目~之。(1464 页)

虎视：(1) 贪婪而凶狠地注视：~眈眈。(2) 威严地注视：战士们~山下的敌人，抑制不住满腔怒火。(577 页)

"瞻仰"虽然有情感态度，但核心图式仍为视觉力图式，目的是要获取视觉信息，因此是"看 1"的下位变体。"盻"在现代汉语中未见用例，可排除。但"怒视"和"虎视"则以情感力图式为核心，并不以获取视觉信息为目的，因此不属此类。

"看 1D) 5a"：瞻仰（如：宋庆龄亲友瞻仰宋庆龄陵墓）。

2. 空间方位细化产生下位变体：看 1K) x

从理论上说，"看 1"可以通过对客体类型的细化来发展下属范畴，但由于"看"与大脑思维活动联系非常密切，特定类型的细化往往会导致核心图式从"视觉力"向"思维力"转移，因此不再处于"看 1"的下位。所以，在这里我们只按主客体之间空间方位的非典型化，来发掘下位变体"看 1K) x"对空间方位的突显，既可以立足于客体方位作静态描述，也可以通过主体的状态来表现，所以"看 1K) x"的特点是客体的空间方位属性或主体的动态属性在图式中分别得到凸显，客体空间义和主体动态义在此类下位变体词位中得到了固化。按照空间方位的变化，"看 1K) x"分为四小类。

第一，客体位于主体前方："看 1K) 1"。

《现汉》释义体现视线所及目标在主体前方的主要有"向前"和"向远处",包括"平视"和"望、遥望、瞻望、展望、张望、凝望、骋目、驰目、极目、纵目、放眼、瞭望、瞭、睎、眺望、远眺、凭眺、眺",如下:

平视:两眼平着向前看:立正时两眼要~。(1053页)
瞻:(1)往前或往上看:观~/高~。(1711页)
望:(1)向远处看:登山远~/一~无际的稻田。(1411页)
遥望:往远处看:~天边,红霞烂漫。(1583页)
瞻望:往远处看;往将来看:抬头~/~前途。(1711页)
展望:(1)往远处看:他爬上山顶,向四周~。(1712页)
张望:从小孔或缝隙里看;向四周或远处看:探头~/四处~。(1715页)
凝望:注目远望。(1001页)
骋目:〈书〉放眼往远处看:凭栏~。(178页)
驰目:〈书〉放眼(往远处看):~远眺。(182页)
极目:〈书〉用尽目力(远望):~远眺。(636页)
纵目:尽着目力(远望):~四望。(1815页)
放眼:放开眼界(观看):~望去,一派生气勃勃的景象。(390页)
瞭望:(1)登高远望:极目~,海天茫茫。(859页)
瞭:瞭望:在高处~着点儿。(859页)
睎 xī:〈书〉瞭望。(1455页)
眺望:从高处往远处看:凭栏~/站在山顶~。(1355页)
远眺:向远处看:登高~。(1680页)
凭眺:在高处向远处看(多指欣赏风景):依栏~。(1055页)
眺:眺望:远~/登高远~。(1355页)

还有通过主体身姿体现"向远处"看的"鹄望、翘望",如:

鹄望 húwàng〈书〉直立而望,形容盼望等待。(576页)
翘望:(1)抬起头来望。(1079页)

"瞻"是语素义,"睎"未见于现代汉语语料,"瞭"极少单独成词,从《现汉》所举例句"在高处瞭着点儿"来看,应为方言变体。

"瞻望"和"张望"词典释义都应分成两个义项。"张望"可以是向远处或四周望,略带"搜寻"义,一般不带宾语。"展望"强调视线的延展。

"骋目、驰目、极目、纵目"本是对"远望"时视线调整的描述,一般出现在"远望"类动词前,但在语料中我们发现越来越多的用例直接单用表示"放眼远望",因此,可纳入此类"看1"下位变体。

"鹄望"词典释义应分解成两项"直立而望"和"盼望等待"。前者与"翘望"都通过身体姿态体现了"远看"之义。

"瞭望、眺望、远眺、凭眺、眺"则是"从高处往远处看",包含了主体的方位。

因此,"看1K) x"的各下位变体词位可表述为以下几类:

①客体处于主体前方,且两者大致处于水平位置:看1K) 11 = 看1 + 空间方位 11(客体在水平前方)。

"看1K) 11a":平视(如:泰斯挣扎着爬出洞口,这至少让他可以平视正在砍着木头的卡拉蒙)。

②因突显主客体之间距离的远,而有次类"看1K) 12"。

看1K) 12a = 看1 + 空间方位 12a(客体在前且远)。

"看1K) 12a1":望(如:狗蹲在看坟人身边,望着远处,哀恸地叫几声)。

"看1K) 12a2":遥望(如:她常常站立江边,遥望雪山上的彩云心中暗暗祈祷)。

"看1K) 12a3":展望(如:站在此处展望,碧波粼粼的伶仃洋在夕阳辉映中变幻着万千色彩)。

"看1K) 12a4":瞻望(如:瞻望河边的风景,以及那一群肮脏瘦弱的负煤人)。

"看1K) 12a5":张望(如:奶奶会香逗着维儿,时观战,时到门口张望)。

"看1K) 12a6":凝望(如:他在临窗的位置坐下,凝望着东方的天际)。

看1K) 12b = 看1 + 空间方位12b（客体在前且远，主体在高处）。

"看1K) 12b1"：眺（如：当太阳西斜时，我驶上南浦大桥，西<u>眺</u>上海）。

"看1K) 12b2"：眺望（如：尹子奇派人登上高处<u>眺望</u>，只见城里静悄悄的，一点动静都没有）。

"看1K) 12b3"：远眺（如：他们<u>远眺</u>首都夜景，兴高采烈，笑语不断）。

"看1K) 12b4"：瞭望（如：一位名叫诺艾尔的将军走了过来，用望远镜仔细<u>瞭望</u>河对岸的小村）。

"看1K) 12b5"：凭眺（如：我索性着衣走出院落，登上镇边的高地，<u>凭眺</u>起地中海黎明时分那壮美的景象来）。

③看1K) 13 = 看1 + 空间方位13（客体在前且远，通过主体相应辅助动作体现）。

a. 看1K) 13a = 看1 + 空间方位13a（客体在前且远，通过主体视线调整状态体现）。

"看1K) 13a1"：骋目（如：从开启的窗口<u>骋目</u>雪原）。

"看1K) 13a2"：驰目（如：无碍<u>驰目</u>院外景象）。

"看1K) 13a3"：极目（如：<u>极目</u>金陵古城美景）。

"看1K) 13a4"：纵目（如：<u>纵目</u>海天深处，夕阳照耀的天空，流云溢彩）。

"看1K) 13a5"：放眼（如：<u>放眼</u>峡谷，桃林一片）。

b. 看1K) 13b = 看1 + 空间方位13b（客体在前且远，通过主体身体姿态体现）。

"看1K) 13b1"：翘望（如：我便禁不住地探首<u>翘望</u>那耸立山头的K大学的楼顶）。

"看1K) 13b2"：鹄望（如：村民们村口<u>鹄望</u>等候已久）。

第二，客体位于主体后方："看1K) 2"。

视线所及目标在主体后方，在《现汉》释义中是通过主体状态"回头"或"回眼"来体现的，包括"顾、反顾、回顾、回眸"，如下：

顾：(1) 转过头看；看。(494页) 语素义

反顾：回头看，比喻翻悔：义无~。(377页)

回顾：回过头来看：～过去，展望未来。（606页）
回眸：〈书〉回转眼睛；回过头看（多指女子）：～一笑。（607页）

"顾"表"转过头看"是语素义，"反顾"和"回眸"都应分隔义项，"反顾"与"回顾"表"回头看"的使用频率不高，但仍存在，故收入。"回眸"本指"回转眼睛"，但已发展出"回头看"义。因此，"看1K"的下位变体词位为：

主体状态为"回头"：看1K）21

"看1K）21a"：回顾（如：我栗然，回顾小朋友，他咬住下唇，一声儿不言语）。

"看1K）21b"：反顾（如：走在途中，他老是回身反顾着枝叶婆娑的苦行林）。

主体状态为"回眼"：看1K）22。

书面变体：

"看1K）22a"：回眸（如：绕过蘑菇石，回眸鲁迅峰，擦过……无蚊许家村）。

第三，客体位于主体上方："看1K）3"。

此类在《现汉》释义中也是通过主体的状态"抬头"来体现的，有"仰视、仰望"两个词位，如：

仰视：抬起头向上看：～天空。（1578页）
仰望：（1）抬起头向上看：～蓝天。（1578页）

以上二者区别仍在于客体对象，"仰视"对象一般是较为具体或较小的目标，"仰望"对象则大多范围较宽广或为某方位。《现汉》"仰视"词条所举例句不太典型。

"看1K）3"类下位变体词位可表述为：看1K）3 = 看1 + 空间方位3（客体在上）。

"看1K）31"：仰视（如：只有走下干涸的古颍河，侧面仰视小商桥，才领略到它的雄姿和先人的伟大）。

"看1K）32"：仰望（如：当人们在夜晚仰望天空时，难免会产生这样的遐想）。

第四，客体位于主体下方："看1K）4"。

《现汉》释义通过"往下"、"向低处"等来体现客体位置在下，有"俯视、俯瞰、鸟瞰、瞰、俯察"，如下：

俯视：从高处往下看：站在山上～蜿蜒的公路。（423页）
俯瞰：俯视：～大地。（423页）
鸟瞰：（1）从高处往下看：登上西山，可以～整个京城。（998页）
瞰：（1）从高处往下看；俯视：鸟～。（763页）
俯察：〈书〉（1）向低处看：仰观～。（423页）

"瞰"不能单独使用，非词位；"俯察"实则重在"察知"，而非单纯的视觉行为，应排除。"俯视"、"俯瞰"和"鸟瞰"都是从高处往下看，但"俯视"主客体之间的高度差距不一定很大，而且可以是较小的目标和范围，如："高高大大的检票员俯视着这个蜷缩着的弱小女生"，但"俯瞰"和"鸟瞰"的主体一定是从很高的位置（如高山、高空中等），向下看较大范围内的对象，如"站在'小蛇岛'的遮阳伞下，俯瞰露天人工养殖池内的蛇"，而且"鸟瞰"是全景式的，如"从高空鸟瞰整个北京城区"。因此，"看1K）4"下位变体词位可以表述为：

看1K）4 = 看1 + 空间方位4（客体在下）。

"看1K）41"：俯视（如：我们俯视山下，所有的一切都显得渺小）。

"看1K）42"：俯瞰（如：从空中俯瞰菜户营立交桥，像一幅巨大的油画，分外壮观）。

"看1K）43"：鸟瞰（如：从飞机上鸟瞰八闽绵延起伏的峰峦，葱郁叠翠）。

第五，客体分布于主体周围："看1K）5"。

客体目标在周围在《现汉》释义中是通过主体视线投向"向两旁"、"向周围"、"向四下里"等来体现的，有"环顾、环视、扫视、掠视、巡视、瞻顾、四顾、顾盼、张望、观望"等，如下：

环视：向周围看。（594页）
环顾：〈书〉向四周看；环视。（594页）

四顾：向四周看：~无人/茫然~。（1293页）

扫视：目光迅速地向周围看：向台下~了一下。（1177页）

掠视：目光迅速地掠过；扫视：站在房门口向室内~一周。（896页）

巡视：（2）往四下里看：~着四周的听众。（1553页）

瞻顾：（1）〈书〉向前看，又向后看；思前想后。（1711页）

顾盼：向两旁或周围看来看去：左右~。（494页）

张望：从小孔或缝隙里看；向四周或远处看：探头~/四处~。（1715页）

观望：（2）张望：四下~。（502页）

"环视"和"环顾"除语体色彩有异之外，"环视"的主体有明确的投视点，在特定范围内的，"顾"可以是无投视点的，如"环顾左右而言他"、"诧异地环顾左右"。"扫视"和"掠视"是"迅速向四周看"，视线连贯。"四顾"、"瞻顾"、"顾盼"、"张望"、"观望"等是视线移动不连贯。

因此"看1"的空间方位变体"看1K)5"又可以按视线投射方式不同整理出以下变体：

①视线连贯，没有中断：看1K)51。

"看1K)51a"：环视（如：他认真地环视一周）。

"看1K)51b"：环顾（如：环顾四周，到处是精美的浮雕、塑像和油画）。

视线连贯且速度较快：

"看1K)51c"：扫视（如：杨奇清坐在宽大的办公桌后，两道犀利的目光将会议室扫视了一圈）。

"看1K)51d"：掠视（如：站在房门口向室内掠视一周）。

②视线移动不连贯，为跳跃式移动：看1K)52。

"看1K)52a"：张望（如：张望四周，夜色渐渐笼罩了黔北山岭）。

"看1K)52b"：观望（如：四下观望）。

"看1K)52c"：四顾（如：四顾无人）。

书面变体：

"看1K)52d"：顾盼（如：我抬起头来，顾盼着四周熟悉又陌生的景色）。

"看1K）52e"：瞻顾（如：人们在这里采购商品或游览名胜，无须瞻顾南来北往的车辆，不用担心横冲直撞的摩托车和自行车）。

3. 条件细化产生下位变体：看1C）x

在"看1"核心图式中，"视觉力"得以施行的主客观条件隐含在背景中，如"光线充足"、"视线无阻碍"等等，这些都属于常规条件。当非常规条件进入核心图式时，条件下位变体便产生了。条件变化可能会导致动作方式上的相应转变。按非常规条件的性质，可分为以下两类。

第一，动作受主客观条件约束：看1C）1。

①动作受客观条件约束，只能透过缝隙或小孔看：看1C）11。

《现汉》所收此类词有"窥、张望"，如下：

窥：（1）从小孔或缝隙里看：管中～豹。（798页）

张望：从小孔或缝隙里看；向四周或远处看：探头～／四处～。（1715页）

"张望"《现汉》释义应分为两项，此处取前者，但不一定是"从小孔或缝隙"，还可以是"从门窗"。另外"窥视"也可以指"从小孔或缝隙里看"。此类可表述为：看1C）11 = 看1 + 条件11（客观约束）。

"看1C）11a"：窥（如：从这里正好窥到彼得大教堂那距地138米的雄伟圆穹。）

"看1C）11b"：窥视（如：摄影家从取景器里向外窥视。）

"看1C）11c"：张望（如：我坐在临窗小玻璃后面悄悄向外张望。）

②动作受主观条件约束，如为道德规范所不容或施动者主观不想被人发现，只能偷偷地看：看1C）12。

《现汉》释义中以"暗中、偷偷地"等体现，包括"窥、觇、窥测、窥察、窥视、窥伺、窥探"等，如下：

窥：（2）暗中察看：～探／～测。（798页）

觇：窥视；观测：～视／～望／～标。（147页）

窥测：窥探推测：～动向。（798页）

窥察：偷偷地察看；窥探：～地形／～敌人的动静。（798页）

窥视：窥探：～敌情/他探头向门外～。(798 页)

窥伺：暗中观望动静，等待机会（多指贬义）：～可乘之机。(798 页)

窥探：暗中察看：～虚实。(798 页)

"觇"是语素，"窥测、窥察、窥伺、窥探"等表义核心不在"看"，而在"测、察伺、探"，"窥、窥视"《现汉》释义为"暗中察看"和"窥探（暗中察看）"，实则应为"暗中偷看"，没有明显的"察看"意味。另外，"觑 qū、觑 qū 视"除表示"眯着眼睛看"外，也可表"偷看"。此类下位变体词位可表述为：看 1C）12 = 看 1 + 条件 12（主观约束）：

"看 1C）12a"：窥（如：窥一眼画室，常常有一位长胡子长头发的粗犷汉子在凝神泼墨）。

"看 1C）12b"：窥视（如：加纳的阿沙伊季族人，一旦发现做女婿的窥视丈母娘或与之交谈，则要对其处以罚金）。

"看 1C）12c"：觑（如：她暗暗回过头来觑了他一眼）。

"看 1C）12d"：觑视（如：李晋元鬼头鬼脑觑视人家）。

第二，凸显动作所依托的工具：看 1C）2。

《现汉》释义涉及的工具不仅指特定仪器，也包括凸显无工具凭借，如"透视、裸视、目测、目验"，如下：

透视：(2) 利用 X 射线透过人体在荧光屏上所形成的影像观察人体内部。(1377 页)

目测：不用仪器仅用肉眼测量。

目验：不用仪器仅用肉眼察看或验看：～产品/～实况。(972 页)

裸视：(1) 用裸眼看：～视力。(901 页)

但"透视"重"察知"，"目测、目验"重"测"和"验"，因此只有"裸视"可归入"看 1"下位，可表述为：

"看 1C）21"：裸视（如：裸视视力）

(三)"看1"的邻位变体

"看1"的邻位变体,是与"看1"义位核心图式有一定交叉,但包含其他核心属性或基本要素的变体,大致可以分为以下几类:

1. "看1"的结果邻位变体:L1 看1

前面提到"看1"的核心图式是突出"视觉力"的作用过程,结果为隐含。而"见、看见"等则以突出"视觉力"结果,隐含过程,而成为"看1"的邻位变体,我们记作"L1 看1"。它必须以"看1"为前提才得以实现,在语义上纯粹表结果,仅涉及一个特定的点,缺少开端、中间或结尾阶段,与时间轴是脱离的。这不仅决定了"见"等范畴词在语法表现上的诸多限制,而且大大限制了其发展下属范畴的能力。

由于视觉力的过程和结果紧密相连,"L1 看1"可以对应"看1"的某些下位变体而产生下位变体。

第一,"L1 看1"的同位变体:"L1 看1) x"。

《现汉》所收表视觉行为结果的有"看见、见、瞅见、瞧见、睹",如下:

看见:看到:看得见/看不见,从来没~过这样的怪事。(763页)

见:(1)看到;看见:罕~/眼~为实/喜闻乐~/视而不~。(669页)

瞅见:〈方〉看见:瞅得见/瞅不见,她~我来了,打了个招呼。(195页)

瞧见:〈口〉看见:瞧得见/瞧不见,他~光荣榜上有自己的名字。(1100页)

睹:看见:耳闻目~/有目共~/熟视无~/~物思人。(337页)

其中,"瞅见"、"瞧见"分别对应"看1"的方言变体"瞅"和口语变体"瞧","睹"为"看见"的书面变体。另外,当"看"后带所见内容时,也可表示"看见"义。因此,"L1 看1) x"类同位变体词位表述为:

"L1 看1) 0":看(如:我<u>看</u>他手里拎了两个袋子,打算帮他拿一个）。

"L1 看1) 1"：看见（如：在渭水边，他看见一个老头儿在河岸上坐着钓鱼）。

"L1 看1) 4"：见（如：致庸闻言大喜，刚想吩咐拢船上岸，却见前方有大船逼近）。

口语变体：

"L1 看1) 2"：瞧见（如：他瞧见我手中的金钱豹，眼睛一亮，连声追问还有没有）。

方言变体：

"L1 看1) 3"：瞅见（如：他瞅见老板，并不急着脱身离去，而是站着说话）。

书面变体：

"L1 看1) 5"：睹（如：随行的亲属痛哭流涕，使睹者心酸）。

第二，"L1 看1"的下位变体：

与"看1"的方式下位变体对应，"L1 看1"也有下位变体。《现汉》中以"看见"为核心释义词的有"瞥见"，如下：

　　瞥见：一眼看见：在街上，他无意间～了多年不见的老朋友。（1047页）

"瞥见"对应"看1D) 32a1：瞥"，是"L1 看1"的方式下位变体。另外，《现汉》释义为"看出来或觉察到：从这首诗里可以～作者的广阔胸怀。(798页)"的"窥见"也应对应"看1C) 11a：窥"（从小孔或缝隙看）和"看1C) 12a：窥"（暗中偷看），是"L1 看1"的条件下位变体，《现汉》释义应分解成三项"从小孔或缝隙看到"、"暗中偷看到"和"觉察到"，其所举例句对应第三项。因此"L1 看1"下位变体词位可表述为：

①与"看1"方式下位变体"看1D) 32a1"对应产生的下位变体："L1 看1D) 32a1"。

"L1 看1D) 32a1"：瞥见（如：正觉无聊，一眼瞥见了墙上挂着的吉他）。

②与"看1"条件下位变体"看1C) 11a"和"看1C) 12a"对应产

生的下位变体:"L1 看 1C) 11a"、"L1 看 1C) 12a"。

"L1 看 1C) 11a":窥见(如:她站在门外等了一会,从门缝里窥见余静慢慢入睡了)。

"L1 看 1C) 12a":窥见(如:隔着树林,贺人龙窥见李自成在江岸上列阵严整)。

另外,"L1 看 1"原本是单纯表示视觉活动的结果,隐含"看 1"的过程,而视觉行为的工具"眼睛(目)"也是不言而喻的,但在某些特殊情况下,为了突出该视觉获得的结果的真实性和可信度,往往会将视觉行为图式中的"工具"属性进行突显,以表明所获取影像信息的直接性,即"亲眼看到"。《现汉》中释义以"亲眼看到"的有"目睹、目击、目见",如下:

> 目睹:亲眼看到:耳闻~。(971 页)
> 目击:亲眼看到:~者/~其事。(971 页)
> 目见:亲眼看到:耳闻不如~。(971 页)

因此,它们可以认为是"L1 看 1"的突显工具变体。其中"目睹、目见"分别与"L1 看 1"同位变体"L1 看 1) 5:睹"和"L1 看 1) 4:见"相对应,语体色彩不同,故表述为:

与"L1 看 1"同位变体对应产生的突显工具下位变体:"L1 看 1T) 4"、"L1 看 1T) 5",以及无对应词的"L1 看 1T) 6"。

"L1 看 1T) 4":目见(如:他只告诉了我几件他所目见的事实)。

"L1 看 1T) 5":目睹(如:有人曾目睹蝎与蜈蚣鏖战 4 昼夜之久)。

"L1 看 1T) 6":目击(如:但美国警方仅称他是一位可能目击了爆炸事件的见证人)。

2. "看 1"的目的细化产生邻位变体:L2 看 1) x

根据核心图式,"获取影像信息"是"看 1"的隐含结果或目的,一般是对客体的影像信息的综合把握。由于主体目的进一步细化的特殊需求,而产生下位变体。

第一,目的是取客体的位置,且力求精确:L2 看 1) 1。

"L2 看 1) 11":瞄(如:米斯拉往洞口站一步,好瞄得更准确些)。

第二,视线跟随客体,目的是送别:L2 看 1) 2。

"L2 看1）21"：目送（如：目送亲人远去）。

3. "看1"的过程复杂化产生邻位变体：L3 看1）x

"看1"的核心图式中，主体完成对客体的视觉力作用，则该视觉行为过程完结，整个过程默认为一次视觉作用的发生，但"传看"则是多次视觉作用在同一客体和不同主体之间重复发生，每两次之间还有一个"客体传递"的过程，所以是"看1"的过程邻位变体词位。除"传看"之外，"传观"、"传阅"在《现汉》中也被释为"传递着看"。如下：

  传看：传递着看：文件只有一份，咱们就～吧！（209页）
  传观：传递着看：他拿出纪念册来让我们～。（209页）
  传阅：传递着看：～文件/这篇稿子请大家～并提意见。（211页）

其中"传阅"应为"传递着阅读"。从例句来看，"传看"、"传观"也可分离出"传递着阅读"义项，"传观"还有"传递着观赏"义，如"文雅点就开什么销寒会、销夏会，在席上传观书法名画"，不属此类。

"L3 看1）11"：传看（如：他一边讲，一边让同学们传看一个头盖骨标本。）

（四）"看1"词群概观

以上对"看1"词群的构建情况可以用表格形式作如下一览见表3—1：

第三章 "看"及"看"类词群的纵向构建　73

表3—1　"看1"词群

同位变体	下位变体 方式变体	下位变体 空间变体	条件变体	结果变体 同位变体	结果变体 下位变体	邻位变体 目的变体	邻位变体 过程变体
"看1)x"	"看1D)x"	"看1K)x"	"看1C)x"	"L1看1)x"	"L1看1D)x" / "L1看1C)x"	"L2看1)x"	"L3看1)x"
"看1)0": 看	"看1D)11a": 正视	"看1K)11a": 平视	"看1C)11a": 觑	"L1看1)0": 看	"L1看1D)11a": 睁见	"L2看1)11": 瞄	"L3看1)11": 侍看
"看1)1": 视	"看1D)12a": 瞟	"看1K)12a1": 望	"看1C)11b": 窥视	"L1看1)1": 看见	"L1看1C)32a1": 瞥见	"L2看1)21": 目送	
"看1)2": 瞜	"看1D)12b": 斜视	"看1K)12a2": 遥望	"看1C)11c": 张望	"L1看1)2": 瞜见	"L1看1C)11a": 觇见		
"看1)3": 瞰	"看1D)12c": 睃	"看1K)12a3": 展望	"看1C)12a": 窥	"L1看1)3": 瞰见	"L1看1C)12a": 窥见		
	"看1D)12d": 乜	"看1K)12a4": 瞻望	"看1C)12b": 窥视	"L1看1)4": 见			
	"看1D)12e": 乜斜	"看1K)12a5": 张望	"看1C)12c": 瞟	"L1看1)5": 睹			
	"看1D)12f": 睨	"看1K)12a6": 凝望	"看1C)12d": 觑qù视				

续表

同位变体	下位变体			结果变体		邻位变体	
	方式变体	空间变体	条件变体	同位变体	下位变体	目的变体	过程变体
	"看1D": 12g": 睥睨	"看1K": 12b1": 眺	"看1C": 21": 裸视				
	"看1D": 12h": 瞵	"看1K": 12b2": 眺望					
	"看1D": 12i": 盱	"看1K": 12b3": 远眺					
	"看1D": 12j": 盱视	"看1K": 12b4": 瞭望					
	"看1D": 21a": 觑 qù	"看1K": 12b5": 凭眺					
	"看1D": 21b": 觑 qū 视	"看1K": 13a1": 骋目					
	"看1D": 22a": 瞪	"看1K": 13a2": 驰目					
	"看1D": 22b": 瞵	"看1K": 13a3": 极目					

续表

同位变体	下位变体			邻位变体		
	方式变体	空间变体	条件变体	结果变体		目的变体	过程变体
				同位变体	下位变体		
	"看 1D" 22c": 睐	"看 1K" 13a4": 纵目					
	"看 1D" 31a1": 注视	"看 1K" 13a5": 放眼					
	"看 1D" 31a2": 盯	"看 1K" 13b1": 翘望					
	"看 1D" 31a3": 瞩望	"看 1K" 13b2": 鹄望					
	"看 1D" 31b1": 凝视	"看 1K" 21a": 回顾					
	"看 1D" 31b2": 凝眸	"看 1K" 21b": 反顾					
	"看 1D" 31b3": 凝目	"看 1K" 22a": 回眸					
	"看 1D" 31b4": 定睛	"看 1K" 31": 仰视					

续表

同位变体	下位变体			条件变体	邻位变体		
	方式变体	空间变体			结果变体		目的变体	过程变体
					同位变体	下位变体		
	"看1D": 31b5": 凝望	"看1K" 32": 仰望						
	"看1D": 31c1": 逼视	"看1K": 41": 俯视						
	"看1D": 32a1": 瞥	"看1K": 42": 俯瞰						
	"看1D": 32a2": 瞥视	"看1K": 43": 鸟瞰						
	"看1D": 32a3": 瞄	"看1K": 51a": 环视						
	"看1D": 32a4": 溜	"看1K": 51b": 环顾						
	"看1D": 32b1": 掠视	"看1K": 51c": 扫视						
	"看1D": 41a": 审视	"看1K": 51d": 掠视						

第三章 "看"及"看"类词群的纵向构建　77

续表

同位变体	下位变体			邻位变体		
	方式变体	空间变体	条件变体	结果变体		目的变体	过程变体
				同位变体	下位变体		
	"看 1D" 41b"：谛视	"看 1K" 52a"：张望					
	"看 1D" 42a"：睐	"看 1K" 52b"：观望					
	"看 1D" 42b"：睄	"看 1K" 52c"：四顾					
	"看 1D" 5a"：瞻仰	"看 1K" 52d"：顾盼					
		"看 1K" 52e"：瞻顾					

二 "看2"词群的建构

"看2"的核心图式对应上文所说的"思维力"核心图式,即:思维=〉抽象。描述如下:

(1)"力"的定性:思维力(读取力、欣赏力、察知力)
(2)"力"的角色:施力物S(有思维能力的人)和受力物(通过感知觉获取的信息)O
(3)"力"的工具:读取类思维T_1、欣赏类思维T_2、察知类思维T_3
(4)"力"的结果:读取R_1、欣赏R_2、获知R_3(隐含)
(5)其他:涉及"思维力"的时间M、空间K、方式强度D、条件C等。

此图式可以用简图的形式表现如下(见图3—2):

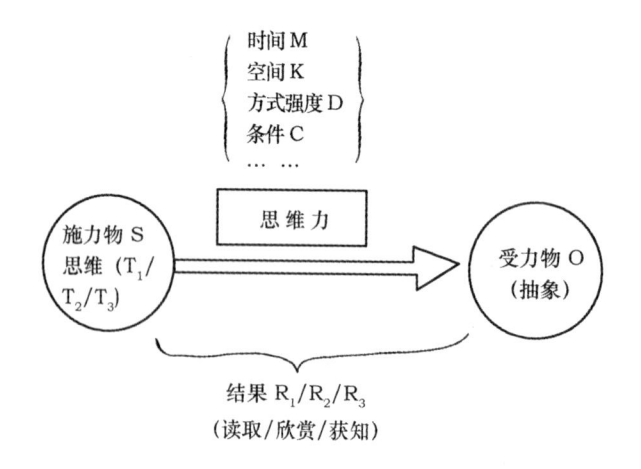

图3—2 "看2"思维力核心图式

"读取"是指"透过事物的表象符号获取其所表达的内容信息"。

"欣赏"是指"获取的事物影像及其他信息使主体得到感官或心理上的满足"。

"察知"是指"透过事物或事件的表象发现隐藏的情况"。

由于"看2"所包含的"思维力"作用涉及人脑的复杂活动过程,它以神经系统的生理基础为条件。目前由于受到神经科学技术的限制,我们无法用特别科学、精确的技术手段来对"思维力"的各种源头进行探究，但我们可以通过对"思维力"所产生的结果而将其分化为"读取力、欣赏力、察知力"。这三种思维力所涉及的施力物和受力物、工具、结果都存在差异，因此我们必须对其分别进行词群构建。

有一点需要说明，由于"思维力"直接作用于抽象信息，这些信息大部分需要依托于"视觉力"产生的结果，因为视觉是人们获取外界信息的主要来源，但是也有部分信息会依托于其他感觉，如听觉、触觉等，另外还有一部分信息本身就是以抽象形式存在的，思维无须依托外部感觉。这表明在"看2"思维力核心图式之外，还存在着附加的视觉力图式、听觉力图式等。这些都体现在"看2"的词义中。如："我看书"以读取思维力为核心，但必须以视觉力作用于"书"为前提，这一复杂过程可以描述为：视觉 =〉书，获取文字符号影像信息，读取类思维 =〉符号影像信息，以达到读取内容的目的。我们用过程式表述为：

读取类思维 =〉抽象（视觉 =〉具体）

"欣赏力、察知力"同样应作此分析。而且较之"读取"和"欣赏"，"察知"更为复杂。接下来我们将对涉及这三种思维力的"看2"分别进行词群构建，分别表述为"看21、看22、看23"。

（一）"看21"词群的建构

"看21"的完整图式包括"读取思维力"核心图式和"视觉力"附加图式，即读取类思维 =〉抽象（视觉 =〉具体）。描述如下：

（1）"力"的定性：合力 = 视觉力 + 读取思维力。

（2）"力"的角色：施力物 S（有视觉能力和读取思维力的生命体）和受力物 O_1（符号及其存在载体）、受力物 O_2（视觉力获取的影像信息）。

（3）"力"的工具：眼睛 T_1、读取思维 T_2。

（4）"力"的结果：读取内容信息（隐含）R。

此图式可以用简图的形式表现见图3—3：

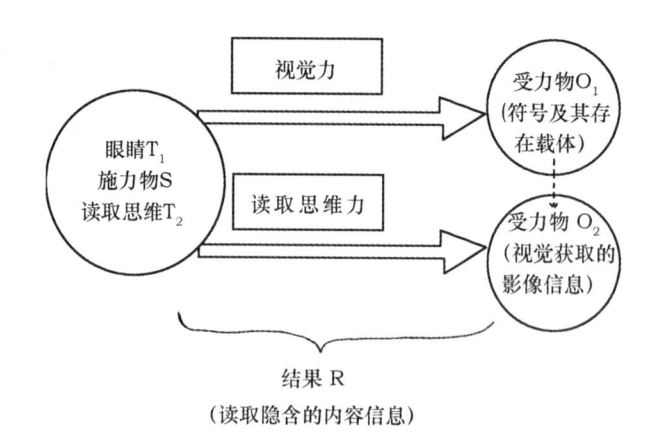

图 3—3　"看 21"读取思维力完整图式简图

此图式对"受力物"的定性为符号及其存在载体，具体包括两类：第一类图像符号类，如红绿灯、箭头、数学公式、地图、时钟等。此类符号所指和能指相对比较单一，且存在于某一特定领域，与人们的思维和认知发展联系不甚紧密。第二类语言符号类，语言是符号系统，在人们的生活中无处不在，与视觉相关的存在形式为文字，依托书、报、杂志等纸质媒介或电子媒介进行展示。前一类符号所指和能指都比较单一，都只存在于某一特定领域，与人们的思维和认知发展联系并不紧密，故发展出的下位变体全部沿用"看 21"的上位词形，如"看红绿灯、看箭头、看数学公式、看地图"等等。我们将其描述为："看 21Ο) 1Ο"。

而第二类语言符号则与人类认知密切相连。语言是认知的窗口，能促进认知的发展。语言是巩固和记载认知成果的工具。语言的产生是对世界认知的结果，是以认知为基础的；语言运用和理解的过程也是认知处理过程，所谓语言知识只不过是关于世界的知识固化于语言符号而已。而且语言符号存在于人类生活的方方面面，与人类活动紧密相连。因此，解读语言符号的"看 21"发展出了较多的下位变体，我们将其总体描述为"看 21Ο) 2"。从某种程度上说，对"看 21"的词群构建就是围绕"看 21Ο) 2"展开的。

1. "看 21Ο) 2"的同位变体

《现汉》释义通过在"看"前后加括引"文字"或"文章"、"书报"等语言符号载体来体现"读取语言符号"义，包括"读、阅、阅读、阅

览",如下:

> 读:(2)阅读;看(文章):这本小说很值得一~。(336页)
> 阅:(1)看(文字):~览/~报栏/此件已~。(1684页)
> 阅读:看(书报等)并领会其内容:~报刊/~文件。(1684页)
> 阅览:看(书报等)并领会其内容:~图书。(1648页)

《现汉》将"看kàn"的"读取"义与"看1"合并混同为"使视线接触人或物",不妥,应分离出来。"阅"大部分情况下以语素形式出现,单用时带一点文言书面色彩,如"此件已阅"。"阅读"《现汉》释为"看(书报等)并领会其内容",似乎特别强调内容的领会,但实际上"读、阅、阅览"等都含有"领会内容"之义。"阅览"则稍有"浏览、观览"之义,如"客商可直接在网上阅览用户的英文广告主页"。

另外还有"览、观览",如下:

> 览:看:游~/展~/浏~/阅~/一~无余。(811页)
> 观览:(1)观看:~画展/报纸装订成册,便于~。(502页)

"览"可从释义词"看"中分解出"阅览"之义,如"遍览群经"。从义项(1)所举例句"报纸装订成册,便于~"来看,"观览"应分立"阅览"义项。

因此,"看210)2"的同位变体词位可表述为:看210)2x)。

"看210)20":看(如:闲暇时候她喜欢读书看报)。

"看210)21":读(如:鼓励大家多读报)。

书面变体:

"看210)22":阅(如:此件已阅)。

"看210)23":览(如:当时的许多讲经法师,遍览全部藏经,如后唐的贞海法师)。

"看210)24":阅读(如:请尽量阅读英文刊物,而不是中国的英文出版物)。

"看210)25":阅览(如:我和谭其骧(季龙)为了到图书馆阅览

图书方便,想住在附近)。

"看2IO)26":观览(如:惟在上海购得新书、新报数种,日夕<u>观览</u>,大鼓志气)。

2. "看2IO)2"的下位变体

"看2IO)2"的下位变体在《现汉》释义中多以"阅读、阅、看"为核心释义词,其细节突显部分则以添加状语等的形式表现出来。经考察,"看2IO)2"只有方式细化产生的下位变体:看2IO)2Dx。

人们在看文字资料时,会伴随某些辅助动作,如用手翻页,还会有不同的心理态度、程度范围等,我们把这一类词都归入"看2IO)2"的方式下位变体。《现汉》中体现以上内容的分别有"翻阅、披览、披阅"、"拜读"和"饱读",如下:

> 翻阅:翻着看(书籍、文件等):~杂志。(374页)
> 披览:〈书〉翻阅:~群书。(1035页)
> 披阅:〈书〉披览;阅读:~文稿。(1035页)
> 拜读:敬辞,阅读:~大作,获益不浅。(32页)
> 饱读:大量阅读:~经史。(45页)

另外,"饱览"《现汉》释义为"充分地看;尽情地观赏:~名山胜景/航天旅行,可~天外奇观。"(46页)其"览"可理解为"阅览"和"观览"。因此该释义应分为两个义项,更改为"(1)充分地阅读:~史籍/~群书。(2)尽情地观赏:~名山胜景。"(1)可与"饱读"同类。"纵览"《现汉》释义为"放开眼任意观看:~四周/~群书。"(1815页)从例句看,"纵览"也可表示"放开眼任意阅览",与"饱读、饱览"同类,但略有区别。"纵览"侧重任意、遍及性阅览,"饱览、饱读"则侧重充分、数量多。

第一,凸显"用手翻"伴随动作的变体:看2IO)2D1)。

"看2IO)2D1a":翻阅(如:宋以后书渐改用线装,<u>翻阅</u>起来更方便)。

书面变体:

"看2IO)2D1b":披览(如:由于<u>披览</u>了这方面的大量书籍,他对中草药了解得非常深入)。

"看21O) 2D1c"：披阅（如：顾老披阅了"全集"的《苏东坡卷》后认为材料很丰富）。

第二，突显主体态度的变体：看21O) 2D2)。

①主体态度恭敬：

"看21O) 2D2a"：拜读（如：我高兴地拜读了您的大作，受益匪浅）。

第三，突显主体"阅读"程度的变体：看21O) 2D3)。

①侧重数量多、充分：

"看21O) 2D3a1"：饱读（如：他早年受传统的儒家教育，饱读经史，娴熟诗文，尤擅书法）。

"看21O) 2D3a2"：饱览（如：他一生饱览史籍）。

②侧重任意、遍及式：

"看21O) 2D3b1"：纵览（如：纵览该书的各类内容，出版社和作者确实是朝这个方向迈进的）。

3. "看21 O) 2"的邻位变体

"看21 O) 2"的邻位变体可以分为以下几类：

第一，目的邻位变体：L1 看21O) 2)。

"看21O) 2"的核心图式突出"读取力"的作用过程，结果为读取内容。当主体目的不限于读取内容信息，而是服务于其他，便产生了目的邻位变体：L1 看21O) 2。

①"阅读"的目的是为了"参考"）。

《现汉》所收此类变体词位包括"参看、参阅"，如下：

参看：（1）读一篇文章时参考另一篇：这篇文章写得很好，可以~。（2）文章注释和辞书释义用语，指示读者看了此处后再看其他有关部分。（128页）

参阅：参看：写这篇论文，~了大量的图书资料。（129页）

其中，"参看"的义项（1）将该词位所表概念的外延缩小，概括不恰当，如："特尔一边参看着桌子上的地图，一边揿着操作旋钮。"例句中"参看"的目的并不是服务于"读一篇文章"，而是进行实际操作，所看参考对象也不是"另一篇文章"，而是"地图"，因此，该项释义应改为"参考性地阅读"或"阅读……作为参考"。"参阅"与"参看"同义，较之多一些书面语体色彩。

另外，"参看"和"参阅"都可以作为注释用语，指示读者阅读其他有关材料，如："参看《国外语言学》1992 年第 1 期第 47 页"、"请参看《哈佛学得到》一书"。类似的还有"参见"、"见"、"见于"，"参见"功能同"参看"，"见"有时功能同"参看"，如"见本书附录"，有时是用来指明出处，如"诺必可践（见《论语》)"，"见于"只能用来指明出处，如"素丝染色，可以染成青的，也可以染成黄的（见于《墨子·所染》)"。以上各注释用语并不表具体行为，只起指示作用，因此，不能归入"看"类动词。

目的为"参考"的"看210）2"邻位变体"L1 看 210）21"可表述为：

"L1 看 210）21a"：参看。（如：作者有意淡化了感情生活中的折腾和遭际，读者可参看他的《搬家史》。）

"L1 看 210）21b"：参阅。（如：有关此问题的详情请参阅拙作《我国藏缅语动词的人称范畴》。）

②"阅读"的目的是"欣赏"。

《现汉》所收此类词只有"赏阅"一词，如下：

赏阅：欣赏阅读（诗文等）：～佳作。（1193 页）

可表述为：

"L1 看 210）22a"：赏阅（如：本书首次译介成中文，供读者赏阅）。

③"阅读"的目的是"审查"）。

《现汉》释义为"审查阅读"的有"审阅"（1214 页），与此类似的还有"批阅、评阅"等，但后两者在过程上还多出了"批示"和"评定"的步骤，因此本书将它们归入过程邻位变体。

"L1 看 210）23a"：审阅（如：开始加工时，我白天还在出版社审阅稿件）。

第二，过程邻位变体：L2 看 210）2）。

"看 210"义位所表过程包括视觉行为和思维读取，在此基础上有其他行为参与的,就形成了过程变体:L2 看 210) 2。在《现汉》释义中一般以"阅读并××"或"××并阅读"表示,如"批阅:阅读并加以批示或批改"。

①过程加入"批示"。

《现汉》释义中带有"批示"义的"阅读"类动词有"阅批、批阅",如下:

阅批:审阅并批示:~申请报告。(1684 页)
批阅:阅读并加以批示或批改:~文件。(1035 页)

"阅批"不一定有"审查"义,如:"阅批群众来信"。但它还可以表示"阅读并批注"、"阅读并批改"如"毛泽东阅批昭明文选","学生作业,请老师阅批"。"批阅"也有类似的用法,如"李笠翁批阅三国志(演义)","译稿也经仔细批阅,用红笔和蓝笔作种种记号,一一指出毛病所在"。

另外,表示"阅读并批示"义的还有"圈阅",《现汉》释义为"领导人审阅文件后,在自己的名字处画圈,表示已经看过"(1030 页)。

因此,此类邻位变体可表述为:

"L2 看 210) 21a":阅批(如:今年以来,他先后阅批了 800 多封群众来信)。

"L2 看 210) 21b":批阅(如:王振当上司礼监,帮助明英宗批阅奏章)。

"批示"以圈名的方式表现出来:

"L2 看 210) 21c":圈阅(如:五位主要领导人全部圈阅同意,并作了重要批示)。

②过程加入"评定"。

《现汉》释义体现加入"评定"行为的有"评阅:阅览并评定(试卷或作品)"(1055 页),可作为过程邻位变体的一个小类:

"L2 看 210) 220":看(如:学校从今年开始施行电脑看卷)。

"L2 看 210) 22a":评阅(如:在评阅我的论文时,有好几位老前辈鼓励我继续努力)。

③过程加入"校订"。

"校阅"在《现汉》中的释义内容包括"校订"义，如下：

　　校阅：（1）审阅校订（书刊内容）。（699页）

"L2看210）23a"：校阅。（如：先生临走时说去开明书店校阅由他负责编辑的《闻一多全集》的校样。）
　　④过程加入"查找"。
　　有些文字内容在阅读之前需要经过查找，《现汉》所收"查阅"有"查找并阅读"义，如下：

　　查阅：（把书刊、文件等）找出来阅读有关的部分：~档案材料。（143页）

此外，"检阅"也有"查找并阅读"之义，如："影印组还编入书名、作者索引，自后向前检阅，十分方便。"只是这里的"查找"是比较特殊的"检索"。《现汉》中未收此义，所录"检阅：（2）翻检阅读：~书稿"（666页）应为"阅读并检查"，如"这次为了写此文，将《古今》合订本借来，检阅之后，觉得《类稿》与《谈荟》中未收的数不在少"，可作为邻位变体的另一小类。"查找"类变体可表述为：
　　"L2看210）24a"：查阅（如：陈肇雄查阅了大量的国内外有关资料）。
　　"L2看210）24b"：检阅（如：影印组还编入书名、作者索引，从后向前检阅，十分方便）。
　　⑤过程加入"检查"。
　　"L2看210）25a"：检阅（如：检阅各种禁书，不能不推这《注略》是名副其实、质量极高的样品）。
　　⑥过程中"阅读"行为递相发生。
　　"传阅"指多次阅读行为在同一客体和不同主体之间重复发生，每两次之间还有一个"客体传递"的过程。《现汉》释义为"传递着看"的有"传看、传阅、传观"，其中"传阅"应为"传递着阅读"，"传看"、"传观"也可分离出"传递着阅读"义项。因此，此类变体可表述为：
　　"L2看210）26a"：传阅（如：住校生们轮流传阅，津津乐道，严重影响了学生的学习和身心健康)。

"L2看210)26b":传看(如:文件只有一份,咱们就传看吧)。

"L2看210)26c":传观(如:批阅课卷的教师十分赞赏这篇文章,打了一百分,批示"<u>传观</u>")。

4. "看21"词群概观

以上对"看21"词群的构建情况可以表格形式作表3—2。

表3—2　　　　　　　　　"看21"词群

"看210)1"	\multicolumn{4}{c}{"看210) x"}
	\multicolumn{4}{c}{客体变体}
	\multicolumn{4}{c}{下位变体}
		\multicolumn{3}{c}{"看210)2"}
同位变体	同位变体	下位变体	\multicolumn{2}{c}{邻位变体}
		方式变体	目的变体	过程变体
"看210)1x"	"看210)2x"	"看210)2Dx"	"L1看210)2x"	"L2看210)2x"
"看210)10":看	"看210)20":看	"看210)2D1a":翻阅	"L1看210)21a":参看	"L2看210)21a":阅批
	"看210)21":读	"看210)2D1b":披览	"L1看210)21b":参阅	"L2看210)21b":批阅
	"看210)22":阅	"看210)2D1c":披阅	"L1看210)22a":赏阅	"L2看210)21c":圈阅
	"看210)23":览	"看210)2D2a":拜读	"L1看210)23a":审阅	"L2看210)220":看
	"看210)24":阅读	"看210)2D3a1":饱读		"L2看210)22a":评阅
	"看210)25":阅览	"看210)2D3a2":饱览		"L2看210)23a":校阅

续表

"看210) 1"	"看210) x"			
	"看210) 2"			
	同位变体	下位变体	邻位变体	
同位变体		方式变体	目的变体	过程变体
	"看210) 26"：观览	"看210) 2D3a3"：纵览		"L2 看210) 24a"：查阅
				"L2 看210) 24b"：检阅
				"L2 看210) 25a"：检阅
				"L2 看210) 26a"：传阅
				"L2 看210) 26b"：传看
				"L2 看210) 26c"：传观

（二）"看22"的词群构建

"看22"的完整图式包括"欣赏思维力"核心图式和"视觉力"或"听觉力"附加图式，即：欣赏类思维 =〉抽象（视觉/听觉 =〉具体）。描述如下：

（1）"力"的定性：合力 = 视觉力/听觉力 + 欣赏思维力

（2）"力"的角色：施力物 S（有视觉或听觉能力和欣赏思维力的生命体）和受力物 O_1（感官刺激度较高的具体事物）、受力物 O_2（感官获取的信息）

（3）"力"的工具：眼睛/耳朵 T_1、欣赏思维 T_2

（4）"力"的结果：获得享受和乐趣（隐含）R

此图式可以用简图的形式表现如图 3—4：

```
        视觉/听觉力
   ┌─────────────┐      ┌──────┐
   │  眼睛/耳朵T₁ │ ───→ │受力物O₁│
   │  施力物S     │      │(具体) │
   │  欣赏思维T₂  │      └──────┘
   └─────────────┘      ┌──────┐
        欣赏思维力  ───→ │受力物O₂│
                        │(感官获取的│
                        │ 信息) │
                        └──────┘
              结果 R
          (获得享受和乐趣)
```

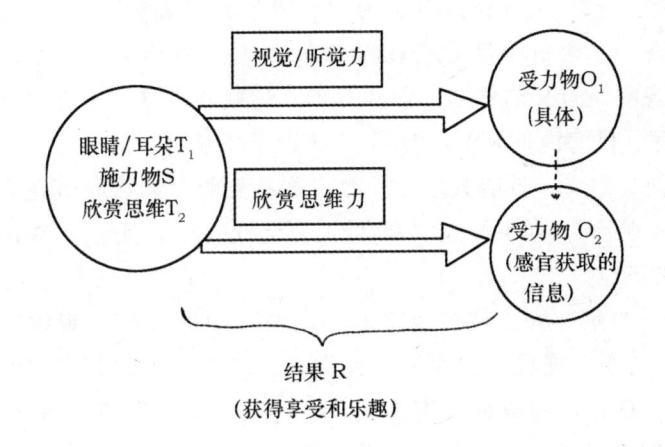

图 3—4　"看22"欣赏思维力完整图式

此图式将受力物定位为感官刺激程度较高的事物，如比赛、表演、景物、新奇事物等，可以细分为两类：第一类无声静止类，如风景名胜、书画等艺术作品；第二类有声动态类，如比赛、表演、电视电影节目。新奇事物可能是无声静止的，也可能是动态有声的。作如此分类是因为受事的性质对作用力有要求。对无声静止客体的作用力有点类似于"看21"，欣赏多半比读取更为简单放松。而有声客体则要求主体动用视觉及听觉来获取信息，不同性质的信息所动用的欣赏思维力也存在着细微差别。这都在词群的建构过程中体现出来了。

1. "看22"的同位变体：看22）x

《现汉》释义中体现"看并欣赏"的词只有"观赏"，如下：

　　观赏　观看欣赏：～热带花卉／～杂技表演。（502 页）

以"观赏"为释义词的则有"赏、观瞻"，《现汉》释义如下：

　　赏：欣赏；观赏：～花／～月／雅俗共～。（1193 页）
　　观瞻：（2）〈书〉瞻望；观赏。（502 页）

"赏"释义"欣赏；观赏"应分立义项，如"由于设备好，起飞不久，有的乘客就半躺着闭目<u>赏</u>乐"，该例中的"赏"为"欣赏"，非"观赏"。"观瞻"（2）义项也应分解为"瞻望"和"观赏"，与"瞻望"同义的"观瞻"在语料中仅见"观瞻未来"，是"往将来看"之义。"观瞻"表"观赏"近义的例句，如"目前，这幅画已悬挂于毛主席纪念堂二楼书画厅，供海内外人士观瞻。"它区别于"观赏"的地方是："观瞻"稍有"瞻仰"之义，带恭敬之心，如"这些五彩舍利将收藏在实胜寺塔楼，供世人观瞻。"如果换成"观赏"，则无此意味。因此，"观瞻"应属"看22"的下位。

另外，"看"从"使视线接触人或物"中可分离"观赏"义，如"看风景"。"观、观看"也可归入此类。当"观"表"观赏"义时多以语素形式出现，单独成词带有文言书面色彩，如"他喜观南北诸剧"。"观看"《现汉》释义为"特意地看；参观；观察：～景物/～动静/～足球比赛。"（502页）根据语料，"观看"与"参观"并不同义，如"参观工厂"不能说"观看工厂"，"观看足球比赛"也不能说"参观足球比赛"。而且"观看"不应释为"特意地看"，"特意"只是说明"观看"带有某种意图或目的，按意图可将"观看"细分为"观赏"和"观察"两个义项。

此外，《现汉》释义为"观看"的还有"观览"，如下：

　　观览：（1）观看：～画展/报纸装订成册，便于～。（502页）

"观览"义项（1）在分离出"阅览"义位之后，便可与"观看"同义，但它的客体对象一般为相对静态的事物，如："观览画展"、"观览海景"，而不能说"观览比赛"、"观览表演"等。"览"也是如此。而"看、观赏、赏、观看、观"都可以带动态和静态两类客体。因此，我们将"观览、览"列为"看22"的客体下位变体。

"看22"的同位变体表述如下：

"看22）0"：看（如：我喜欢看风景/我们打算明天去看球赛）。

"看22）1"：观赏（如：湖中有岛、岛中有湖的小瀛洲，则是观赏湖光山色的佳处/攀上莲花峰，就可以观赏日出）。

"看22）2"：赏（如：赏花实在是件雅事/北美华人将首次同赏春节联欢晚会）。

"看22）3"：观看（如：抬滑竿比抬轿子轻快，坐滑竿的也觉得比坐轿子舒适凉快，还可观看风景/"除夕"这天到江边观看龙舟比赛）。

书面变体：

"看22）4"：观（如：雾里观景，湖心岛、十七孔桥影影绰绰/他喜观南北诸剧）。

2. "看22"的下位变体

根据上文分析，我们已得出"览、观览"和"观瞻"为"看22"的下位变体词位，除此之外，《现汉》中以"观看、观赏"为核心释义词的还有"饱览、纵览、一览、围观"，如下：

饱览：充分地看；尽情地观赏：～史籍/～群书。（46页）
纵览：放开眼任意观看：～四周/～群书。（1815页）
一览：（2）放眼观看：登山临水，～江南春色。（1596页）
围观：许多人围着观看：铁树开花，引来许多人～。（1413页）

"饱览、纵览、一览"都可以作为"看22"的方式下位变体，"饱览"侧重数量多、充分，"纵览"侧重任意、遍及性，"一览"不应为"放眼观看"，而是"整体观看"，有"尽收眼底"之义。"围观"比较特殊，不仅主体为有较多人数的群体，且对客体呈包围之势，在大多数情况下主体是以"看热闹"的心态参与，这也是为了让自身的好奇心等得到满足，因此本书也将之归入欣赏类。由于主体位于客体周围，我们将"围观"定位"看22"的空间方位下位变体。

第一，客体细化产生下位变体：看22O）x。

客体一般为无声静止类：看22O）1

"看22O）1a"：游览（如：游览风景名胜）。

"看22O）1b"：观览（如：立于亭前，已可观览四个山峰、七个支脉组成的梁山雄姿）。

第二，方式细化产生下位变体：看22D）x。

①凸显主体"观赏"程度的变体：看22D）1

a. 侧重数量多、充分：

"看22D）1a"：饱览（如：20岁那年，杜甫南游江浙，饱览名胜）。

b. 侧重任意、遍及性：

"看22D）1b"：纵览（如：周恩来"少游江淮，纵览名胜"，热爱祖国的山河和历史上的英豪,怀有强烈的民族自豪感)。

c. 侧重整体、尽收眼底:

"看22D)1c":一览(如:好客的巴西飞行员特地在伊瓜苏上空盘旋两次,让中国贵宾一览伊瓜苏瀑布的全貌)。

②突显主体态度的变体:看22D)2

主体态度恭敬:

"看22D)2a":观瞻(如:记者观瞻了舍利并拍了照片,采访了沈阳市佛教协会会长安祥)。

第三,主客体空间方位细化而产生下位变体:看22K)x。

主体为有较多人数的群体,在客体周围:

"看22k)1a":围观(如:铁树开花,引来许多人围观)。

3. "看22"的邻位变体

"看22"只有一种邻位变体:过程邻位变体。"看22"义位所表过程包括视觉行为和欣赏,在此基础上有其他行为参与的,就形成了过程变体:L1看22,包括"收看、收视"、"游览、观览"、"传看、传观"。《现汉》释义如下:

　　收看:看(电视节目):~实况转播。(1252页)
　　收视:收看:~率/~效果。(1252页)
　　游览:从容行走观看(名胜、风景):~黄山。(1650页)
　　观览:(2)参观游览:~市容。(502页)
　　传看:传递着看。(209页)
　　传观:传递着看。(209页)

"收看"其实是"接收信号并观看",其中"接收信号"是得以"观看"的前提。"收视"在大多数情况下以语素形式出现,如"收视率",但也可单独使用。

"游览"过程比"观看"多出了"从容行走"之义,即时间轴上主体位置变动,以达到"观看"客体各处的目的,因此客体一般为地点名词,"名胜、风景"是其典型代表。"观览"也有"游览"义。

"传看、传观"都可分离出"传递着观赏"义,客体一般体积较小、相对轻便。

因此,"看22"的过程邻位变体可表述为:

第一,过程加入"接收信号"。

"L1 看22）1a":收看（如:电视节目<u>收看</u>方便,不像看电影非进电影院不可。）

"L1 看22）1b":收视（如:要<u>收视</u>该台节目,普通天线即可。）

第二,过程加入"从容行走"。

"L1 看22）2a":游览（如:每年乘船<u>游览</u>漓江的中外客人近200万人次。）

"L1 看22）2b":观览（如:星期五上午,我在海关前那条最繁华的人行大道上闲步<u>观览</u>。）

第三,过程中"观赏"行为递相发生。

"L1 看22）3a":传观（如:文雅点就开什么销寒会、销夏会,在席上<u>传观</u>书法名画。）

"L1 看22）3b":传看（如:马上给各位传看几张颜色漂亮、光滑碧蓝,的明信片。）

4."看22"的词群概观（见表3—3）

表3—3　　　　　　　　　　　"看22"词群

同位变体	下位变体			邻位变体
	客体变体	方式变体	空间变体	过程变体
"看22）x"	"看22O）x"	"看22D）x"	"看22K）x"	"L1 看22）x"
"看22）0":看	"看22O）1a":览	"看22D）1a":饱览	"看22K）1a":围观	"L1 看22）1a":收看
"看22）1":观赏	"看22O）1b":观览	"看22D）1b":纵览		"L1 看22）1b":收视
"看22）2":赏		"看22D）1c":一览		"L1 看22）2a":游览
"看22）3":观看		"看22D）2a":观瞻		"L1 看22）2b":观览

续表

同位变体	下位变体			邻位变体
	客体变体	方式变体	空间变体	过程变体
"看22) 4": 观				"L1 看22) 3a": 传观
				"L1 看22) 3b": 传看

(三)"看23"的词群构建

"看23"的图式可以是"察知思维力"单一图式,也可能是复杂图式,包括"察知思维力"核心图式、"视觉力"及其他感觉力附加图式,即:察知类思维 =〉抽象(视觉/其他感觉/φ =〉具体)。描述如下:

(1)"力"的定性:察知思维力或合力 = 视觉力或其他感觉力 + 察知思维力

(2)"力"的角色:施力物 S(有视觉或其他感觉能力和察知思维力的生命体/有察知思维力的生命体)和受力物 O_1(具体人、物或方位)、受力物 O_2(初步感官信息或其他抽象信息)

(3)"力"的工具:眼睛/其他感官 T_1、察知思维 T_2

(4)"力"的结果:察知深层信息(隐含)R

此图式可以用简图的形式表现如下(见图3—5):

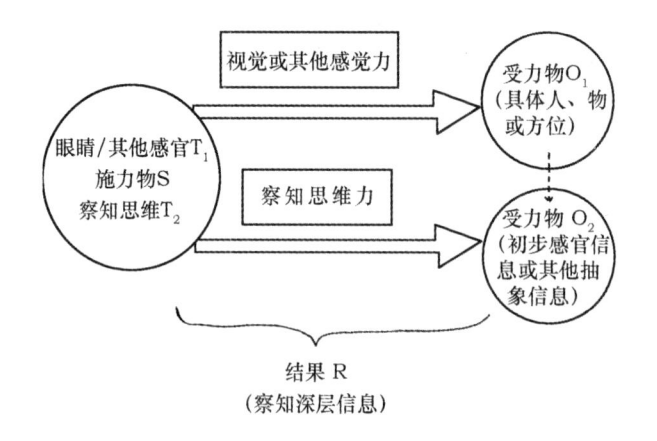

图3—5 "看23"察知思维力完整图式简图

从以上分析可以发现"看23"的图式非常复杂，其原因归结于两点：

第一，察知力所作用的客体信息来源有很大差异，有的来自视觉力（如"看衣服的颜色"），有的来自听觉力（如"看外面吵不吵"）、触觉力（看衣服的触感），有的来自综合感觉力（如"看衣服的质量"），有的直接以抽象形式存在，无须外部感官参与（如"看形势"）。

第二，察知力产生的结果信息的复杂深浅程度有很大跨度，因而主体所需动用的察知力有不同层级，如"看衣服的式样"和"看衣服的销售前景"所涉及的思维察知就有明显不同。在分析"看23"类词的过程中，我们发现很多下位变体与视觉相关，因此在词群构建过程中，以有视觉参与的思维察知为主要线索。

"看23"和前面几个义位一样，都指向作用力过程，其结果都隐含于核心图式中，只要作用力完成，结果就会实现，如"看书"的结果一般是"看懂"或"没看懂"，"看衣服质量"的结果一般是"看出来"或"没看出来"。但是"看23"在得出结果之后还可以有进一步的延续，就是对察知结果以"评判"或"预测"等方式表现出来，如"我看衣服质量不错"、"我看衣服会卖得很好"。因此这一类"看"的核心已经从"力"的过程描述转移到"力"的结果表述，我们把这类归入"看23"的邻位变体。

在察知的基础上，人们还因为目的的复杂性而加入了其他行为，使"看"产生了更多的内容，如"看病"、"看朋友"、"看茶"等等，这些"看"是广义的"察知"，包含了更多的社会行为和内容，因此核心图式也发生了转变，这些也是"看23"的邻位变体。

1. "看23"的同位变体

《现汉》释义中体现视觉力和察知力共同作用，而且使用频率较高的有"察看、观察"，如下：

察看：为了解情况而细看：～风向／～动静。（144页）
观察：仔细察看（事物或现象）：～地形／～动静／～问题。（501页）

但"观察"的客体对象可以是对某种现象或事物的动态发展过程，其结果可能是获得关于客体对象的知识。如："让孩子们去植物园观察植物时，他们可能东看一眼、西看一眼。"因此，应归入"看23"的下位变体。

另外，"看23"的同位变体词位还有从"使视线接触人或物"义项中分离出来的"看"、"瞧"、"瞅"：

"看23）0"：看（如：我去看他们来了没有）。

"看23）1"：察看（如：庞涓察看一下齐军扎过营的地方，发现齐军的营盘占了很大的地方）。

口语变体：

"看23）2"：瞧（如：你在国外带来的东西，仔细瞧瞧，说不定还是"Made in China"呢）。

方言变体：

"看23）3"：瞅（如：我踮起脚把窗上的棉纸舔湿了一块，戳一个小洞，想瞅瞅玉卿嫂到底背着我出来这里闹什么鬼）。

2. "看23"的下位变体

"看23"的下位变体可以分为以下几类：

第一，方式细化产生下位变体：看23D）x。

①突显"探头而视"方式的变体。

虽然《现汉》中"探视、探望"的释义分别是：

　　探视：（2）察看：向窗外～。（1325页）
　　探望：（1）看（视图发现情况）：四处～／他不时向窗外～。（1325页）

但其实"探视、探望"都是以"探头而视"这一方式来"察看"，是"看23"的方式下位变体。可表述为：

"看23D）1a"：探视（如：王德上了台阶，跺了跺鞋上的灰土，往里探视）。

"看23D）1b"：探望（如：他不时向窗外探望）。

②凸显主体态度的变体。

《现汉》中体现主体态度的词有"静观、观望"，如下：

　　静观：冷静地观察：在一旁～／～事态的发展。（727页）

观望：(1) 怀着犹豫的心情观看事物的发展变化：徘徊~/他没有拿定主意，还在~。(502页)

旁观：置身局外，在一边看：冷眼~/袖手~。(1023页)

坐视：坐着看，指对该管的事故意不管或漠不关心。(1828页)

"观望"释义中的"怀着犹豫的心情"只是"观望"在某类特殊语境中临时具备的，如："当 BR 值在 70—150 之间波动时，属盘整行情，应保持观望。"该句中的"观望"就不含"犹豫"意味。"观望"应解释为"慎重观察事物的发展变化"，如："再观望观望"。"旁观"和"坐视"原本的视觉义已经有不同程度的消退，纯粹表心态对待的用例非常多，尤其是"坐视"，但有时仍可表示"带着漠不关心的态度观看"，可进入此类变体。

a. 主体态度冷静：

"看23D) 21a"：静观（如：他不敢下车，只远远用车灯照着，停在那儿静观）。

b. 主体态度慎重：

"看23D) 22a"：观望（如：企鹅就把这块卵石虔诚地奉献到雌企鹅脚下，然后退几步站立在一旁观望）。

主体态度为置身事外：

"看23D) 23a"：旁观（如：左边一个女人双手叉腰旁观，右边两个男人都伸出一只手好像向瞎子求情或劝解）。

"看23D) 23b"：坐视（如：一个提携人岂能坐视行将溺死之人挣扎于水中而无动于衷）。

③凸显主体察知程度范围的变体

《现汉》释义中突显主体察知范围的有"纵观"，如下：

纵观：放眼观察（形势等）：~古今/~全局/~时势。(1815页)

另外，释义为"放开眼任意观看"(1815页)的"纵览"也可以分离出"放眼观察"义，侧重全面观察。因此，此类变体可表述为：

"看23D) 3a"：纵观（如：纵观这幅城区规划图，不禁心向往之）。

"看23D）3b"：纵览（如：纵览今年闪亮登场的各款新车，未有此款外型最为出众）。

第二，条件细化产生下位变体：看23C）x。

①动作受主观条件约束的变体。

动作受主观条件约束，如为道德规范所不容或施动者主观不想被人发现，只能偷偷地看：

"看23C）1a"：窥察（如：也许三层晾衣的晒台也可以窥察到我的房间）。

②凸显动作所依托工具的变体。

此类有"透视"，《现汉》释为："（2）利用X射线透过人体在荧光屏上所形成的影响观察人体内部。"（1377页）

"看23C）2a"：透视（如：民族商场干部陈黎，被透视出卵巢有囊肿。）

③凸显实地观察的变体。

《现汉》释义中涉及"实地"的"看"类动词有"参观"、"踏看"，释义如下：

　　参观：实地观察（工作成绩、事业、设施、名胜古迹等）：~团/~游览/~工厂/谢绝~。（128页）

　　踏看：在现场查看：~地形。（1315页）

但"踏看"的目的是"检查"，属目的下位变体。因此，此类只有"参观"：

"看23C）3a"：参观（如：下午四个工厂的代表要来参观，请你接待一下）。

第三，客体细化发展下位变体：看23O）x

《现汉》释义中体现特殊客体的有"打量"、"观察"，如下：

　　打量：（1）观察。（人的衣着、外貌）：对来人上下~了一番。（245页）

　　观察：仔细察看。（事物或现象）：~地形/~动静/~问题。（501页）

与"打量"同类的还有"端量"、"端详",《现汉》释义如下:

> 端量:仔细地看;打量:他把来人仔细~了一番。(339页)
> 端详:仔细地看:~了半天,也没认出是谁。(339页)

事实上"打量"、"端量"、"端详"所观察的对象并不限于"人的衣着、外貌",还可以是具体事物,如:"出门时,不管碰上木板桥,还是石拱桥,都要上下打量,仔细观察";"老东山眼睛睁开,满意地接过瓶子端量一番";"她久久地端详着字幅,喃喃自语道海峡隔不断姐弟情"。但"人的衣着、外貌"是它们的主要客体对象,因此,本书仍将之列为客体下位变体。

"观察"的客体对象可以是对某种现象或事物的动态发展过程,《现汉》释义中与"观察"同义的有"观看",如下:

> 观看:观察:~动静。(502页)

因此,"看23"的客体下位变体可表述为:
①客体为人或物,以其外表信息作为"察知"的依据。
"看2O)1a":打量(如:护士长打量着阿木拉汗:一位年仅22岁未婚的维吾尔族姑娘)。
"看2O)1b":端详(如:算命先生端详小伙子半天)。
"看2O)1c":端量(如:我端量着眼前这位党委书记,不高的个子)。
②客体为某种现象或事物的动态发展过程。
"看2O)2a":观察(如:科学家在实验中观察到许多生物复活的现象/他跟着规划队查风口、探流沙,观察洪水的流势和变化)。
"看2O)2b":观看(如:当我们每隔一段时间观看天空时,一定会发现满天繁星都从东向西移动了位置)。
第四,目的细化产生下位变体:看23R)x。
"看23"义位是"以视觉行为察知",当"察知"是服务于某种特定目的时,便产生目的下位变体:看23R)x。此类变体词位在词形上大多表现为视觉语素与表目的的语素复合，如"查看、验看、检视、审视、监视、守望"等，《现汉》释义如下：

  查看：检查、观察（事物的情况）：～灾情/亲自到现场～。（143 页）
  验看：察看；检验：～指纹/～护照。（1573 页）
  检视：检验查看：～现场。（666 页）
  审视：仔细看：～图纸。（1214 页）
  监视：从旁严密注视、观察：跟踪～/瞭望所远远～着敌人。（662 页）
  守望：看守瞭望：～塔。（1257 页）

"查看、检视"的目的为"检查"，"审视"除表示"仔细看"之外，还可以指以"审查"为目的的"察看"，如："牛津大学的瑞耐德·洛依德先生用半信半疑的而又十分惊诧的目光审视着秦百兰。"同属此类的还有"踏看、检查"：

  检查：（1）为了发现问题而用心查看。（665 页）
  踏看：在现场查看：～地形。（1315 页）

"验看"的目的为"检验"，与之同类的还有"检验、验、察验、目验"：

  检验：检查验看；检查验证：～汽车机件。（666 页）
  验：（1）察看；查考：～货。（1572 页）
  察验：察看；检验：～物品的成色。（144 页）
  目验：不用仪器仅用肉眼察看或验看：～产品/～实况。（972 页）

"验"本为"检验"，因大部分情况下与视觉活动紧密联系，而发展出"验看"义。"目验"的差异在于凸显工具为肉眼。
  "监视"的目的为"监察"，同类的还有"监、瞭望"，但"监"多以语素形式出现，可排除。"瞭望"《现汉》释义如下：

瞭望：（2）特指从高处或远处监视敌情：海防战士～着广阔的海面。（859 页）

因此，"瞭望"是此类的特殊变体词位。

"守望"的目的是"守护"。

另外，还有"相 xiāng、相看 xiāngkàn、相 xiàng"和"观摩"也是"看23"的目的下位变体，《现汉》释义为：

相 xiāng：亲自观看（是不是合心意）：～亲/～中。（1483 页）
相看 xiāngkàn：（3）亲自观看（多用于相亲）。（1484 页）
相 xiàng：（7）观察事物的外表，判断其优劣：～马。（1490 页）
观摩：观看学习，多指观看彼此的工作成绩，交流经验，互相学习：～演出/～教学。（502 页）

"相 xiāng、相看 xiāngkàn"的目的是了解客体是否合心意，"相 xiàng"的目的是"判断优劣"，"观摩"的目的是学习交流，但该过程是一方对另一方，并没有"互相"含义。

综上所述，"看23"的目的下位变体可表述为：

①目的为检查：

"看23R）1a"：查看（如：某地一公安人员以查看证件为由，无端将我身份证扣押）。

"看23R）1b"：检视（如：我不由得低下头，检视自己的伤口）。

"看23R）1c"：审视（如：我审视笔尖，只觉未成一点，笔杆也不算精致）。

"看23R）1d"：检查（如：年轻的汤波终于在检查一批巡天星象照片时，发现了这颗新行星）。

凸显现场查看：

"看23R）1e"：踏看（如：海协专家还陪同海基会一行前往千岛湖实地踏看了案发现场）。

②目的为检验：

"看23R）2a"：验看（如：部分人出于好奇，将防伪金属线抽出验看）。

"看23R）2b"：验（如：一次验票时，祝玲请一位男青年出示车票，男青年无动于衷）。

"看23R）2c"：检验（如：经法医对被害人王磊的尸体进行检验，确认王磊系被电击而死）。

"看23R）2d"：察验（如：他们仔细察验了我丢下的长命锁，确认我就是他们丢失的儿子）。

"看23R）2e"：目验（如：足见事非目验，殊不可信）。

③目的为监察：

"看23R）3a"：监视（如：雷达严密地监视着冰山的踪迹和动向）。

"看23R）3b"：瞭望（如：海防战士瞭望着广阔的海面）。

④目的为守护：

"看23R）4a"：守望（如：30多年来，他默默地、忠实地守望着那一片大森林）。

⑤目的为了解是否合心意：

"看23R）5a"：相 xiāng（如：娘是不配了，待以后你相上媳妇了就送给她吧）。

"看23R）5b"：相看（如：要她替大哥相看一个合适的）。

⑥目的是判断优劣：

"看23R）6a"：相 xiàng（如：他这会儿又在市集上相马）。

⑦目的是学习交流：

"看23R）7a"：观摩（如：2004年9月，邀请外军观察员观摩海军组织的"蛟龙—2004"演习）。

3. "看23"的邻位变体

"看23"的邻位变体比较丰富，大致可以分为过程邻位变体和结果邻位变体。

第一，"看23"的过程邻位变体：L1 看23）x。

"看23"义位所表过程包括视觉行为和思维察知，在此基础上有其他行为参与的，就形成了过程变体。如"观测"是"观察并测量"，在视觉行为、思维察知之外，还有测量，因此是"看23"的过程邻位变体。

"看23"的过程邻位变体中还有一类复杂事件变体，复杂事件变体所指称的复杂事件往往发生在特定的主客体之间，也就是说，施力物和受力物之间存在某种特殊的角色关系，而且联系两者的复杂作用力也具有模式性，如"看病"的施力物和受力物特定为"医生"和"病人或疾病"，"看"所指的作用力特定为中医的"望闻问切"或现代医学的各种诊察过程。因此，这些邻位变体之间没有上下位关系，只有相邻关系。

①一般过程邻位变体：L1 看 23）1。

《现汉》中"观测"有两个义项，如下：

观测：（1）观察并测量（天文、地理、气象、方向等）：~风力。（2）观察并测度（情况）：~敌情。（501 页）

这两个义项分别可归入"看 23"的两类过程邻位变体。与义项（1）同类的还有"目测、觇"，《现汉》释义如下：

目测：不用仪器仅用肉眼测量。（971 页）
觇：窥视；观测：~视/~望/~标。（147 页）

"目测"凸显以肉眼为工具，"觇"在此取"观测"义，但仅以语素形式出现，可排除。

另外，《现汉》中释义为"一面走一面查看"（1552 页）的"巡查"也是"看 23"过程邻位变体，类似的还有"巡、巡视"，释义如下：

巡：（1）巡查；巡视：~夜/~逻/出~。（1552 页）
巡视：（1）到各处视察：师首长~哨所。（1553 页）

"巡"既可表"到各处视察"，也可表"巡查"，应分离义项，但表"巡查"义的"巡"是语素，"巡视"义项（1）也应分离为"到各处察看"和"到各处视察"，前者与"巡查"同类。

因此，"看 23"的过程邻位变体词位可表述为：

a. 过程加入"测量"：L1 看 23）11。

"L1 看 23）11a"：观测（如：射电望远镜能看到光学天文望远镜无

法观测到的许多宇宙秘密)。

"L1 看 23) 11b": 目测(如:卜松明走到窨井口,往下看看,目测了一下深浅)。

b. 过程加入"测度": L1 看 23) 12。

"L1 看 23) 12a": 观测(如: 观测敌情)。

"L1 看 23) 12b": 目测(如: 以后她当了医生,用目测诊断,准确率极高)。

c. 过程中主体位置不断变动,查看各处: L1 看 23) 13。

"L1 看 23) 13a": 巡查(如: 有的线路维护员不积极巡查和维护线路,而是"线路不出问题不上路")。

"L1 看 23) 13b": 巡视(如: 每天夜晚她总是提着风灯巡视病房)。

②复杂事件邻位变体: L1 看 23) 2。

前面提到,复杂事件变体所指称的复杂事件往往发生在特定的主客体之间,也就是说施力物和受力物之间存在某种特殊的角色关系,而且联系两者的复杂作用力也具有模式性。"看 23"的复杂事件变体可分以下几类:

a. 主客体特定为"医生"和"病人",通过医学手段察看,目的为"察知病情"并"治疗": L1 看 23) 21。

"看"在《现汉》中的第(5)义项为"诊治: 王大夫把我的病~好了"(762 页),但"看"还可以表"诊断",与之同类的有"诊视、诊察、诊检":

"L1 看 23) 210": 看(如: 中医看病,只需"望闻问切")。

"L1 看 23) 21a": 诊视(如: 香刚刚醒来,周医生为她诊视)。

"L1 看 23) 21b": 诊察(如: 去小儿科里诊察口腔,检查肺部,结果是什么都很好)。

此处的"看"还可以指"诊治",我们把它记作"L1 看 23) 2100":

"L1 看 23) 2100": 看(如: 王医生看好了我的病)。

b. 主客体特定为"首长"和"军队或群众队伍",通过某种特定的仪式,目的是"察知客体是否达到某一特定标准或水平": L1 看 23) 22。

此类主要变体词位是"检阅",《现汉》释义为:

检阅:(1)高级首长亲临军队或群众队伍的面前,举行检验仪

式：~仪仗队。(666页)

《现汉》中以"检阅"为释义词的有"校阅、阅",如下：

> 校阅：(2)〈书〉检阅：~三军/~阵法。(689页)
> 阅：(2)检阅：~兵。(1684页)

"阅"是语素,可排除。因此,此类变体词位可表述为：
"L1看23) 22a"：检阅(如：下旬,朱德检阅开赴抗日前线的部队,誓师出征)。
"L1看23) 22b"：校阅(如：校阅大典之后,米斯拉大宴三军)。

c. 上级到下级处"察知"相关情况：L1看23) 23。
此类的典型词位是"视察(1)上级人员到下级机构检查工作"。(1248页)另有主体位置不断变动,到各处视察的"巡、巡视"。
"L1看23) 23a"：视察(如：各级人大代表、政协委员不定期视察监狱、劳改场所)。
"L1看23) 23b"：巡视(如：师首长巡视哨所)。
"L1看23) 23c"：巡(如：邓小平南巡过程中视察了珠江冰箱厂和珠海生化制药厂等乡镇企业)。

d. 主客体之间存在情感关系,主体前往客体处,通过言语沟通、情感交流等来"察知"：L1看23) 24。
《现汉》中"看"有相关义项如下：

> 看：(3)动,访问：~望 | ~朋友。(762页)

此处解释为"访问"并不妥当,应为"看望",与之同义的词位有"看望、望、探望、拜望、省、省视、探视"等,《现汉》释义如下：

> 看望：到长辈或亲友等处问候：~父母/~老战友。(763页)
> 望：(2)探望：拜~/看~。(1411页)
> 探望：(2)看望(多指远道)：我路过上海时,顺便~了几个老朋友。(1325页)

拜望：敬辞，探望：~师母。（33 页）
省 xǐng：（2）探望；问候（多指对尊长）：~亲。（1526 页）
省视 xǐng、shì：看望；探望：~双亲。（1526 页）
探视：（1）看望：~病人。（1325 页）

"望"和"省"多以语素形式出现，但"望"也有少数可单独使用，如"去望章秋柳"（茅盾《蚀》），带有旧白话文的印记，目前该用法存在于方言中。"探望"并不限指远道，如"每天余敬唐都要来探望她一两次"。"拜望"为敬辞，"省视"多指离家很久后回乡看望父母家人，"探视"一般指看望老弱病残或被拘禁者。此外，还有"瞧"也可分离出"看望"义，《现汉》所举例句"他瞧亲戚去了"（1100 页）就可以说明这一点。因此，此类变体可表述为：

"L1 看 23）240"：看（如：母亲出去看朋友了）。

"L1 看 23）24a"：看望（如：他同情邻居的遭遇，却不敢去看望这个受难老朋友）。

"L1 看 23）24b"：望（如：我们同去望章秋柳）。

"L1 看 23）24c"：探望（如：可阉党把左光斗看管得很严密，不让人探望）。

敬辞：

"L1 看 23）24d"：拜望（如：等这出戏演完，我定去拜望崔先生）。

口语变体：

"L1 看 23）24e"：瞧（如：上午没事儿，我打算去瞧个朋友）。

客体特指父母家人，主体在离家很久后返回探望：

"L1 看 23）24f"：省视（如：静女士先回到故乡去省视母亲）。

客体特指老弱病残或被拘禁者等：

"L1 看 23）24g"：探视（如：图为北京监狱邀请犯人亲属到监狱探视）。

e. 主体在对客体情况察知的过程中，还要对客体进行照看、料理：L1 看 23）25。

《现汉》中"看 kàn"有关义项如下：

看 kàn：（6）动，照料：照~｜衣帽自~。（762 页）

《现汉》释义包含类似"照看"、"照料"等的词有"看 kān、看管、看护、看守、看承、看顾、瞻顾",如下:

看 kān:(1)守护照料:~门/~自行车/一个工人可以~好几台机器。(761 页)

看管:(2)照看:~行李。(761 页)

看护:(1)护理:~病人。(761 页)

看守:(1)负责守卫、照料:~山林/~门户。(761 页)

看承:〈书〉看顾照料。(763 页)

看顾:照看;照顾:这位护士~病人很周到。(763 页)

瞻顾:〈书〉(2)照应;看顾。(1711 页)

其中"看承、看顾、瞻顾、看护"客体一般是人,"看管、看守"表"照料"义时客体一般为物。"看 kān、看管、看守"都有守护意味。另外,"视"也可表"料理"义,但只作为语素出现,如"视事〈书〉指官吏到职开始工作:就职视事"(1248 页)。

"L1 看 23)250":看 kàn。(如:看茶/衣帽自看)。

"L1 看 23)25a1":照看(如:妻子在家要照看 3 个孩子)。

"L1 看 23)25a2":看 kān(如:你留在这儿看行李)。

客体为人:

"L1 看 23)25b1":看顾(如:孙驼子扶起了他,半夜三更去替他抓药、煎药,看顾了他三天)。

书面变体:

"L1 看 23)25b2":看承(如:以后你可得好好看承、保护玉娥)。

"L1 看 23)25b3":瞻顾(如:你虽然不是同他一娘所生,到底是同出一父,也该彼此瞻顾些)。

客体为物:

"L1 看 23)25c1":看守(如:老王在这里看守山林,待了二十多年)。

"L1 看 23)25c2":看管(如:麻烦你帮我看管一下行李)。

f. 主体在对客体进行察知的过程,也是执行"监管"的过程:L1 看

23）26。

《现汉》中体现此义的有"看 kān、看守、看管、看押",如下:

> 看 kān:（2）看押;监视:~犯人/~俘房。(761 页)
> 看守:（2）监视和管理（犯人、俘房）。(761 页)
> 看管:（1）看守（2）:~犯人。(761 页)
> 看押:临时拘押:~俘房/把犯罪嫌疑人~起来。(761 页)

此类变体可表述为:
"L1 看 23）260":看 kān（如:<u>看</u>犯人）。
"L1 看 23）26a":看管（如:<u>看管</u>整个监狱）。
"L1 看 23）26b":看押（如:<u>看押</u>犯人）。
"L1 看 23）26c":看守（如:<u>看守</u>俘房）。

第二,"看 23"的结果邻位变体:L2 看 23）x。

结果邻位变体是对作用力产生察知结果之后的进一步延伸,它同时也是察知过程的结束点,如"我看他不错"中的"看"表"评判",是对分析察知结果产生的评判性延伸,而评判的生成也意味着察知过程的结束。《现汉》中"看"有相关义项如下:

> 看 kàn:（2）观察并加以判断:我~他是个可靠的人｜你~这个办法好不好。(762 页)

此义项应分割为"观察"和"判断"两个义位,"观察"是视觉察知过程,"判断"是承继"察知"产生的结果。根据"判断"的性质不同,"L2 看 23"可分为以下两个变体:

①"现时评判"为察知的进一步延伸:L2 看 23）1。
"L2 看 23）10":看（如:我<u>看</u>这个颜色太深了。)
②以"预测未然"为察知的进一步延伸:L2 看 23）2。
"L2 看 23）20":看（如:我<u>看</u>要下雨了。)

4."看 23"的词群概观（见表 3—4）

表3—4　"看23"词群

同位变体	下位变体				邻位变体		结果变体
	方式变体	条件变体	客体变体	目的变体	过程变体		
					一般过程变体	复杂事件变体	
"看23)"x"	"看23D)x"	"看23C)x"	"看230)x"	"看23R)x"	"L1看23)1x"	"L1看23)2x"	"L2看23)x"
"看23) 0":看	"看23D) 1a":探视	"看23C) 1a":窥察	"看230) 1a":打量	"看23R) 1a":查看	"L1看23) 11a":观测	"L1看23) 21a":诊视	"L2看23) 10":看
"看23) 1":察看	"看23D) 1b":探望	"看23C) 2a":透视	"看230) 1b":端详	"看23R) 1b":检视	"L1看23) 11b":目测	"L1看23) 21b":诊察	"L2看23) 20":看
"看23) 2":瞧	"看23D) 21a":静观	"看230) 3a":参观	"看230) 1c":端量	"看23R) 1c":审视	"L1看23) 12a":观测	"L1看23) 2100":看	
"看23) 3":瞅	"看23D) 22a":观望		"看230) 2a":观察	"看23R) 1d":检查	"L1看23) 12b":目测	"L1看23) 22a":检阅	
"看23)":瞰	"看23D) 23a":旁观		"看230) 2b":观看	"看23R) 1e":瞄看	"L1看23) 13a":巡查	"L1看23) 22b":校阅	
	"看23D) 23b":坐视			"看23R) 2a":验看	"L1看23) 13b":巡视	"L1看23) 23a":视察	
	"看23D) 3a":纵观			"看23R) 2b":验			

续表

同位变体	下位变体					邻位变体		结果变体
	方式变体	条件变体	客体变体	目的变体	过程变体			
					一般过程变体	复杂事件变体		
	"看 23D" 3b": 纵览			"看 23R" 2c": 检验		"L1 看 23" 23b": 巡视		
				"看 23R" 2d": 察验		"L1 看 23" 23c": 巡		
				"看 23R" 2e": 目验		"L1 看 23" 240": 看		
				"看 23R" 3a": 监视		"L1 看 23" 24a": 看望		
				"看 23R" 3b": 瞭望		"L1 看 23" 24b": 望		
				"看 23R" 4a": 守望		"L1 看 23" 24c": 探望		
				"看 23R" 5a": 相 xiàng		"L1 看 23" 24d": 拜望		
				"看 23R" 5b": 相 xiāng 看		"L1 看 23" 24e": 瞧		

第三章 "看"及"看"类词群的纵向构建　111

续表

同位变体	下位变体				邻位变体		结果变体
	方式变体	条件变体	客体变体	目的变体	过程变体		
					一般过程变体	复杂事件变体	
				"看23R) 6a": 相xiàng		"L1看23) 24f": 省视	
				"看23R) 7a": 观摩		"L1看23) 24g": 探视	
						"L1看23) 25o": 看	
						"L1看23) 25a1": 照看	
						"L1看23) 25a2": 看kān	
						"L1看23) 25b1": 看顾	
						"L1看23) 25b2": 看承	
						"L1看23) 25b3": 瞻顾	

续表

同位变体	下位变体					邻位变体			结果变体
	方式变体	条件变体	客体变体	目的变体	过程变体		复杂事件变体	
					一般过程变体	复杂事件变体		
						"L1 看 23) 25c1": 看守		
						"L1 看 23) 26c0": 看 kān		
						"L1 看 23) 26a": 看管		
						"L1 看 23) 26b": 看押		
						"L1 看 23) 26c": 看守		

三 "看3"词群的建构

"看3"的核心图式对应"情感力"核心图式,即:情感 =〉具体/抽象。描述如下:

(1)"力"的定性:情感力。

(2)"力"的角色:施力物 S(有情感的人)和受力物(抽象或具体)O。

(3)"力"的工具:眼睛、身体行为等 T。

(4)"力"的结果:情感宣泄 R1、实现情感交流 R2、对受力物产生影响 R3(隐含)。

(5)其他:涉及"情感力"的时间 M、空间 K、方式强度 D 等。

此图式可以用简图的形式表现如下(见图3—6):

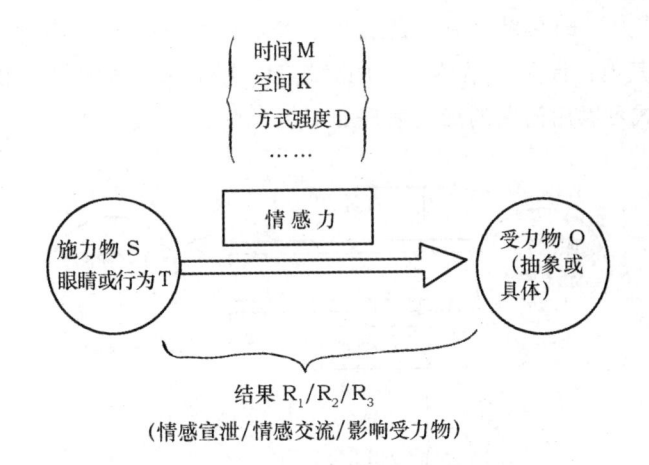

图3—6 "看3"情感力核心图式

"情感力"又是一种极度抽象无形的"力",它一般潜伏在人的精神世界中,在幕后指引着身体行为,并以此作用于外部事物。

视觉行为是情感外化的一个有效途径,俗话说"眼睛是心灵的窗口",这句话不仅仅指"眼睛"是人类获取客观世界信息的"入口",还隐含了"眼睛"作为情意释放"出口"的功能。因此,情感力可以依托视觉力作用于客体。如"刘胡兰勇敢地怒视敌人"。

另外,"情感力"还可以通过其他行为进行外化,作用于客体,表现为行为态度的对待。这是一种更为复杂且能量巨大的情感力。如"我们要重视教育","重视"与视觉行为无关,而是依托认真的态度、具体的行为来作用于与教育相关的各个方面,使之得到良性发展。

因此,我们将"看3"分为依托视觉行为的情感作用力"看31"和依托身体行为和心态对待的情感作用力"看32"。

(一)"看31"词群的建构

"看31"的完整图式包括"情感力"核心图式和"视觉力"附加图式,即:视觉+情感=〉具体。描述如下:

(1)"力"的定性:合力=视觉力+情感力。

(2)"力"的角色:施力物S(有视觉能力和情感的人)和受力物O(具体人、物或方位)。

(3)"力"的工具:眼睛T_1和情感T_2。

(4)"力"的结果:情感宣泄R_1、实现情感交流R_2(隐含)。

(5)其他:涉及"情感力"的时间M、空间K、方式强度D等。

此图式可以用简图的形式表现如下(见图3—7):

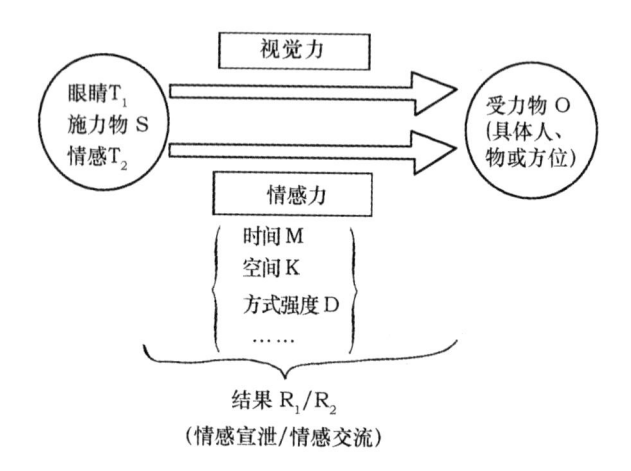

图3—7 "看31"视觉情感动完整图式

情感力受事可以是任何具体的人、物或方位。此时与情感力共同发生作用的视觉力有一个特点,就是淡化作用结果,只要能使主体视线接触客体，视觉力的任务就算完成，是否获取到客体的信息并不重要。另外，由于"看31"的情感力完全依托于视觉行为，视觉行为开始则情感力作用开始，视觉行为结束则情感力作用结束，因此，表情感力的"看31"基本上是借用"看1"的词位来表达的，如：

主教以冷冷的目光<u>睥睨</u>着说得吐沫横飞的鲁宾斯基。
她只是以充满哀伤的温柔眼神<u>凝望</u>着他。
但是他们互相<u>瞥视</u>了一下，谁都没有说话。
杰斯塔瑞斯<u>瞄</u>了邓巴一眼，后者摇摇头。

在《现汉》释义中体现情感力作用的"看"类动词有"睥睨、乜斜、侧目、瞪、睖、白"，如下：

睥睨 pìnì：〈书〉眼睛斜着看，表示傲视或厌恶：～一切。（1040页）
乜斜 miēxié：（1）眼睛略眯而斜着看（多表示瞧不起或不满意）：他～着眼睛，眼角挂着讥诮的笑意。（949页）
侧目：不敢从正面看，斜着眼睛看，形容畏惧而又愤恨（137页）
瞪：（2）睁大眼睛注视，表示不满意：老亲瞪了她一眼，嫌她多嘴。（288页）根据情感力的有无，应细分两个义项。
睖：〈方〉睁大眼睛注视，表示不满意：她狠狠地～了他一眼。（831页）
白：用白眼珠看人，表示轻视或不满：～了他一眼。（23页）

以上都是用某种方式的视觉行为来表达情感，因此《现汉》释义模式都可以概括为"某种视觉行为，表示某种情感"。

另外，还有少数几个将情感力内化到词义中，如"怒视、虎视、傲视"，释义如下：

怒视：愤怒地注视：～着凶残的敌人。（1008页）
傲视：傲慢地看待：～万物。（15页）
虎视：（1）贪婪而凶狠地注视：～眈眈。（2）威严地注视：战

士们~山下的敌人，抑制不住满腔怒火。(577页)

"傲视"释义应分解为"傲慢地注视"和"傲慢地看待"两个义项，分属"看31"和"看32"。以上各词的释义模式都是将情感态度作为状语修饰视觉行为词，但实际上情感力是主要的，如"怒视"主要是表达愤怒，而非获取视觉信息。"虎视"实谓如虎之雄视，义项（1）"贪婪凶狠地注视"有伺机攫取之义，"注视"并非实际的视觉行为，如"外资虎视国内电信市场"，因此不是"看31"下位。

综上所述，"看31"的下位变体主要可根据情感类型分成若干小类，可表述为：看31R）x。①

①表示傲慢或瞧不起：看31R）1。

"看31R）1a"：睥睨（如：王喜喷了个大烟圈儿，还是一副玩世不恭的样子，睥睨对手）。

"看31R）1b"：乜斜（如：人们都怀着阴暗心理乜斜这个又脏又瘦的女人，一言不发）。

"看31R）1c"：白（如："你这也叫菜？"说完他白了我一眼）。

"看31R）1d"：傲视（如：他那张宽大的麻脸上堆积着厚厚的乌云，一双虎吊眼傲视着我祖父）。

②表示不满意：看31R）2。

"看31R）2a"：乜斜（如：他乜斜着眼前这少得可怜的几个铜板，一言不发）。

"看31R）2b"：瞪（如：他却狠狠地瞪着我说了一句话）。

"看31R）2c"：睖（如：她狠狠地睖了他一眼）。

"看31R）2d"：白（如："怎么这么晚？"说着他白了我一眼）。

③表示厌恶：

"看31R）3a"：睥睨（如：主教以冷冷的目光睥睨着说得口沫横飞的鲁宾斯基）。

④表示愤怒：

"看31R）4a"：侧目（如：她讲话的调门很高，常惹得周围人侧目）。

---

① 不同情感的表达是由主体不同目的决定的，因此这里的"情感变体"我们采用表目的的"R"来表达。

"看31R）4b"：怒视（如：八路军警卫战士紧紧地握着武器，怒视着这群特务，做好了随时战斗的准备）。

⑤表达强势态度：

"看31R）5a"：虎视（如：战士们虎视山下的敌人，抑制不住满腔怒火）。

（二）"看32"词群的建构

"看32"的完整图式：身体行为或心态对待＋情感＝〉具体/抽象，描述如下：

(1)"力"的定性：情感力驱动态度或相应行为对待。
(2)"力"的角色：施力物 S（人）和受力物 O（抽象或具体）。
(3)"力"的工具：不确定 T。
(4)"力"的结果：对受力物产生影响 R（隐含）。
(5) 其了：涉及"情感力"的时间 M、空间 K、方式强度 D 等。

此图式可以用简图的形式表现如下（见图3—8）：

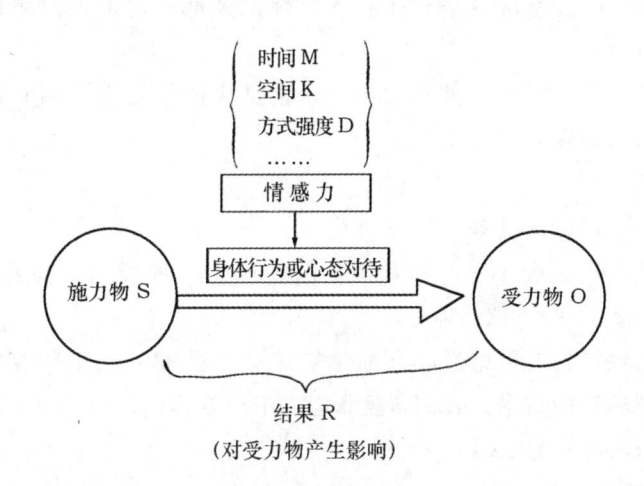

图3—8 "看32"情感趋动行为或心态对待完整图式

情感力以其内在潜伏性与能量的无可估量，使得任何行为都有可能在其推动下发生，因此情感力对受力物所产生的影响也是无法估计、不可穷尽的。因此我们只能从态度来进行下位搜索。事实证明，"看32"情感力在词汇层的体现，也确实是通过将心态内化到词义中来实现的。如"蔑视"是指以轻蔑的态度对待某人、事或物。

1. "看32"的同位变体：看32）x

"看32"核心图式为心态对待，在《现汉》释义中体现此内容的有"看、看待、视、相看"，如下：

> 看kàn：(4) 对待：~待｜另眼相~。(762页)
> 看待：对待：把他当亲兄弟~。(763页)
> 视：(2) 看待：一~同仁/轻~/重~/藐~。(1248页)
> 相看：(2) 看待：另眼~。(1484页)

其中"视"为书面变体，"相看"不能带宾语。此外"目"也有"看待"义，从《现汉》所举例句"目〈书〉看：~为奇迹"（971页）可以判定。因此，"看32"同位变体如下：

"看32）0"：看（如：他读书很用功，但是没有一个教授特别赏识他，没有人把他当作才子来<u>看</u>）。

"看32）1"：看待（如：年轻人见他能文能武，都很佩服他，把他当老大哥<u>看待</u>）。

"看32）2"：相看（如：七八年来，自成把你当手足<u>相看</u>，别人也说你是自成的心腹大将）。

书面变体：

"看32）3"：视（如：<u>视</u>民如子）。

"看32）4"：目（如：为集体作出大贡献者，群众<u>目</u>之为英雄）。

2. "看32"的下位变体

上面已经提到，可通过心态细化来考察"看32"的下位变体，由于心态是情感驱动的结果，我们暂且将心态下位变体标记为"看32R）x"。

①仇恨心态：看32R）1

> 敌视：当作敌人看待；仇视：互相~/~的态度。(292页)
> 仇视：以仇敌相看待：互相~/~侵略者。(193页)

"仇视"和"敌视"基本同义，细微差别在于"敌视"有时仅指带有"敌意"，比"仇视"的"恨意"程度更轻。

"看 32R）1a"：敌视（如：英语教员也敌视向往新思想潮流的学生）。
"看 32R）1b"：仇视（如：他们在互联网络上宣扬白人至上，仇视有色人种）。
②轻视或重视态度：看 32R）2
a. 重视态度："看 32R）21"

　　重视：认为人的德才优良或事物的作用重要而认真对待；看重：~学习/~群众的发明创造。（1771 页）
　　看重：很看得起；看得很重要：~知识/青年大都热情有为，我们要~他们。（763 页）
　　珍视：珍惜重视：~友谊/教育青年人~今天的美好生活。（1729 页）
　　看得起：〈口〉重视：你要是~我，就给我这个面子。（763 页）

　　三者区别在于："珍视"在"重视"之外还多出了"珍惜"之义；"看重"偏口语色彩，而且"重视"为偏正式，更容易活用为名词，如"引起领导的重视"，不能说"引起领导的看重"；"重视"是出于"认为人的德才优良或事物的作用重要"，"看重"则不限于此，"重视"还凸显"认真对待"，"看重"则主要是"把××看得很重要"。"看得起"重在表褒扬态度，不归此类。
"看 32R）21a"：重视（如：有的起义军首领看他是个文弱书生，不大重视他）。
"看 32R）21b"：看重（如：晋阳（今山西太原）县令刘文静，十分看重李世民）。

重视且珍惜：
"看 32R）21c"：珍视（如：人们珍视文物，在文物中惊叹古人才能的同时更着意于了解古代人的生活真实）。
b. 轻视态度："看 32R）22"

　　轻视：不重视；不认真对待：~劳动/受人~。（1110 页）
　　藐视：轻视；小看：在战略上~敌人，在战术上要重视敌人。（948 页）

看轻：轻视：不要~环保工作。(763页)
小视：小看；轻视：近来他技艺颇有长进，~不得。(1500页)
小看：〈口〉轻视：~人/别~这些草药，治病还真管用。(1499页)
小瞧：〈方〉小看。(1499页)
看不起：〈口〉轻视：别~这本小字典，它真能帮助我们解决问题。(763页)

"轻视"有"不认真对待"义，"藐视"主要指"不放在眼里"，如"藐视法庭、藐视敌人"。"看不起"主要表贬斥义，不归此类。

"看32R) 22a"：轻视（如：诸葛亮利用当时轻视妇女的风俗，派人给司马懿送去一套妇女的服饰）。

"看32R) 22b"：看轻（如：但不要看轻小贩）。

"看32R) 22c"：小视（如：啥时间都不能小视娃娃）。

轻视态度口语变体："看32R) 22d"：小看（如：不过我倒要劝您，不要小看了老百姓）。

轻视态度方言变体："看32R) 22e"：小瞧（如：别小瞧这位新手，她可是世界青年冠军）。

不放在眼里："看32R) 22f"：藐视（如：而西方的教会同样藐视妇女，诅咒她们为"地狱之门和人类罪恶之本"）。

③褒扬或贬抑的态度：看32R) 3

a. 褒扬态度：看32R) 31

看得起：〈口〉重视：你要是~我，就给我这个面子。(763页)
瞧得起：〈口〉看得起。(1100页)

口语变体：

"看32R) 31a"：看得起（如：领导看得起我，我要争气，带领乡亲们一起致富）。

"看32R) 31b"：瞧得起（如：不是永祯不想成家，而是没人瞧得起煤黑子，见了几个都吹了）。

b. 贬抑态度：看32R) 32

除了"瞧不起、看不起"之外，此类还有"鄙视、蔑视"，如下：

鄙视：轻视；看不起：他向来～那些帮闲文人。（73 页）
蔑视：轻视；小看：～困难／脸上流露出～的神情。（950 页）

"看32R）32a"：鄙视（如：他虽鄙视李书，亦承认李书有些可爱之处）。

口语变体：

"看32R）32b"：看不起（如：因为他不善交际，老师和同学都看不起他）。

"看32R）32c"：瞧不起（如：同事们瞧不起这个九品文官，嘲弄他、挖苦他）。

"看32R）32d"：蔑视（如：见了坏人，我们也不要厌恨他、蔑视他，而是要劝告他、教育他）。

c. 不平等地看待，一般指贬抑态度：看32R）33

歧视：不平等地看待：种族～。（1071 页）

"看32R）33a"：歧视（如：19世纪德国不歧视女性，100、200马克中均是女性肖像）。

④积极或消极态度：看32R）4

正视：用严肃认真的态度对待，不躲避，不敷衍：～现实／～自己的缺点。
漠视：冷淡地对待；不注意：不能～群众的根本利益。（965 页）
忽视：不注意；不重视：不应该强调一方面而～另一方面／～安全生产，后果将不堪设想。（574 页）

a. 用正面的思想态度对待：看32R）41
"看32R）41a"：正视（如：要敢于正视困难）。
b. 消极态度：看32R）42
"看32R）42a"：漠视（如：学生课堂上打架死亡，老师漠视不管）。
"看32R）42b"：忽视（如：绝不能忽视家人）。

3. "看3"的词群概观（见表3—5）

表3—5　　　　　　　　　　"看3"词群

"看31"词群	"看32"词群	
下位变体	同位变体	下位变体
情感变体		心态变体
"看31R）x"	"看32）x"	"看32R）x"
"看31R）1a"：睥睨	"看32）0"：看	"看32R）1a"：敌视
"看31R）1b"：乜斜	"看32）1"：看待	"看32R）1b"：仇视
"看31R）1c"：白	"看32）2"：相看	"看32R）21a"：重视
"看31R）1d"：傲视	书面变体	"看32R）21b"：看重
"看31R）2a"：乜斜	"看32）3"：视	"看32R）21c"：珍视
"看31R）2b"：瞪	"看32）4"：目	"看32R）22a"：轻视
"看31R）2c"：睃		"看32R）22b"：看轻
"看31R）2d"：白		"看32R）22c"：小视
"看31R）3a"：睥睨		"看32R）22d"：小看
"看31R）4a"：侧目		"看32R）22e"：小瞧
"看31R）4b"：怒视		"看32R）22f"：藐视
"看31R）5a"：虎视		"看32R）31a"：看得起
		"看32R）31b"：瞧得起
		"看32R）32a"：鄙视
		"看32R）32b"：看不起
		"看32R）32c"：瞧不起
		"看32R）32d"：蔑视
		"看32R）33a"：歧视
		"看32R）41a"：正视
		"看32R）42a"：漠视
		"看32R）42b"：忽视

四　"看"及"看"类词群义位概览表

本章以"看"所涉及的三种力的图式为基础，总结出"看"的三个上层义位，作为"看"类词群体系的大体框架，然后立足大规模语料分析考察了212个"看"类动词的238条义项,归纳出了"看"及"看"类动词的义位层级体系。其构成可分别集中用图表展示如下(见图3—9和表3—6):

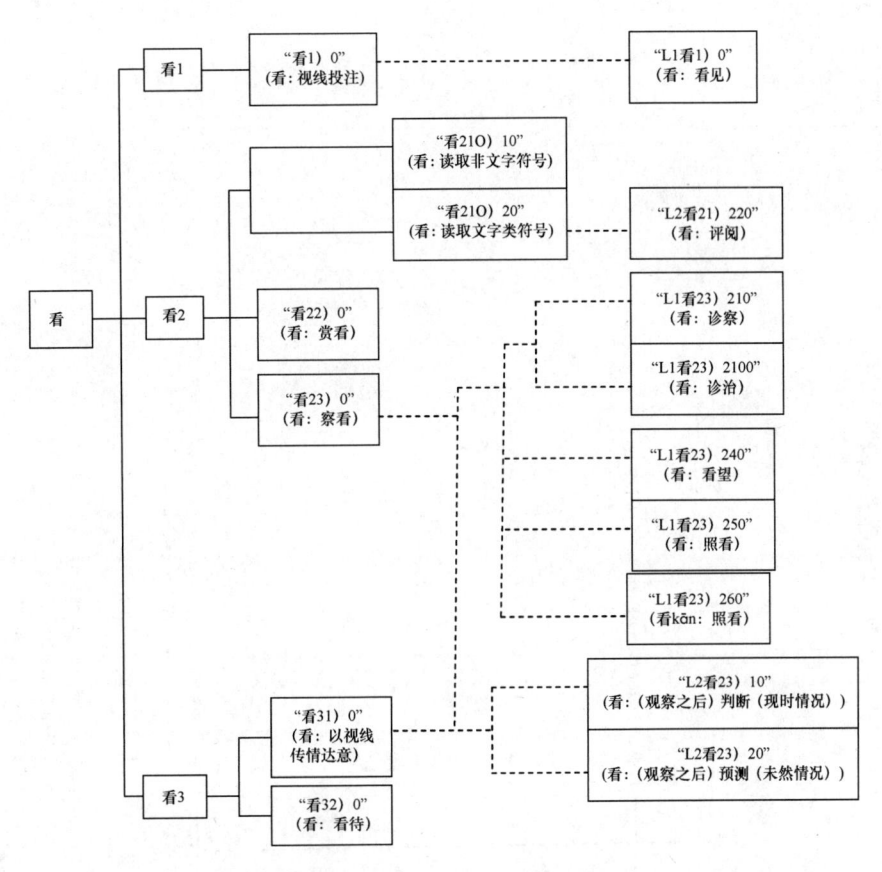

```
                ┌─ 看1 ──── "看1) 0"                          "L1看1) 0"
                │          (看:视线投注) ─────────────────── (看:看见)
                │
                │          "看21O) 10"
                │          (看:读取非文字符号)
                │
                │          "看21O) 20"                         "L2看21) 220"
                │          (看:读取文字类符号) ────────────── (看:评阅)
                │
                │                                              "L1看23) 210"
                │                                              (看:诊察)
                │
                │                                              "L1看23) 2100"
                ├─ 看2 ──── "看22) 0"                          (看:诊治)
  看 ───────────┤          (看:赏看)
                │                                              "L1看23) 240"
                │          "看23) 0"                           (看:看望)
                │          (看:察看) ──────────────────────
                │                                              "L1看23) 250"
                │                                              (看:照看)
                │
                │                                              "L1看23) 260"
                │                                              (看kān:照看)
                │
                │                                              "L2看23) 10"
                │          "看31) 0"                           (看:(观察之后)判断(现时情况))
                ├─ 看3 ──── (看:以视线
                │          传情达意) ─────────────────────── "L2看23) 20"
                │                                              (看:(观察之后)预测(未然情况))
                │          "看32) 0"
                           (看:看待)
```

图3—9 "看"义位概览图

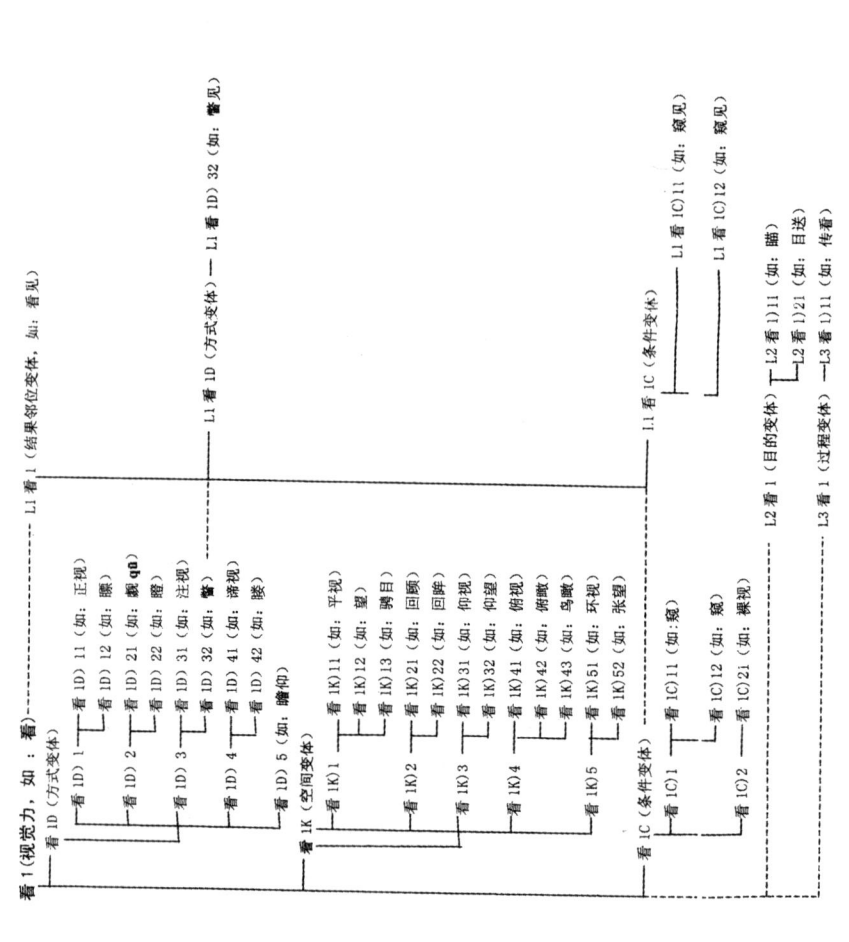

表3—6　"看"类词群义位概览

```
看1（视觉力，如：看）
├─ 看1D（方式变体）────────────────────── L1 看1（结果邻位变体，如：看见）
│   ├─ 看1D）1 ─┬─ 看1D）11（如：正视）
│   │          └─ 看1D）12（如：瞪）
│   ├─ 看1D）2 ─┬─ 看1D）21（如：觑 qū）
│   │          └─ 看1D）22（如：瞪）
│   ├─ 看1D）3 ─┬─ 看1D）31（如：注视）
│   │          └─ 看1D）32（如：瞥）
│   ├─ 看1D）4 ─┬─ 看1D）41（如：谛视）
│   │          └─ 看1D）42（如：睞）
│   └─ 看1D）5（如：瞻仰）
│
├─ 看1K（空间变体）─────────────────────── L1 看1D（方式变体）— L1 看1D）32（如：瞥见）
│   ├─ 看1K）1 ──── 看1K）11（如：平视）
│   ├─ 看1K）2 ─┬─ 看1K）12（如：望）
│   │          ├─ 看1K）13（如：聘目）
│   │          ├─ 看1K）21（如：回顾）
│   │          └─ 看1K）22（如：回眸）
│   ├─ 看1K）3 ─┬─ 看1K）31（如：仰视）
│   │          └─ 看1K）32（如：仰望）
│   ├─ 看1K）4 ─┬─ 看1K）41（如：俯视）
│   │          ├─ 看1K）42（如：瞻瞰）
│   │          └─ 看1K）43（如：鸟瞰）
│   └─ 看1K）5 ─┬─ 看1K）51（如：环视）
│              └─ 看1K）52（如：张望）
│
└─ 看1C（条件变体）─────────────────────── L1 看1C（条件变体）
    ├─ 看1C）1 ─┬─ 看1C）11（如：觑）     ┌─ L1 看1C）11（如：窥见）
    │          └─ 看1C）12（如：窥）      └─ L1 看1C）12（如：窥见）
    └─ 看1C）2 ──── 看1C）21（如：裸看）

L2 看1（目的变体）─┬─ L2 看1D）11（如：瞄）
                  └─ L2 看1D）21（如：目迭）

L3 看1（过程变体）──── L3 看1D）11（如：传看）
```

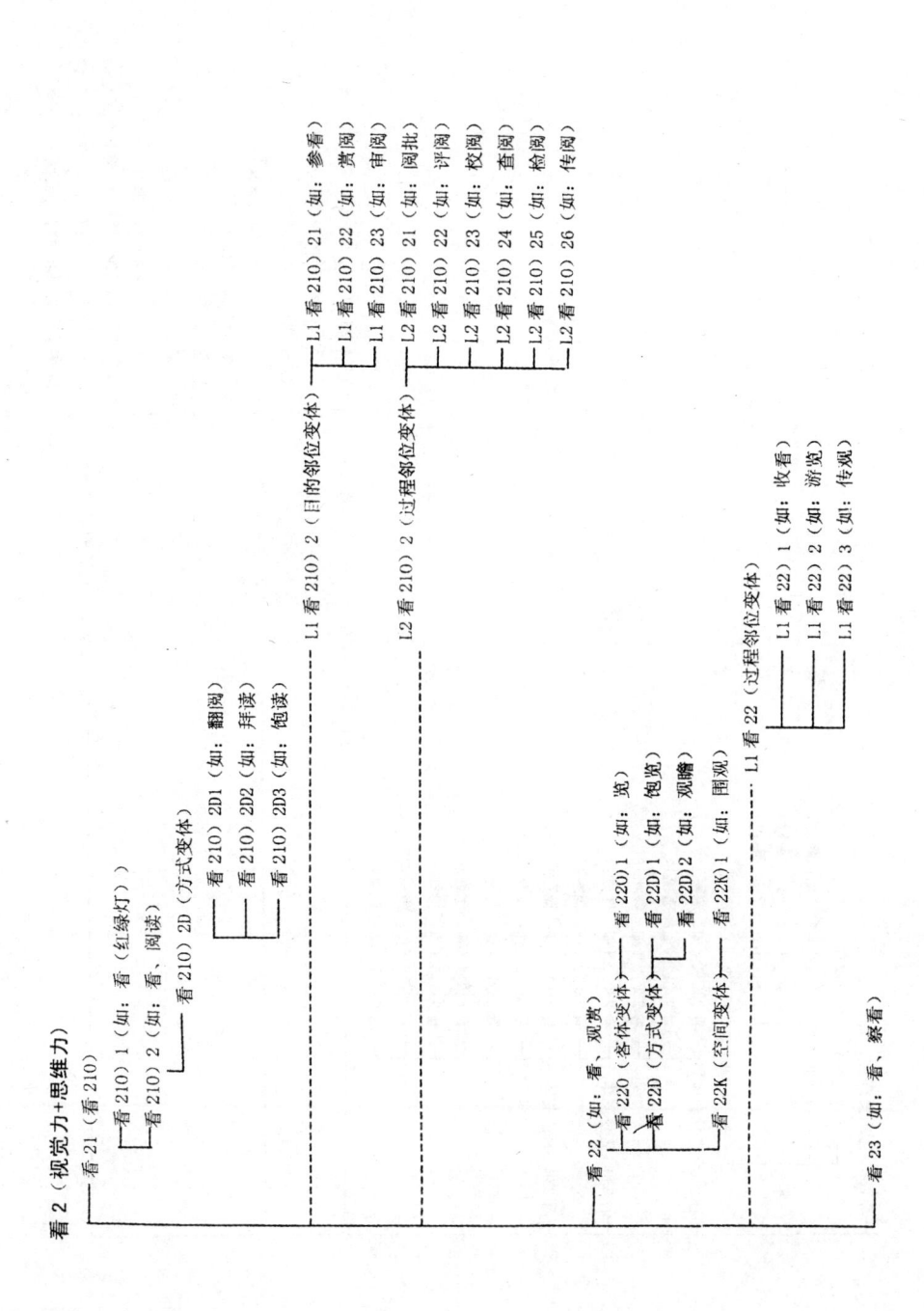

第三章 "看"及"看"类词群的纵向构建　❖　125

```
看2（视觉力+思维力）
├─ 看21（看210）
│   ├─ 看210）1（如：看（红绿灯））
│   └─ 看210）2（如：看、阅读）
│       └─ 看210）2D（方式变体）
│           ├─ 看210）2D1（如：翻阅）
│           ├─ 看210）2D2（如：拜读）
│           └─ 看210）2D3（如：饱读）
│       ├─ L1看210）2（目的部位变体）
│       │   ├─ L1看210）21（如：参看）
│       │   ├─ L1看210）22（如：赏阅）
│       │   └─ L1看210）23（如：审阅）
│       └─ L2看210）2（过程部位变体）
│           ├─ L2看210）21（如：阅批）
│           ├─ L2看210）22（如：评阅）
│           ├─ L2看210）23（如：校阅）
│           ├─ L2看210）24（如：查阅）
│           ├─ L2看210）25（如：检阅）
│           └─ L2看210）26（如：传阅）
├─ 看22（如：看、观赏）
│   ├─ 看220（客体变体）
│   │   └─ 看220）1（如：觅）
│   ├─ 看22D（方式变体）
│   │   ├─ 看22D）1（如：饱览）
│   │   └─ 看22D）2（如：观瞻）
│   └─ 看22K（空间变体）
│       └─ 看22K）1（如：围观）
│           └─ L1看22（过程邻位变体）
│               ├─ L1看22）1（如：收看）
│               ├─ L1看22）2（如：游览）
│               └─ L1看22）3（如：传观）
└─ 看23（如：看、察看）
```

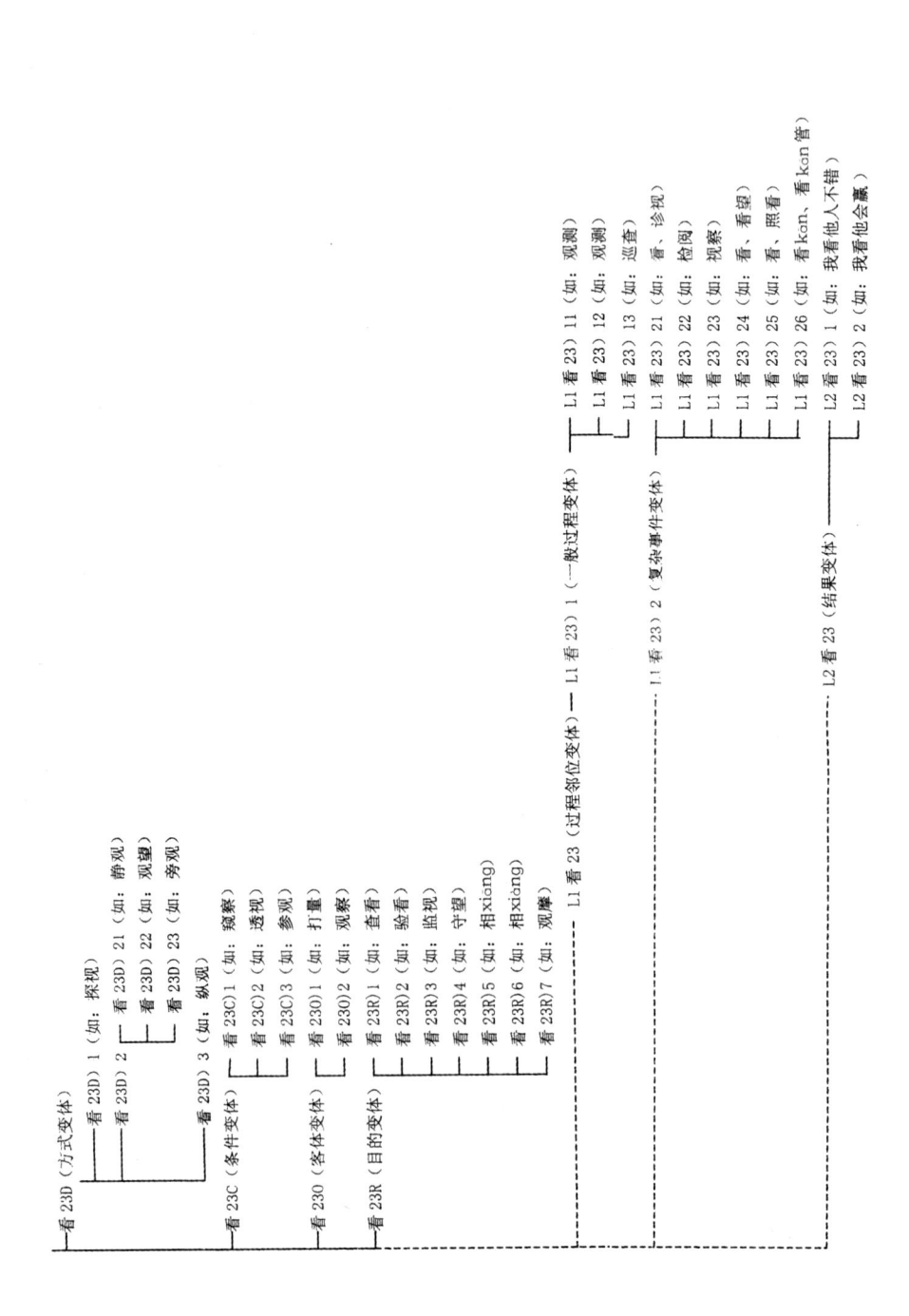

```
┌─ 看23D）1（如：探视）
┌─看23D（方式变体）─┼─ 看23D）2 ┬─ 看23D）21（如：静观）
│                    │            ├─ 看23D）22（如：观望）
│                    │            └─ 看23D）23（如：旁观）
│                    └─ 看23D）3（如：纵观）
│
├─看23C（条件变体）┬─ 看23C）1（如：窥察）
│                  ├─ 看23C）2（如：透视）
│                  └─ 看23C）3（如：参观）
│
├─看23O（客体变体）┬─ 看23O）1（如：打量）
│                  └─ 看23O）2（如：观察）
│
├─看23R（目的变体）┬─ 看23R）1（如：查看）
│                  ├─ 看23R）2（如：验看）
│                  ├─ 看23R）3（如：监视）
│                  ├─ 看23R）4（如：守望）
│                  ├─ 看23R）5（如：相xiàng）
│                  ├─ 看23R）6（如：相xiàng）
│                  └─ 看23R）7（如：观摩）
│
└─ L1看23（过程部位变体）─ L1看23）1（一般过程变体）┬─ L1看23）11（如：观测）
                                                    ├─ L1看23）12（如：观测）
                                                    └─ L1看23）13（如：巡查）
                        ─ L1看23）2（复杂事件变体）┬─ L1看23）21（如：看、诊视）
                                                    ├─ L1看23）22（如：检阅）
                                                    ├─ L1看23）23（如：视察）
                                                    ├─ L1看23）24（如：看、看望）
                                                    ├─ L1看23）25（如：看、照看）
                                                    └─ L1看23）26（如：看kān，看kān管）
                        ─ L2看23（结果变体）┬─ L2看23）1（如：我看他人不错）
                                            └─ L2看23）2（如：我看他会赢）
```

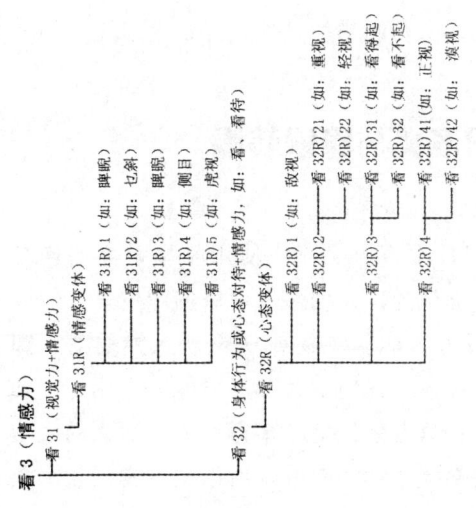

第三章 "看"及"看"类词群的纵向构建　❖　127

```
看3（情感力）
├─看31（视觉力+情感力）
│    └─看31R（情感变体）
│         ├─看31R)1（如：睥睨）
│         ├─看31R)2（如：乜斜）
│         ├─看31R)3（如：睥睨）
│         ├─看31R)4（如：侧目）
│         └─看31R)5（如：虎视）
└─看32（身体行为或心态对待+情感力，如：看、看待）
     └─看32R（心态变体）
          ├─看32R)1（如：歧视）
          ├─看32R)2─┬─看32R)21（如：重视）
          │         └─看32R)22（如：轻视）
          ├─看32R)3─┬─看32R)31（如：看得起）
          │         └─看32R)32（如：看不起）
          └─看32R)4─┬─看32R)41（如：正视）
                    └─看32R)42（如：漠视）
```

第四章

"看"及"看"类词群的横向系联

基于不同核心"力"图式，我们将"看"及"看"类词群进行了分立式纵向构建，形成了三个相对独立的词群，但在考察过程中，我们也明显感觉到它们之间的内在联系：

第一条线索：视觉—视觉辅助的思维—其他感觉辅助的思维—思维。

第二条线索：视觉—情感的视觉外化—情感的非视觉外化。

如果把第一条线索和第二条线索中的连接线变成表示发展脉络的右向箭头，这恰好是一个以视觉为原点向思维和情感呈渐进性发展的基本脉络。这就使"看"类三大词群之间的横向系联成为可能。但视觉为什么会发生向思维、情感的转化？表抽象思维是否经由表视觉辅助思维转变而来？如果是，在发生转化之后又为什么会失去原有的视觉义？等等。这一系列问题都需要得到解答，而且必须深入语言产生的根源——认知层面来进行发掘。由于构建"看"类词群，是在"看"的义位分割基础上进行的。因此，我们将从"看"的一词多义分析着手研究。

第一节 一词多义与隐喻转喻

前面已经提到，"看"是人们日常言语交流中使用频率最高的词之一，也是典型的多义词。认知语言学认为，一词多义现象的产生是人们认识世界的能力不断增强的结果。因为当新的事物或现象被人类逐渐认知时，人们无法总是用新的词汇予以描述。任何语言都不可能完全用一个词汇只代表一种事物或现象，否则这种语言的词汇将多得惊人，而人的大脑也不是容量无限的数据库，是无法掌握这种语言的。所以当日常语言中缺少表达某一概念的相应词汇时，人们往往会从已有的词汇中借用描述同样形状或同样功能的词汇来临时替代，如果这种临时替代得到了其他社会成员的普遍认可，便以新词义的形式固化下来。这种现象非常普遍，尤其是表人类身体部位或感觉运动体验的词最容易被用来转指抽象的概念和推理，而"看"就是其中的一个典型代表。究其原因，可能有以下几点：

第一，经济原则。"看"词位形式简洁，却能表达尽可能多的意思。如"看病"，用一个"看"字就能把期间所做的"寻医挂诊、医生诊断、治疗"这整个过程表述无遗。因而更符合语言表达的"经济原则"。

第二，模糊要求。在人们的日常交际中，语言并不一定越精确越好，有时也需要使用表义较宽泛的词，具有较大的灵活性和开放性，使说话人处于相对有利的交际地位。如："麻烦您帮我看一下稿子"，这里需要对方"看"的可能是稿子的立意、内容、谋篇布局、用字组词等方面，说得笼统一点更为合适。

第三，基本范畴词的优势地位。"看"所代表的视觉活动是人类最基本的自然体验之一，这种每天反复发生的自然体验固化成为经验格式塔，具有很强的认知力，因而常常被用来转指其他，从而产生了众多义项。

由上可知，一词多义现象产生的主客观条件是比较充分的，那么在这个过程中起到至关重要的推动作用的又是什么呢？认知语言学和心理学的研究表明，隐喻和转喻作为人类的两种基本认知识解（construal），是语言发展变化的重要方式，是创造新意义的手段，是新词创造和多义词产生的基础。也就是说，隐喻和转喻思维使词义延伸成为可能。

一 隐喻思维机制影响词义演变

语言深深扎根于认知结构中。隐喻作为一种重要的认知模式，是新的语言意义产生的根源。隐喻利用一种概念表达另一种概念，需要这两种概念之间的相互关联。这种关联是客观事物在人类认知领域中的联想。在人类的认知过程中，往往利用一事物与另一事物的相似性，将新认识的抽象概念与已知的事物相联系，找出它们之间的关联点，从而用对已有事物的认识来处理、对待、思考、表达新概念，于是产生两个认知域（源域—目标域）之间的投射，这种创造性的隐喻思维发展了语义范畴的抽象意义。如："看问题要看本质。"这里的"看"明显不是具体视觉行为，而是表思维分析和考察，视觉是具体可察的，而思维则是抽象隐秘的，用具体指代抽象发生了隐喻投射。

也就是说，人们在遇到一些陌生的、抽象的概念和事物时，常常借助于头脑中已经熟知的、具体的事物、概念，将二者联系起来，从而达到理解认识那些不熟悉的、抽象的事物和概念的目的。简单地说，隐喻立足于两事物间的合成相似（synthetic similarity），A 和 B 如果存在某个或某些相似点 q，隐喻投射就能在 A 和 B 之间发生，Werner 用隐喻三段论描述如下：

If A has a set of attributes q

and

if B has a set of attributes q

———————————————

then B is A.

当然，以上三段论中的相似点 q 是以人类主观对客观进行判断的结果。比如，"他是我们班的<u>头儿</u>"，就是因为说话人主观地认为"某个群体的领导成员"和"人体的头部"在地位和功能上存在着某些相似点，因而发生了隐喻投射。

目前已有的研究将隐喻分为常规隐喻和创新隐喻两大类。与词义引申密切相关的是常规隐喻。常规隐喻是指已经词汇化、概念化的隐喻，包括结构隐喻、方位隐喻和实体隐喻。结构隐喻是指以一种概念的结构来构造另一种概念，使两种概念相叠加，将谈论一种概念的各方面的词语用于谈论另一概念，比如英语中的 spend 最早是用来谈论"金钱"，后来被用来谈论 time、energy、efforts、force、fuel 等，以 TIME IS MONEY 为例，用于谈论 money 的所有词语都可以用语 time，如"花时间、浪费时间、节约时间"等。方位隐喻指参照空间方位而组建的一系列隐喻概念。方位概念是人们较早产生的、可以直接理解的概念，在此基础上，人们将其他抽象的概念，如情绪、身体状况、数量、社会地位等投射于这些具体的方位概念上，形成了用表示方位的词语表达抽象概念的语言，比如 MORE IS UP，LESS IS DOWN——"产量提高、人口增长率降低"。实体隐喻是指人们将抽象模糊的思想、感情、心理活动、事件、状态等无形的概念看做是具体有形的实体，因而可以对其进行谈论，量化，识别其特征及原因等。容器隐喻是最典型、最具代表性的实体隐喻。比如 The ship is coming into view. （VISUAL FIELD AS CONTAINERS）这些语言形式已成为普普通通的语言中的一分子，一般人已经意识不到它们是隐喻。（赵艳芳，2001）如"看问题要看到本质"中的"看"就是从视觉域到心智域的隐喻投射。这说明，隐喻思维和其他感知方式一样，已经成为人们认识世界和赖以生存的基本方式。常规隐喻是一个语言集团文化和经验的沉淀。创新隐喻指新出现的、尚未词汇化、概念化的隐喻。常见的有文学隐喻和科学隐喻等。在我们的语言生活中，隐喻无所不在，的确可以称得上是"我们赖以生存"的语言机制了。

二 转喻思维机制影响词义演变

转喻是一种概念现象，也是人们认识事物的一种方式。它不仅是修辞手段，而且是普遍的语言现象。它以经验为基础，遵循一般和系统规则，其过程就解释为映射的过程。语言交际受相互竞争的信息最大化和经济最大化原则的制约，交际者只能选择凸显重要的部分代替整体或整体的其他部分，或用易感知的整体代替部分，从而实现交际。因此，语言本质上是转喻的。Lakoff（1987）认为，转喻是在同一认知域内用易感知、易理解的部分代表整体或整体其他部分。在转喻中，转体充当参照点并能激活或提供了解转喻目标的心理通道。转喻的运作机制在很大程度上依赖认知域的成分凸显，一定的认知框架内以显著的东西转喻借指不显著的东西，是人可认知的一般规律。如"我不喜欢看琼瑶"，这里的"琼瑶"显然不是指其人，而是琼瑶所创作的小说内容或影视作品。在这个转喻中，"琼瑶"这一概念实体更具凸显性，因此可以用来指代较为宽泛的作品内容。同样，这里的"看"也显然不是"视线接触"的单一视觉行为，而是依托视觉产生的读取心智行为，也由于"看"这一视觉行为更具凸显性，而被用来指称与其关联的抽象思维。

转喻利用的是人类认知事物过程中"接近原则"和"凸显原则"。接近原则（principle of proximity）是指在认知上，距离相近的事物容易被看做一个单位。如图4—1中，（a）和（b）是同样点数的点阵图案，但人们倾向于将（a）看做四列，每列有五点的点阵，而将（b）看做是五行

四点的点阵。(图 4—1 引自赵艳芳,2001)

(a)				(b)
·	·	·	·	· · · ·
·	·	·	·	· · · ·
·	·	·	·	· · · ·
·	·	·	·	· · · ·
·	·	·	·	· · · ·

图 4—1 "接近原则"点阵图

凸显原则（principle of priminence）是指人们的注意力更容易观察和记忆事物比较凸显的方面。

简言之，转喻的本质，即用凸显、重要、易感知、易记忆、易辨认的部分代替整体或整体的其他部分，或用具有完形感知的整体代替部分。转喻之所以被理解，是因为突显的转体能激活转喻目标，或提供了解该目标的心理通道。沈家煊（1999）对转喻的认知模型进行了解析：

(1) 在某个语境中，为了某种目的，需要指称一个"目标"概念 B。
(2) 概念 A 指代 B，A 和 B 须同在一个"认知框架"内。
(3) 在同一"认知框架"内，A 和 B 密切相关，由于 A 的激活，B（一般只有 B）会被附带激活。
(4) A 附带激活 B，A 在认知上的"显著度"必定高于 B。
(5) 转喻的认知模型是 A 和 B 在某一"认知框架"内相关联的模型，这种关联可叫做从 A 到 B 的函数关系。[1]

比如，"看1"（视线投射）与"看21"（读取）关系非常紧密，前者是后者赖以发生的前提，由于认知的接近原则，人们很容易将它们看成一个整体，而且人们识别事物或行为往往是从其最熟悉、最容易理解和记忆的部分入手，并用这些已知的部分来指代认识和把握整体，所以表现在

---

[1] 沈家煊：《转指和转喻》，《当代语言学》1999 年第 1 期，3—15 页。

词汇层面,就是用已有的动作范畴词"看"来指称与之相联系的"视觉动作—读取"这个整体行为范畴,但"读取"作为新信息必然会取代"视觉动作"成为焦点,从而实现"看"词义的横向引申。

其实,古人造"看"字也体现了转喻。"看"取"以手翳目"之形,"以手翳目"是"看"这个视觉动作的外在辅助动作,与"看"密切相连,而且对于旁观者来说,"以手翳目"这一动作是"看"这一视觉行为中最直观可感的部分,即最凸显的部分,因此造字者取"以手翳目"之形转喻"远望"之义。

转喻无处不在,它使人们认知事物,对客观世界进行范畴化和概念化的过程成为一个环环相扣、层层外扩的简单有序过程。世界上的万事万物都因其与已知事物的某种相关性而被人类所认知。表现到词汇层面,就是已有的词或语素总能通过某种方式的排列组合而被用来指称新的概念,或者直接用已有的词形来进行转指,从而赋予一个词形多个义项。转喻成为语义扩展的重要模式之一。

Radden & Kovecses(1999)和 Kovecses(2002)对转喻进行比较系统的分类:整体与部分、整体的部分之间互换而产生的转喻。整体与部分之间的转喻包括:①事物(things)与部分之间的转喻;②标量(scale)转喻;③构成(constitution)转喻;④事件(event)转喻;⑤范畴与范畴成员之间的转喻;⑥范畴与其特征之间的转喻。整体的部分与部分之间的转喻包括:①工具转喻;②因果转喻;③生产(production)转喻;④控制(control)转喻;⑤领属转喻;⑥容纳转喻;⑦地点转喻。

以上转喻分类主要是针对实体转喻,"看"作为动作行为范畴,其发生的转喻模式应该不同于实体转喻。通过考察,我们归纳出以下四类:"辅助行为转喻核心行为"、"部分行为转喻整体事件行为"、"行为过程转喻行为结果"和"行为转喻行为标记"。(详见本书第四章第二节)

另外,当以某一范畴为基点的转喻进行到一定程度时,最初的始发域 A_1 与延伸距离较远的目标域 A_n 之间可能已经找不到相关之处了,如果联系 A_1 和 A_n 之间的 $A_2……A_{n-1}$ 因某种原因缺失或无法查证了,此时从 A_1 到 A_n 就变成了隔空投射,联结两者的就成了隐喻模式。比如从"看1"(视线投射)到"看32"(态度或情感对待),我们可以看成是"由身到心"隐喻的隔空投射,但也可以认为这是经历了一系列环环相扣的转喻映射之后产生的结果,即:"看1(视线投射)"→"L_1 看1(获取视觉信息)"→"看23(思维考察或分析)"→"L₂看23(形成评判)"→"看32(态度或情感对待)"。所以,我们认为转喻和隐喻也像一对相邻范畴,它们之间的界限不是绝对的,而是模糊且相互交叉的。

三 隐喻转喻与词义演变的群体性类化倾向

在前人研究的基础之上,我们认为,范畴的域间投射和域内转替应该具有规律性,不仅是可以解释的,而且能够根据已产生的隐喻和转喻进行预测。以隐喻为例,隐喻的发生并不限于某一层级,而是具有继承性。事实证明,基本范畴因其基本性而比其他范畴词有更多的隐喻用法,从基本范畴生发出来的下属范畴及相关范畴在承继其部分属性的同时,也将其部分隐喻用法进行了继承和发展。化用以上隐喻三段论,我们可以表述为:

If A_1 has a set of attributes q_1
and
if B_1 has a set of attributes q_1
———————————
then B_1 is A_1.
……
If A_n has a set of attributes q_n
and
if B_n has a set of attributes q_n
———————————
then B_n is A_n.

也就是说"A_1……A_n"和"B_1……B_n"分别代表的是源域和目标域中包括基本范畴及其他层级范畴的范畴集,两个域之间的隐喻映射具有整体性。具体到"看"类范畴向其他范畴的隐喻投射,就是"看1"基本范畴的隐喻会辐射(或遗传)到其下属范畴"看1D"(方式变体)、"看1K"(空间变体)等,乃至"看2"、"看3",从而产生"看"类视觉范畴域的整体投射。

另外,隐喻和转喻机制对词义演变的影响是:思维机制对概念和意义进行加工，在同一思维机制下多次重复的、彼此相似的加工程序逐渐形成一定的模式化流程。由于所有视觉动词都以视觉力为核心，具有相同的核心图式，它们发生词义引申的起点相同。在这种情况下，视觉动词群会在同一思维机制下形成同一语义关联模式，导致词义发展也具有群体性类化倾向。

由于思维方式和思维机制的类型是有限的，对词义发展产生制约作用而形成的转喻隐喻模式也是有限的，受到有限的发展模式制约的词义，尽管在词汇意义和语境语义上有无限可能，却维持着深层的共通性和广义的类聚关系。因此，探寻视觉动词的转喻隐喻机制对于揭示其他感觉动词和身体动词的词义演变规律，进而把握汉语词义系统的全局变化可以提供良好的参照。同时，隐喻转喻对于词义的来源与去向有较强的解释力，可以为对外汉语词汇教学提供新的方法和思路。回到我们构建词网的出发点——语义识别，隐喻转喻机制的揭示可以为真实语料中词语隐喻义的识别提供依据。如："人格的尊重本应是平等，既不仰视，也不俯视。"如果我们将视觉动词可能会转指心智分析的知识提供给机器，机器在识别以上句子时就不会错将"仰视、俯视"判断为"向上看、向下看"。因此，词义的隐喻转喻知识应该成为机读词典的重要组成部分。

由于基本范畴词"看1"在真实言语中的隐喻用法非常多且复杂，而其他层次范畴对其隐喻用法的继承是个别和分散的，因此我们需要从其下属范畴及相关范畴的隐喻用法着手，从下到上对"看"类范畴词的语义隐喻模式进行整体构建，方法仍立足于大规模真实语料的分析。

第二节 "看"在隐喻推动下的词义引申

一 "以身喻心"隐喻模式

认知语言学认为，我们的概念和意义系统基于感知体验，而感知体验又是基于人的身体构造，人的身体及其感觉经验在隐喻意义形成以及人类概念化的过程中起到了至关重要的作用。这是因为认知语言学的哲学基础是主客观相结合的经验现实主义认识论，简称经验主义。经验主义强调经验在认的认知和语言中的重要性。人类的经验源于人与大自然（物理的、生理的)、人与人(社会的、文化的)之间的相互作用,来源于人类自身的感觉动力器官和智力与自然环境的互动(吃、穿、住、行)及人与人之间的交往(社会、政治、经济、宗教等)。另外,认知语言学继承和发展了经验联想主义和认知心理学的一些成果,崇尚皮亚杰的相互作用论,否定大脑作为机器的论点。它从人的生理基础出发,认为大脑与人身不可分,提出了"身在心中,心在身中"观点,即认为大脑的认知是以自身为基础向外扩展的,大脑的思维开始于大脑所存在的、与外界发生作用的人自身。

从 Lakoff 和 Johnson 的《我们赖以生存的隐喻》最早提出基于身体经验的隐喻观(即隐喻不仅是语言现象,而且是一种思维方式,是人类生存和认知的基本方式之一,它植根于语言、思维和文化中。Lakoff 和 Johnson 认为,隐喻映射是单向的,只能从具体的概念领域向抽象的概念领域映射,不能反方向进行,而具体的概念领域则是与人体的直接经验相关的)。到 Sweetser (1991) 从语源学的角度考察印欧语中感觉动词的引申方向,并确立英语中"心智是身体"(THE MIND IS THE BODY)这一概念隐喻系统,再到国内学者引入并结合汉语进行实证研究,发现大量词语成系统地存在,表现出感官知觉与智力精神活动两个领域之间的意义对应关系。"以身喻心"成为近年来认知语言学的热门话题。

"以身喻心"的相关考察表明,表视觉的词语往往可以用来表示智力活动,如"我看出他是坏人"是"判断出",还有"看法"、"观点"等等;而表听觉方面的词语往往具有接受、服从、听从的意思,如"小孩子要听妈妈的话"是"听从";表示嗅觉、味觉方面的词语往往具有表示个人主观感受、喜好等的意义,如"吃香、泼辣"等等;触觉也可以表示智力活动,如"摸索",还有感受,如"温柔"等等。这不是一个偶然现象,而是有大量词语成系统的存在这种表示感官知觉与智力、精神活动两个领域的意义的对应关系。Sweetser 从词源学的角度,历时地考察英语中这些词语的意义流变过程时,发现这种一词多义现象几乎都是从最开始表示感官知觉方面的意思向着表示智力、精神活动方面的意义发展,而不是相反的方向,即这种词义的演变是由具体意义向着抽象意义的趋势发展的。他在考察印欧语的其他语种时也同样发现这样的现象,跨语言的证据说明这种现象在人类语言中是具有共性的。而这种现象反映了人类语言的一个认知共性:词语意义由具体的感官经验向抽象的精神活动领域进行隐喻投射。它以个体经验为基础，依靠两个概念域之间的相似性和关联性来推动隐喻投射的运作。

二　"以身喻心"推动下的视觉隐喻

（一）"以身喻心"推动下的"视觉域思维"

认知语言学已经为我们指出了"以身喻心"的隐喻模式，在这一模式的推动下，表视觉的词语往往被用来表示治理活动，使"看"的词义发生了"视觉域思维"的延伸。如"晓莉看时事"、"从长远利益来看"中纯粹表示抽象察知思维的"看23"，[①] 这里"看"所涉及的客体信息来源直接以抽象形式存在，已经与视觉没有明显联系了。

但是为什么视觉与我们的思维活动相联系，而不是与听从、顺从的意思相联系或是与个人喜好、感受的意思相联系？我们认为有以下几个原因：

第一，视觉为思维活动提供主要信息来源。在人类的身体及感觉经验当中，视觉是最重要的一种，视觉活动是我们关于外界信息的最主要、最直接的来源，现代科学研究表明，至少有80%以上的外界信息是通过视觉获得的，视觉是人类最重要的感觉。

第二，视觉获取的信息可靠性、客观性强。一般认为，不同认知主体在相同角度观察同一事物，所获得的视觉信息差异不大。也就是说，两个站在同一位置的人会看见基本同样的东西（要注意这是假定没有不同地点的影响，视觉感受将会是相同的）。这跟心智思维也很相似，如果不同的人从相同的角度来思考问题，就会容易达成共识，反之则会有不同的"观点"。而听觉、触觉、味觉等其他感觉信息则相对主观，可能会因人而异。俗话说"耳听为虚、眼见为实"就说明了视觉信息的可靠性强于听觉。关于触觉信息的输入，我们可能会想起盲人摸象的故事，这个故事体现了近距离、非整体、非客观触觉信息输入和远距离、整体、客观视觉信息输入之间的重要差别。这个故事抓住了一个核心：触觉与智力无关，

[①] "看23"的图式较为复杂，包括了有视觉参与和非视觉参与的思维察知，察知本身的复杂深浅程度也有不同，此处指不涉及外部感官的思维察知。详见本书第三章"看23的词群构建"中关于"看23"完整图式及其复杂性说明。

却与情感有关。味觉的主观性更是众所周知,对某人来说是美味对另一个人来说可能是毒药——"吾之蜜糖、彼之砒霜",还有"众口难调"、"萝卜白菜各有所爱"等。跨语言实证研究也表明直接视觉证据被认为是有着最有力的和最可靠的来源的数据。

第三,视觉活动和思维活动发生作用的过程带有很多共同之处。比如两者都有一个通过作用力来获取信息的过程,有相应的控制源、受力点、过程和结果。在此过程开始之时,都需要对对象进行聚焦,所以有"集中视线"和"集中精力"之说。另外,视觉可以随时实现视线的跳转,这也和思维的跳跃性极其相似。

因此,视觉以其得天独厚的优势自然而然地与智力活动产生了密切联系,促使隐喻投射的发生。但从另一角度来说,由于视觉活动与思维活动密切相关,具有邻近性,因此,"视觉域思维"的隐喻是在转喻的基础上产生的。

(二)"以身喻心"推动下的"视觉域心态对待"

以往对视觉动词的隐喻研究都只着力于"视觉域思维",而对"视觉域心态对待"的研究则尚未见到。我们认为,视觉动词之所以能被用来转指心态对待,这与眼睛的情感传情达意功能有着密切的联系,从某种意义上说,表示心态对待的视觉词是从表情感表露的视觉词进一步转喻产生的,如"鄙视",人们在看鄙俗之物时会流露出鄙夷的表情和眼神,当鄙俗之物为抽象之物,视线无法触及时,我们仍用看具体物的"鄙视"来表达心态上的鄙夷,这样视觉词便完成了从具体到抽象的隐喻投射。因此,从"看1→看31→看32"这是大多数心态对待视觉词的发展历程。

但也有一部分心态对待视觉词很难找到"看31"的中间阶段,如"重视、漠视"等,这就体现了视觉到心态的直接隐喻,导致其产生的原因仍旧需要立足相似性:

第一,视觉行为的发出源自主体的主观需求,心态对待的产生同样受主体的主观支配。

第二,视觉行为和心态对待也都有所聚焦。

第三,视觉作用力有强有弱,心态对待有轻有重。

再加上视觉与情感的天然联系,人们心态上认为不重要的东西,会对之"不屑一顾",而认为重要的东西,则会多加留意,相应的视觉行为也会持续时间较长、次数较频繁。因此，视觉动词便发生了向心态对待的投射。

第三节 "看"在转喻推动下的词义引申

一 辅助行为转喻核心行为

这一转喻实现了"看"的两个横向扩展：
第一，视觉→视觉辅助的思维。
第二，视觉→依托视觉的情感表达。

（一）视觉"看1"→视觉辅助的读取/欣赏/察知"看21/看22/看23"

这一转喻来自视觉行为和读取/欣赏/察知的天然联系，"读取、欣赏、察知"首先需要视觉来提供信息来源，因为视觉是人类获取客观世界信息的主要途径。

视觉行为可以获知外界信息，这是由生命体的视觉生理机制决定的，也是人类最早获知的认知经验之一。这种经验一经获知，便被人类应用于客观世界生存的方方面面。研究表明，视觉是人类获取客观世界信息的首要来源。"儿童语言习得的研究表明，儿童在早期分辨事物的各个范畴、类别时，视觉特征往往是最显著的区别标记。而跨语言实证研究也表明，直接视觉证据被认为是最强有力和最可靠的信息来源。""因为日常生活中的大量事物并不提供听觉刺激，对于孩子来说，要不断地去尝、闻或触摸碰到的每一件事物也是不可能的。而且随着年龄的增长，人们开始逐渐掌握在社会中要保持'适当距离'的原则，触碰或品尝事物可能不仅仅是危险的，而且从社会角度来说，零距离的接触也是不适当的。而视觉能在一定距离之外为我们获取信息。"（Sweetser，1991）因此，视觉具有其他感官无法比拟的优越性，成为人类从外界获取信息的主要方式。

正因为如此，视觉也发展出了与大脑抽象思维越来越密切的联系，主体也因自身需求的发展，而在"看"的同时开展了越来越复杂的思维活动。这些思维活动以视觉为前提，与视觉几乎同步发生，在无数次的重复和经验整合之后，人们因认知的接近原则将这些思维活动与视觉行为看成了一个整体，而视觉行为又因其具体可察得到凸显，而被用来指代核心思维活动。同时，思维直接作用的抽象信息也发生了整体喻部分的转喻，因此，"理解书的内容"成了"看书"，"欣赏风景的美妙之处"成了"看风景"，"不会欣赏"成了"不会看"，"理解不了"成了"看不了"，等等。

这个转喻过程可以用图式表现为（见图4—2）：

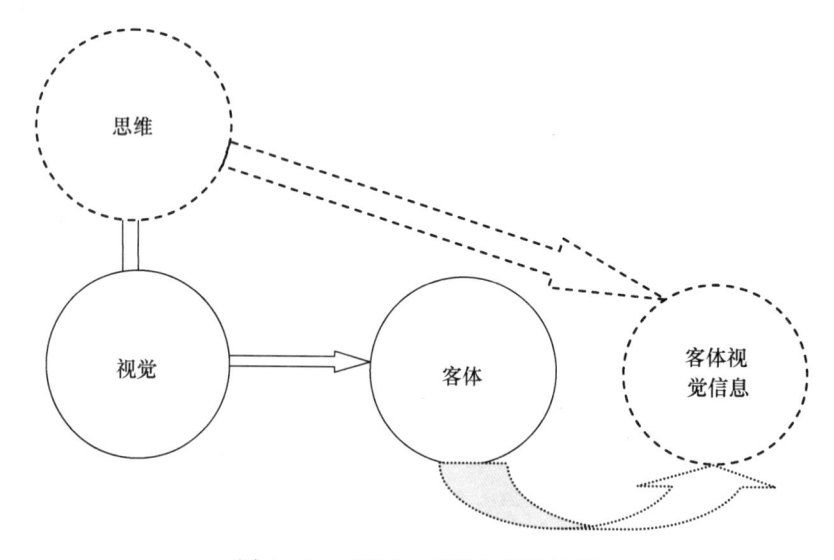

图4—2　"视觉→思维"转喻过程

（二）视觉"看1"→依托视觉的情感表达"看31"

这一转喻也来自视觉和情感的天然联系，情感是抽象无形的精神产物，有了情感，人才有了喜怒哀乐、爱恨情仇，人们通过各种各样的身体表现来传情达意，而眼睛作为心灵的窗口，即使在人体其他部位无法参与的情况下仍能传递情感，受外界条件影响较小，所以会有"怒目圆睁"、"眉目传情"等表述。而眼睛的动作必然会导致视觉的参与，而且大多数情况下用眼睛表达情感需要通过视线的接触来实现，因此才有"怒视、傲视"等词的产生。此时情感与视线作用的是同一事物，没有抽象信息的介入，因此从视觉到情感表达之间的关系更为直接，更难察觉其转喻的存在。如："她慢慢抬起头，愤怒地看向威德，一双杏眼中布满了杀气。"这句话中的"看"纯粹以情感宣泄为目的，虽然也有视线接触，但是否获取视觉信息并不重要。

这个转喻过程可以用图式表现为（见图4—3）：

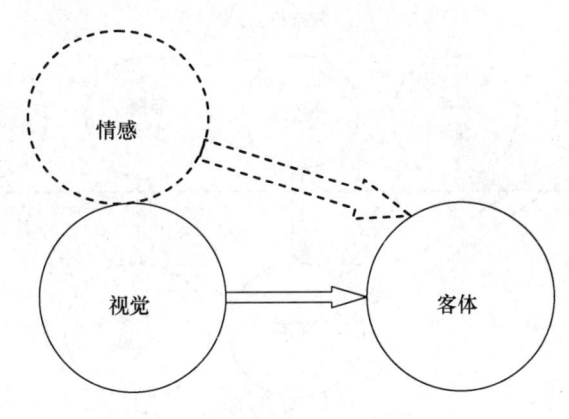

图4—3　"视觉→情感"转喻过程

二　部分行为转喻整体事件行为

这一转喻主要涉及以单一视觉行为转喻包括视觉行为在内的复杂事件行为。Radden 和 Kovecses（1999）所分析的事件转喻是指每一个事件（event）都是由一系列子事件（subevent）组成，事件与子事件之间构成转喻关系，能够转喻整个事件的子事件必须具有凸显性。因此，在日常生活中，有视觉参与的复杂事件行为数不胜数，但用"看"来指代的却只有凸显视觉地位的部分事件，如"探望、诊察、照料、监督"等。如在"看病"这一复杂事件中，第一子事件是获取信息，而其最为主要的渠道是视觉；第二子事件是把获取的信息同已有的背景知识进行处理即判断病情；第三子事件是根据病情进行相应治疗等。其实这一过程已经被大大简化了，期间还包括了其他询问、其他医疗手段检查等。但视觉行为是后续行为得以进行的先决行为，而人类在认知上倾向于用具体的有关联的事物代替抽象的事物。人们很自然地用"看"表达"诊疗"这一复杂事件了。其实前面提到的读取、欣赏等也可以认为是部分行为转喻整体行为，但"看病、看朋友、看猪圈"等是更为典型的复杂事件，并且分别具有特殊场景，因此我们分立以示区别。在我们的词群中，此类被视为"看23"的过程邻位变体。

这个转喻过程可以用图式表现为（见图4—4）：

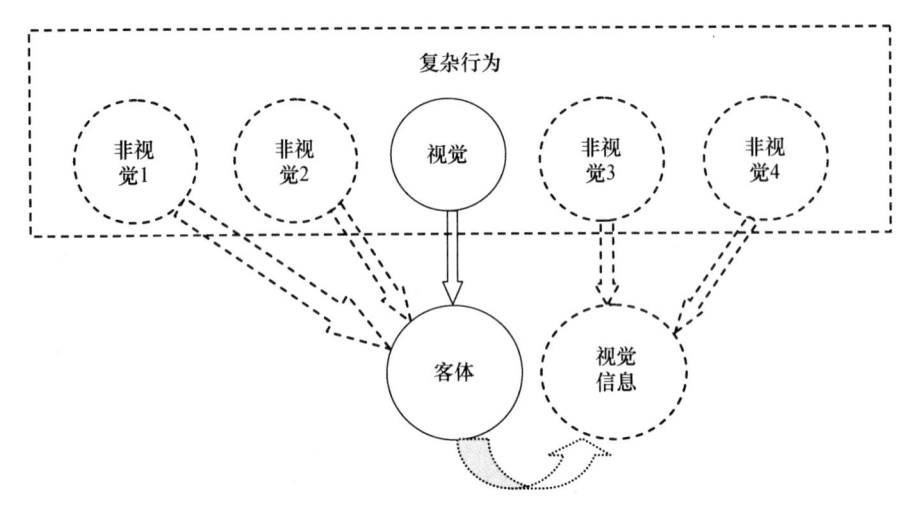

图4—4 "视觉→复杂事件"转喻过程

三 行为过程转喻行为结果

此类转喻主要是指以视觉或思维行为过程指代其产生的结果。过程和结果是整体行为的有机组成部分，在时间轴上先后出现，在逻辑上属因果关系。受接近原则的影响，人们往往会把过程和结果进行整体认知，"看"不光是过程，还隐含着"见"这一结果的自然实现，但过程是具体可察的，人们在表述行为结果的时候要将过程也一起表述出来，如"看见"，有时甚至以"看"直接表结果，如"我看他拎了好几个袋子"，其实是"我见他拎了好几个袋子"。表思维分析的"看"也是如此，如"我看这个办法不错"中的"看"表示思维活动产生的结果，应理解为表结果的"认为"，而不是表过程的"分析或考察"。因此，这是"看23"的结果邻位变体。

四 行为转喻行为标记

这一转喻是针对"看"词义虚化提出来的。先看以下例句：

例1 看来他是个好男人。

他看来是个好男人。
他是个好男人看来。
例2 看起来他不像坏人。
他看起来不像坏人。
他不像坏人看起来。
例3 看上去她皮肤很好。
她看上去皮肤很好。
她皮肤很好看上去。
她皮肤看上去很好。

在这些例句中的"看"既不表示视觉动作，也不表示具体的思维活动，它们分别与表趋向的"来、起来、上来"结合紧密，在句中位置非常灵活，即使去掉对句义的表达也没有太大的影响。但仔细比较"看来他是个好男人"和"他是个好男人"，我们可以发现，后者表示断定，产生这一结论的依据不可考，但具有绝对的权威，毋庸置疑。而前者中的"看来"却指明了得出这一结论的来源是说话人自身的"观察分析"，带有主观性。"看上去、看起来"更加突出了这一点，而且还带有结论来源于表面观察的意味，如"他看上去很好"，表面上好可能本质上并不好。因此"看"在这里只起到标记行为的作用。另外还有"找找看"、"先做几天看"等，"看"在表尝试的动词重叠式或动词带时量动量结构之后，也不表示实在的察知过程或结果，只起到标记察知行为的作用。我们认为这些也是转喻的一种，是转喻在语法化层面的体现。

第四节 "看"类词群的群体隐喻转喻考察

隐喻转喻机制对词义演变的影响不是个别的，而是模式化、可类推的。视觉动词群会在同一思维机制下形成同一语义关联模式，导致词义发展也具有群体性类化倾向。这只是在对部分动词进行考察之后进行的预测性结论，这一结论是否正确尚需系统全面的考察，本书尝试对"看"类词群中的所有动词进行了隐喻转喻考察，目的在于证明以上结论，此外，找出已经发生词义转向的视觉动词并对之进行标记，可以对机读词典词义知识作出有益补充。

一 "看1"词群成员的隐喻转喻分析

(一)"看1D)x"的隐喻转喻分析

1. 凸显眼睛与目标相对角度的"看1D)1":

此类有2个小类,11个成员词位。在目前的语料考察中,"正视"已经发生了常规隐喻,列入"看32"词群。除此之外,只有"睥睨"发生了隐喻转喻扩展,我们用加标Y表示。但"睥睨"的隐喻用法是通过其"看31"情感变体义位进一步发展而来的,因此,相关描述详见"看31R)1a:睥睨"的隐喻分析。

另外,"斜视"进入医学领域,被用来指称与"斜着眼珠对具体事物"类似的病症,这也是隐喻投射的表现,而且该隐喻已经固化到词典释义中,在使用频率上高于其视觉行为义,位列《现汉》释义第(1)义项:

斜视(1)名,眼病,由眼球位置异常、眼球肌肉麻痹等引起。当一只眼睛注视目标时,另一只眼睛的视线偏斜在目标的一边。也叫斜眼。(1507页)

2. 凸显眼睛看目标时张开程度的"看1D)2":

此类有两个小类,4个成员词位,都可以通过转喻兼指依托视觉进行情感表达的"看31"。在隐喻性扩展方面,以"瞪"为代表:

从"张大眼睛看具体事物"发展为"以极大的兴趣或欲望对待某事物"。

"看1D)22aY[①]":瞪(如:这支军队的野心是很大的,它虎视眈眈地瞪着美国和欧洲,也虎视眈眈地瞪着中国和亚洲)。

3. 凸显视线集中时间长短的"看1D)3":

此类有两个小类,11个成员词位,也可以通过转喻兼指依托视觉进行情感表达的"看31",且通过隐喻模式发展出以下用法:

[①] "看1D)22aY"最后的"Y"是指"看1D)22a"发生了隐喻转喻扩展。下同。

①从"视线集中于某具体事物"发展为"思维关注于某事物":

"看1D) 31a1Y":注视(如:他们早已注视这个问题,而且认为潜在的好处可不小)。

"看1D) 31a2Y1[①]":盯(如:金·吉列是一个发明家,他把眼睛盯着全世界男人的胡子,发明了剃须刀并投入生产取得成功)。

②从"视线集中于某具体事物"发展为"以极大的兴趣或欲望对待某事物":

"看1D) 31a2Y2":盯(如:初冬,三名战士直接提干的名额分到通信团,多少双眼睛盯着这几个指标)。

③从"视线集中于某具体事物"发展为"思维深入分析某事物":

"看1D) 31b1Y":凝视(如:周作人对自己文化心态的矛盾最为自觉,故能凝视荒诞的现实,坚持理性的观照)。

"看1D) 31b2Y":凝眸(如:回首过去,凝眸当前,放眼未来)。

"看1D) 31b3Y":凝目(如:专家凝目三星堆之谜)。

"看1D) 31b4Y":定睛(如:定睛未来)。

"看1D) 31b5Y":凝望(如:今天,我是从床上凝望这些记忆的)。

④从"视线集中于某具体事物,且向前靠近目标"发展为"思维集中且深入直接地触及心灵或症结所在":

"看1D) 36c1Y":逼视(如:我营造"非现实"的文学世界,也为的是逼视人的灵魂,解析人性的奥秘)。

⑤从"视线瞬时掠过,眼睛粗略地看某具体事物"发展为"思维对抽象事物进行粗略考察":

"看1D) 32a1Y":瞥(如:日本重视人才一瞥)。(此时的"瞥"多表结果,语法上表现为名词)

4. 凸显动作细致程度的"看1D) 4":

此类有两个小类,4个下位变体。此类所发现的隐喻用例较少,只有一种情况:从"眼睛仔细地看某具体事物"发展为"思维细致地分析某抽象事物"。

"看1D) 42bY":谛视(如:他只能用他那一双倦于谛视人生的眼睛

---

① "看1D) 31a2Y1"最后的"Y1"是指"看1D) 31a2"发生的第1种隐喻转喻扩展。下同。

来倾吐胸中的无限牢愁）。

5. 凸显主体态度的"看1D) 5"：

此类只有"瞻仰"一个词位，未见隐喻用例。

（二）"看1K) x"的隐喻转喻分析

"看1"因主客体相对空间方位细化发展出 5 个次类，共 24 个下位变体。

1. 客体位于主体前方的"看1K) 1"：

此类有 3 个小类，19 个成员词位。其隐喻投射具体表现为：

① "从水平前方看具体事物"发展为"以平等的心态看待事物"：

"看1K) 11aY"：平视（如：从那一篇篇文字中，我看到了一个<u>平视</u>美国的健康心态）。

② "视线触及空间轴上前方距离较远的具体事物或方位"发展为"思绪触及空间轴上距离非常远的具体事物（想念、牵挂）"：

"看1K) 12a1Y"：望（如：<u>望</u>故乡）。

"看1K) 12a2Y1"：遥望（如：<u>遥望</u>家乡，相隔万里）。

"看1K) 13b1Y1"：翘望（如：驯美的白鸽儿来自神的身旁，它们引示我<u>翘望</u>着迷离的故乡）。

③ "视线触及空间轴上前方远景"发展为"思维触及时间轴上未来远景（构想、期盼）"：

"看1K) 12a2Y2"：遥望（如：目光永远明亮地<u>遥望</u>未来）。

"看1K) 12a3Y"：展望（如：<u>展望</u>"安达"的发展，吴云民显得信心十足）。

"看1K) 12a4Y"：瞻望（如：立足现实，<u>瞻望</u>前途）。

"看1K) 13b1Y2"：翘望（如：<u>翘望</u>未来与凝眸历史，自然也是现实的一部分）。

④ "用眼睛从高处看前方远景"发展为"用思维从一定高度观察并预测未来情势"：

"看1K) 12b2Y1"：眺望（如：关心祖国命运的人，都迫切希望认识这种深刻的变化，并从这中间<u>眺望</u>祖国的未来）。

"看1K) 12b4Y"：瞭望（如：<u>瞭望</u>国际局势的发展）。

⑤ "从高处看前方远处"发展为"位于高处"的客观空间方位描述：

"看1K）12b2Y2"：眺望（如：古代医学家张仲景高大的石雕像，仪态岸然地<u>眺望</u>着远方）。

2. 客体位于主体后方的"看1K）2"：

此类有2个小类，3个下属成员词。其隐喻投射具体表现为：从"视线触及空间轴上后方具体事物"发展为"思维触及时间轴上的过去（回想、反思）"：

"看1K）21aY"：回顾（如：我们要冷静反思，<u>回顾</u>过去，着眼未来）。

"看1K）21bY"：反顾（如：<u>反顾</u>历史，沉思现实）。

"看1K）22aY"：回眸（如：<u>回眸</u>8天来的英雄鹿逐，群星争辉，已可得出如下结论）。

3. 客体位于主体上方的"看1K）3"：

此类只有两个成员词位，但其隐喻发展表现较为丰富。

① "用眼睛看空间上居于上方的具体事物"发展为"以尊崇的心态看待居于较高社会或精神地位的事物（仰慕）"：

"看1K）31Y1"：仰视（如：北伐战争的巨大影响，哪个女孩子不崇敬<u>仰视</u>黄埔军校生呢）。

"看1K）32Y1"：仰望（如：几千年前，我们的先人创造了至今仍让我们<u>仰望</u>让我们自豪的文明）。

在"看1K）31"（对空间上方事物的具体视动"看"）与"看1K）31Y"（对社会或精神地位高的事物的"仰慕"）之间有一个过渡阶段，即"对社会或精神地位较高事物的具体视动"——瞻仰（尊敬地看）。"瞻仰"的本义应为具体视动"抬头看"，后发展为"尊敬地看"。从此例可以看出，生理的"看"和心理的"看"对立统一，紧密相连。

② "主体在下方看居于上方的具体事物"发展为"以推崇对方贬抑自己的心态看待事物"：

"看1K）31Y2"：仰视（如：人格的尊重本应是平等，既不<u>仰视</u>，也不俯视）。

③ "用眼睛看居于上方的具体事物"发展为"以信任期待的心态看待居于领导地位的阶层"：

"看1K）32Y2"：仰望（如：110多万父老乡亲<u>仰望</u>着县委，<u>仰望</u>着党）。

4. 客体位于主体下方的"看1K) 4"：

此类有3个成员词位，其隐喻发展表现为：

①"用眼睛看空间上居于下方的具体事物"发展为"以轻慢的心态看待居于较低社会或精神地位的事物"：

"看1K) 41Y1"：俯视（如：我们必须改变这种俯视和轻视儿童的观念，不能再居高临下）。

②"用眼睛从高处看具体事物"发展为"用思维从一定高度观察抽象事物"：

"看1K) 41Y2"：俯视（如：倘若他们也要俯视自己的灵魂时，其破碎之态，堪以入目吗）。

"看1K) 42Y1"：俯瞰（如：在这些年的报告文学创作中，很少有着眼全局，俯瞰生活的作品了）。

③"用眼睛从高处看具体事物"发展为"用思维从一定高度全面观察抽象事物"：

"看1K) 42Y2"：俯瞰（如：站在一个较高的位置俯瞰整个科学体系，促成它们间的沟通与合作）。

"看1K) 43Y1"：鸟瞰（如：近出版的一些书籍，从几个侧面对"现代西方文化的危机"作了一个鸟瞰）。

④"从上方看下方"发展为主体"位于高处"的客观空间方位描述：

"看1K) 41Y3"：俯视（如：至高处，向王廪君的塑像威武地俯视着脚下的清江）。

"看1K) 42Y3"：俯瞰（如：新市区内高楼林立，187米的开罗塔高高地俯瞰着全城）。

⑤从主体"位于高处"的客观具体空间方位描述发展出了客观抽象实力地位的描述——"在实力或地位上高于同一领域其他事物"：

"看1K) 42Y3"：俯瞰（如：在此之前，几乎没有人敢相信，中国的中长跑及马拉松项目能俯瞰世界，并远远将所有的对手甩在身后）。

5. 客体分布于主体周围的"看1K) 5"：

此类有两个小类，6个成员词位，其隐喻发展表现为：

①"视线对左右四方的视觉信息进行连贯获取"发展为"思维对客体某一领域作遍及式的考察"：

"看1K) 51aY"：环视（如：环视全球，各国为稳定金融市场纷纷出手）。

"看1k）51bY"：环顾（如：环顾当今中华巾帼精英，哪一个不是靠自己的才华和能力折服了大众的）。

②"视线速度较快地对左右四方视觉信息进行获取"发展为"思维对抽象事物进行大致了解"：

"看1K）51cY"：扫视（如：全国联动：扫视地方为廉租房建设"输血"行动）。

③"视线从前后左右各方位获取视觉信息"发展为"从各个角度对抽象事物进行思索"：

"看1K）52dY"：顾盼（如：他通过随笔阅读社会、顾盼人生，道出了一个学者的人间情怀）。

④"视线前后左右交替地获取视觉信息"发展为"思前想后，拿不定主意的心理状态"：

"看1K）52eY"：瞻顾（如：美国在台湾问题上为了不"抛弃老朋友"，仍是徘徊瞻顾，踟蹰不前）。

（三）"看1C）x"的隐喻转喻分析

"看1"因条件细化发展的下位变体"看1C）x"共有两个次类，8个成员词位，其隐喻发展表现为：

1. "从小孔或缝隙看具体事物"发展为"发现并了解事物的内在或整体信息"：

"看1C）11aY"：窥（如：但密宗法门深广，仪轨繁多，学者一时不易窥其全貌）。

"看1C）11bY"：窥视（如：简单的交谈之后，我进一步窥视了他的内心世界）。

2. "偷偷地看具体事物"发展为"心理上暗中谋求事物"：

"看1C）1b2Y"：窥视（如：强权国家仍在窥视着海湾丰富的石油资源）。

"看1C）12dY"：觑视（如：他们在三七发展低潮中，小心翼翼地觑视着市场）。

（四）"看1"邻位变体的隐喻转喻分析

"看1"有3类邻位变体，12个成员词位。

1. 结果邻位变体"L1 看1）x"

此类有9个变体词位，其隐喻发展一般表现为：从"视觉获取影像信息"发展为"发现并了解事物的内在信息"：

"L1 看1）1Y"：看见（如：微子<u>看见</u>商朝已经没有希望，就离开别都朝歌出走了）。

"L1 看1）4Y"：见（如：他父亲<u>见</u>他有志气，就让他一面读书，一面放牛，果然上进很快）。

"L1 看1D）32a1Y"：瞥见（如：人们可以从中<u>瞥见</u>中国软件产业当今和未来一段时间内的发展态势）。

"L1 看1C）12aY"：窥见（如：透过对"打假"的不同态度，可以<u>窥见</u>每个企业的素质）。

2. 目的邻位变体"L2 看1）x"

此类有两个变体词位，其隐喻发展表现为：从"视线获取具体事物的精确位置"发展为"思维或目标定位于某事物"

"L2 看1）11Y"：瞄（如：我们把目标<u>瞄</u>向这个潜力无限的大市场）。

3. 过程邻位变体"L3 看1）x"

此类仅有"传看"一个成员，未见隐喻用例。

二 "看2"词群成员的隐喻转喻分析

（一）"看21"的隐喻转喻分析

"看21"因客体细化为"解读语言符号"而产生下类"看21O）2"，共7个同位变体词位，7个下位，15个邻位。在目前的语料考察中，只有"读"发生了隐喻性扩展，表现为：

从"以视动为前提对语言符号内容的读取"发展为"以思维对抽象蕴含的发掘"：

"看21O）21Y"：读，如：他从那几百双眼睛中，<u>读</u>出了支持的力量；也<u>读</u>出了不信任的疑虑和彷徨。

（二）"看23"的隐喻转喻分析①

表察知类思维的"看23"，共有4个同位变体，4类33个下位变体，两类37个邻位变体。"看23"词群本身就包括以视觉为依托的察知思维和直接抽象思维，前面在构建词群时是以有视觉参与的思维察知为主要线索进行的，因此，以下隐喻转喻分析实则是对"看23"词群成员表直接抽象思维的展示。

1. "看23"的同位变体隐喻转喻分析：

"看23"同位变体词位中"察看"、"瞅"有隐喻用例，表现为：从"以视觉行为察知"发展为"以抽象思维进行心理分析来察知"：

"看23）1Y"：察看（如：察看虚实）。

"看23）3Y"：瞅（如：我们必须立足实际，注重实效，瞅准薄弱点，继续狠抓经济效益的提高）。

2. "看23"下位变体词位的隐喻转喻分析：

①方式细化的"看23D）"：

此类有3个小类，8个成员词位。其隐喻扩展表现为：

a. 从"探头而视察知"发展为"突破障碍从深层析取隐藏在内部的抽象事物"：

"看23D）1aY"：探视（如：这本小说为人们打开了一扇探视美国人心灵的窗口）。

b. "冷静地视觉察看"发展为"冷静地思维察探"：

"看23D）21aY"：静观（如：静观国际形势的重大发展）。

c. "在旁边看置身事外"发展为"心态上的听之任之"：

"看23D）23aY"：旁观（如：不应对群众运动采取旁观或漠不关心的官僚主义态度）。

"看23D）23bY"：坐视（如：不能坐视进口粮食攻陷富裕消费层）。

d. "以慎重的态度在旁视觉察看"发展为"以慎重的态度了解分析"：

"看23S）2aY"：观望（如：还有一些业主正在观望等待更好的价

---

① 关于"看22"的隐喻转喻分析，表欣赏类思维的"看22"共有5个同位变体词位，7个下位，6个邻位。但在语料中未找到此类成员词的隐喻扩展用例。

格，才卖出手中的地皮）。

e. "放眼全面观察"发展为"放开思路全面考察分析"：

"看 23D）3aY"：纵观（如：纵观当今世界，工程机械是衡量一个国家国力和科技进步水平的重要标志）。

"看 23D）3bY"：纵览（如：纵览古今中外的著名人物，逐一加以评点）。

② 条件细化的"看 23D）x"

此类有 3 个小类，3 个变体成员词位。其中"窥察"和"透视"有隐喻用法："用眼睛从暗处偷偷地获取信息"和"用 X 射线观察人体内部"到发展出"用思维进行深层分析"：

"看 23C）1aY"：窥察（如：揭示意境的形成，既可看到诗人的构思过程，又可窥察读者的鉴赏心理）。

"看 23C）2aY"：透视（如：透视社会热点）。

③ 客体细化的"看 23O）x"：

此类又有 2 个小类，共 5 个下位变体。其中仅"打量"和"观察"有隐喻性扩展，表现为：

a. 从"以视觉行为获取具体事物外表属性来判断"发展为"以抽象思维进行心理分析来判断"：

"看 23O）1aY"：打量（如：你还想瞒着我，打量我不知道）。

b. 从"以视觉行为获取具体事物现象或动态发展过程"发展为"以抽象思维分析抽象情状及发展动态"：

"看 23O）2aY"：观察（如：读马克思主义的书是为了学会观察问题、解决问题的方法）。

④ 目的细化的"看 23R）x"

此类有 7 个小类，共 17 个下位变体。其隐喻扩展通过"检视"、"审视"、"守望"和"相 xiàng"来体现。

a. "用具体视觉察知问题所在"发展为"用抽象分析察知问题所在"：

"看 23R）1bY"：检视（如：许多父母开始重新检视与孩子的关系）。

"看 23R）1cY"：审视（如：改革的大潮，使许多人睁大了眼睛，审视着自己所选择的人生坐标）。

b. "通过视觉察知守护具体事物"发展为"用精神和行为捍卫抽象

事物"：

"看23R）2bY"：守望（如：他们用生命作代价，守望信念，创造了传之后世的经商法则）。

c. "根据事物外表作出判断"发展为"根据思维分析做出判断"：

"看23R）6aY"：相（如：我会缠住他，到那时你就可以相机逃跑）。

3. "看23"邻位变体的隐喻转喻分析

①过程邻位变体"L1 看23"

"看23"过程邻位变体的一般变体词位"L1 看23）1"未发现隐喻扩展，复杂事件变体"L1 看23）2"成员词位的隐喻扩展表现为：

a. "（医生）对生命体病情的察知"发展为"对抽象事物存在问题的思维分析"：

"L1 看23）21aY"：诊视（如：要对企业文化现有的状态进行诊视和评估）。

"L1 看23）21bY"：诊察（如：深入剧中人的灵魂，诊察、展现以至疗救，这已不是创作的新课题）。

b. "（首长）对军队或群众队伍水平的察知"发展为"对其他领域水平或成果的评量"：

"L1 看23）22aY"：检阅（如：这部文选是对中国电影理论历史的一次检阅）。

c. "看望被囚禁者"发展为"突破障碍从深层析取隐藏在内部的抽象事物"：

"L1 看23）4gY"：探视（如：从记忆的窗口探视被心灵囚困的生活）。

三 "看3"词群成员的隐喻转喻分析

（一）"看31"的隐喻转喻分析

"看3"的隐喻转喻分析实则"看31"的隐喻转喻分析，其结果是向"看32"转变。

1. 从"用具体视觉动作表达傲慢态度"发展为"用抽象的心态对待来表达不屑"

"看31R）1a"：睥睨（如：这完全是一副文学贵族居高临下睥睨一

切的态度)。

"看 2E) 3aY1"：傲视（如：她<u>傲视</u>权贵，有如凌风傲雪的冬梅，临大难而不苟)。

2. 从"用抽象的心态对待来表达不屑"这一主观态度义发展出了客观实力地位的描述——"在实力或地位上高于同一领域其他事物"

"看 1D) 12gY2"：睥睨（如：在费城博览会上，香蕉仍能<u>睥睨</u>群芳，在水果中独占鳌头)。

"看 2E) 3aY2"：傲视（如：这般战绩在亚洲自然<u>傲视</u>群雄)。

3. 从"用具体视动表达愤怒情绪"发展为"用抽象的心态对待表达不满情绪"

"看 31R) 1aY"：怒视（如：那么他是不会<u>怒视</u>这个世界，蔑视谁的)。

4. 从"用具体视动表达强势态度"发展为"用贪婪的心态和欲望对待，伺机攫取"

"看 31D) 1aY"：虎视（如：外资之所以<u>虎视</u>国内电信市场，主要是看上了其无人能比的增长速度)。

（二）"看 32"的隐喻转喻分析

"看 32"可以表示对具体或抽象物的心态对待，我们在构建"看 32"词群时，是以具体人或物的心态对待为主，此处其实是列出"看 32"对抽象物的心态对待用例。

1. "看 32"同位变体隐喻转喻分析

"看 32"的同位变体成员都可表示"以某种心态对待抽象事物"：

"看 32) 1Y"：看待（如：中国将会开放电信市场，如何<u>看待</u>这种举措)。

"看 32) 2Y"：相看（如：我对他的分析能力还是不由得另眼<u>相看</u>)。

"看 32) 3Y"：视（如：<u>视</u>共产主义为异端邪说)。

"看 32) 4Y"：目（如：此事被大家<u>目</u>为奇迹)。

2. "看 32"下位变体隐喻转喻分析

①以仇恨心态对待抽象事物：

"看 32R) 1aY"：敌视（如：资产阶级<u>敌视</u>共产主义)。

"看 32R) 1bY"：仇视（如：他<u>仇视</u>暴虐，主持正义，为人类谋利益)。

②轻视或重视抽象事物：

a. 重视态度：

"看32R）21aY"：重视（如：在新经济条件下，MBA教育将更多重视网络教育和国际化教育）。

"看32R）21bY"：看重（如：为此使她异常看重亲密朋友之间的关系）。

"看32R）21cY"：珍视（如：而我想最需要强调的还是——请珍视同学间的情谊）。

b. 轻视态度：

"看32R）22aY"：轻视（如：古典主义文学在人物塑造上，往往只重共性而轻视个性）。

"看32R）22bY"：看轻（如：持前一观点的人往往看轻教育的作用）。

"看32R）22cY"：小视（如：有志于戒烟者切不可小视了好烟的诱惑力）。

"看32R）22dY"：小看（如：不能小看这个问题）。

"看32R）22eY"：小瞧（如：不要小瞧了这个发现）。

"看32R）22fY"：藐视（如：我们要有藐视一切困难的锐气）。

③褒扬或贬抑态度对待抽象事物：

a. 褒扬态度：

"看32R）31aY"：看得起（如：他们饱受古典主义文化熏染，不大看得起中国园林的艺术价值）。

"看32R）31bY"：瞧得起（如：承他情瞧得起祖国文化，回国以后，就在那方面花工夫）。

b. 贬抑态度：

"看32R）32aY"：鄙视（如：他鄙视某些人不良的出国动机）。

"看32R）32bY"：看不起（如：当年，蒋介石原来是看不起毛泽东的学问的）。

"看32R）32cY"：瞧不起（如：八十块钱向账台上一拍，是怜悯，是施舍，还是瞧不起我的经济地位）。

"看32R）32dY"：蔑视（如：他们一接触到不同的文化，总是倾向于蔑视它，拒绝它）。

c. 不平等地对待抽象事物：

"看 32R) 33aY"：歧视（如：西方文明似乎过分重视性格的一致性，因而歧视男人身上的女性气质和女人身上的男性气质）。

④积极或消极态度对待抽象事物：

a. 用正面的思想态度对待：

"看 32R) 41aY"：正视（如：很多大学生往往不能客观地看待自己，不能正视自己的长处和不足）。（"看 1D) 11Y：正视"也产生了此类隐喻扩展）

b. 消极态度对待：

"看 32R) 42aY"：漠视（如：杜冈显然没有漠视工人阶级日趋贫困化的倾向）。

"看 32R) 42bY"：忽视（如：许多水利工程由于忽视生态平衡，也使这种鱼类自然资源遭受严重影响）。

四 "看"类词群的群体隐喻模式

通过考察 212 个视觉动词在北京大学现代汉语语料库中的使用情况，我们发现共有 111 个"看"类动词发生了隐喻扩展，有的已经非常稳定，且固化成了独立的义位，并在词典释义中体现出来，如：

睥睨：〈书〉，动，眼睛斜着看，表示傲视或厌恶：～一切。（《现代汉语词典》2005 年版，1040 页）

展望：动，（1）往远处看：他爬上山顶，向四周～。（2）对事物发展前途进行观察与预测：～未来｜～世界局势。（《现代汉语词典》2005 年，1712 页）

有的甚至取代了本义（具体视动义）的地位，在言语交际中使用频繁，其本源义不被词典所收录，如：

正视：动，用严肃认真的态度对待，不躲避，不敷衍：～现实｜～自己的缺点（《现代汉语词典》2005 年版，1740 页）

而有些转喻隐喻用法则未固化到词义中，只是因语境变换或共现词变化而发生了临时扩展。如：

例1　要对企业文化现有的状态进行诊视和评估。
例2　人格的尊重本应是平等，既不仰视，也不俯视。

以上两例中的"诊视"、"仰视"和"俯视"语境分别从常用的"医疗"和"视觉"域发生改变，所搭配的名词也变成"状态"和"人格"这类抽象范畴词，从而产生了隐喻扩展。

Beardsley[①]认为，通过词汇标准意义的转换可以获得附加的隐喻意义，是一种基于"内涵理论"的隐喻。而Goodman认为，当词汇从常用的域转到新的域时就产生了隐喻，是一种基于"外延理论"的隐喻。[②]

与此对应，我们可以将"看"类词群的隐喻情况分为"内涵隐喻"和"外延隐喻"两类，前者是指"看"类词的隐喻表现在"看"类动词本身，即该"看"类动词具有隐喻型义位；后者是指"看"类词的隐喻表现在与"看"类动词组合的名词上，即与"看"类动词组合的名词不是与视觉相关的具体事物。

作此区分并不是要衡量"看"类词隐喻用法的被接受程度，因为临时的用法也可能在不断重复使用中得到固化，而固化的义位也可能因主体使用需求减少而逐渐消亡。"内涵隐喻"和"外延隐喻"的差异为我们呈现了"看"类词产生隐喻扩展的两个侧面：一是核心图式中的角色，即主体与客体或其中之一抽象化；二是核心图式中的动作本身抽象化。

那么"看"类词隐喻扩展的规律或模式是怎样的呢？经过对各词隐喻情况的分析，我们发现，虽然这些词在词群中处于不同层级，而且很多词义表面看来差别很大，但是它们的隐喻投射确实具有明显的规律性，不仅继承了"看"的"视觉喻思维"、"视觉喻情感"，而且还大大丰富了这一内容。

---

① 引自 Marina Rakova《字面意义的疆域：隐喻、一词多义以及概念理论》，北京大学出版社2004年版。

② 同上。

（一）视觉喻思维

人们在进行视觉活动时，会因目的、条件、对象及方式不同而获取不同程度、不同侧面的视觉信息。人类的思维活动也会因目的、条件、对象及方式不同而产生不同的思维成果。这些方面的对应，为"视觉喻思维"提供了更多的相似点。

1. "分析、考察"类[①]

各个"看"类动词词义延伸至思维分析或考察，带有明显的特点：其共有的核心义素都继承了基本范畴词"看"的引申路线，而它们各自带有的下位特征发生了从"具体"到"抽象"的延伸。

"盯"、"谛视"和"顾盼"三类词分别以方式的"视线集中"、"仔细"和"反复"转指思维分析的"深入"。"瞥"和"扫视"则以"视线瞬时掠过"和"视线较快掠过"引出思维考察的"粗略"。

"环视"类以"视线遍及周围"喻"全面"考察。

"俯视"类和"俯瞰"类的隐喻投射以"空间隐喻"中的"空间高度喻思想高度"为基础。人站在一定的高度能获得较全面的视觉信息，也能得到与近距离观察不一样的信息。用主体空间位置的"上"表示思维立足点的高，并因立足点高而考察得更为全面。

"观察"的客体"具体现象或动态"投射为"抽象情状及动向"。

"读"以目的"读取内容"发展为"发掘抽象蕴含"。

"检视"类与"诊视"类则因目的为"发现问题和病情"而被用来表示心智分析以发现问题。

2. "设想、构想"与"回想、反思"类

此类以"空间隐喻"中的"空间喻时间"为基础。从人类认知客观世界的顺序来看，总是空间先于时间，空间比较具体，人们根据自己的身体经验就能很好地理解它，但时间却比较抽象，难以把握。而由空间概念意义映射到时间域就为人们把握时间概念提供了捷径。人们可以用空间的"前/后"来表示时间，"前"表示"未来"，"后"表示"过去"（注：也可以"前"表示"过去"，"后"表示"将来"，如：前天、后天。这体现了人们的两种不同时间观）。

"遥望、展望、瞻望、翘望、眺望、瞭望"等都是视线指向前方、远

[①] 此处只列出词项及相应的隐喻投射义，具体例句见本章第四节的前三部分。

处,"回顾、反顾、回眸"则是视线指向后方,为"构想"未来、"回想"过去提供了依据。

3. "发现、了解"类

此类隐喻以主体限制转嫁客体为基础。在人们的感觉中,很容易将自身条件的限制看成是对象条件的限制,如买东西的时候自己钱不够却认为是商品太贵,学习的时候不全力以赴却认为是知识太难掌握。同样,"窥、窥视、窥察、探视"等原本所表达的是主体视觉行为受到限制(只能透过孔隙或在暗处偷偷地看),转变为客体受限制(客体被隐藏或难以一眼看清),然后发生"视觉→心智"隐喻,主体发现隐藏深处的内在信息或整体信息。

4. "评量、判断"类

"打量"和"检阅"都着眼于目的或效应——"从外表对客体进行判断"和"通过仪式衡量军队水平",投射到心理域,也表示判断和评量。

5. "选择、定位"类

"瞄"是对客体位置信息的精确把握,因此在心理域为思维定位或关注。"相"是在分析的基础上做出判断并选择。

(二)视觉喻情感

1. "心态对待"类

"平视、仰视、仰望"和"俯视"等视觉词发生的心态投射基于空间隐喻。先从"空间喻社会地位"实现主客体在心理空间的定位,然后用方式的"平、仰、俯"来喻"平等、尊崇、轻慢"的心态。

"盯、注视"立足其方式"视线集中"延伸出"思绪集中","睥睨"也是用方式的"斜眼相对"投射出心态的不屑。

2. "谋求"类

"瞪、盯"因方式为"张大眼睛"和"集中视线",隐含着需求的强烈。"虎视"因"态度强势"而隐含欲望强烈,"窥视、觊觎、窥伺"等的视觉活动主体虽受条件限制,却仍想方设法获取信息,也隐含着主体需求的强烈,从而引申为心理域的谋求欲望。

3. "期待"类

"望、遥望、翘望"由"视线触及远方具体事物或方位"对应心理域中"思念牵挂,期待与之相见",如"望故乡"。

"守望"由视觉域的"为守而望"发展到心理域的"坚守期待",如"守望幸福"。

"仰望"由视觉域的"仰而望之"发展到心理域的"仰仗期待",如"仰望新一轮改革大潮"。

4."犹豫"类

人们看事物的方式会折射出内心,"视线前前后后地获取信息"可以理解为主体想要获得确定的信息,也反映出主体对已获信息的不确定,因此"瞻顾"投射到心理域便有了"思前想后,拿不定主意的犹豫心态"。"观望"则因主体在获取信息后迟迟不采取行动,而衍生出"犹豫"心态。

以上两大类视觉词的隐喻投射模式及相关情况,可归纳为表4—1。

表4—1　　　　　　　　视觉词主要隐喻情况

隐喻模式		视觉动词词项	相应隐喻义
视觉域思维	"分析、考察"类	凝视、凝望、逼视	深入剖析
		谛视	
		顾盼	
		瞥	粗略考察
		扫视	
		环视、环顾	全面考察
		俯视、俯瞰	从一定高度剖析
		俯瞰、鸟瞰	从一定高度进行全面考察
		观察	分析抽象情状及动向
		读	分析以发掘抽象蕴含
		检视、审视	分析以发现问题
		诊视、诊察	
	"设想、反思"类	遥望、展望、瞻望、翘望、眺望、瞭望(前方远处)	设想、构想(未来)
		回顾、反顾、回眸(后方)	回想、反思(过去)
	"发现、了解"类	窥、窥视、窥察、探视	发现、了解(内在或整体信息)
	"评量、判断"类	打量	判断
		检阅	评量(水平、成果等)
	"选择、定位"类	瞄	定位
		相	判断并选择

续表

隐喻模式		视觉动词词项	相应隐喻义
视觉域情感	"心态对待"类	盯、注视	关注
		平视	平等对待
		仰视、仰望	尊崇
		俯视	轻慢
		睥睨	贬抑
	"谋求"类	瞪、盯	想得到
		虎视	欲望强烈地想得到
		窥视、觑视、窥伺	暗中谋求
	"期待"类	望、遥望、翘望	想念期待
		守望	坚守期待
		仰望	仰仗期待
	"犹豫"类	瞻顾、观望	犹豫

（三）其他

"视觉喻心理"的认知模式使视觉词从外延或内涵上得到了扩展，这是"看"类词的主流隐喻模式。但还有几个词在语料中表现出了特殊的用法。

1. 主体转换：人→物

视觉能力是人等高级生命体的专属能力，视觉范畴词一般被用来指称人的动作行为，但"眺望、俯视、俯瞰"这三个视觉词却被用到了无生命的物体身上，如"雕塑、高塔"等也可以"眺望、俯视"。这是典型的外延隐喻用法。"雕塑、高塔"之所以能"眺望、俯视"，是因其所处的高度与人在"眺望、俯视"时的空间方位类似。所以，视觉词便实现了人到物的隐喻投射，凸显空间属性，生命属性隐退。以上情况可以归纳如表4—2。

表4—2　　　　　　　视觉词主体转换隐喻情况

人	物
眺望	位于高处
俯视、俯瞰	

2. 主观态度→客观性质。

视觉词中"睥睨"和"傲视"因为能表达主体对客体不屑的主观态度,而被用来表达主体能力或地位高这一相对客观的属性。如"傲视群雄、睥睨群芳"。以上情况可以归纳如表4—3。

表4—3　　　　　　　　　视觉词主观态度隐喻情况

主观态度	客观性质
睥睨	主体能力或地位高于领域内其他
傲视	

3. 空间→地位或能力。

"地位或能力"是抽象程度较高的概念,一般来说,人们是通过空间隐喻来对其进行认知的,如用"上/下"、"高/低"来描述,因此,视觉词中凸显主体方位在上的"俯瞰"可以用来表示主体能力或地位高于客体。以上情况可以归纳如表4—4。

表4—4　　　　　　　　　视觉词空间隐喻情况

空间	地位或能力
俯瞰	主体能力或地位高于领域内其他

4. 领域:日常→专业

视觉词还表现出专业化的倾向,这是视觉词从一般语域向专业语域投射的结果。如"斜视"进入医学领域,被用来指称病症。如:

> 斜视:(1)眼病,由眼球位置异常、眼球肌肉麻痹等引起。当一只眼睛注视目标时,另一只眼睛的视线偏斜在目标的一边。也叫斜眼。(1507页)

随着人类社会的发展,人类对客观世界的认知,也包括对专业领域的探索,就必须借助隐喻这种普遍的认知手段,将已知的概念、概念系统投射到未知的专业领域,以获得新的知识和理解,从而借用一般词汇来表达特殊领域的概念，视觉词的表义专业化只是其中的一小部分。另外，专业领域概念也会因主体表达的需要而在频繁使用中被大众所接受，从而实现泛化，如"诊视"和"诊察"等。

通过以上证明，视觉动词群的隐喻投射确实呈现出大体一致的群体性类化倾向，即"视觉喻思维"和"视觉喻情感"，我们不仅应在机读词典中标记出已经出现的词义引申情况，而且应将这一规则编写出可供机器使用的程序，让机器具备有限的词义预测能力。我们构建的词群也通过这一规则的发掘实现了内部的横向系联，而成为一个交织的网状系统。"看"类词群的横向系联网络见图4—5。

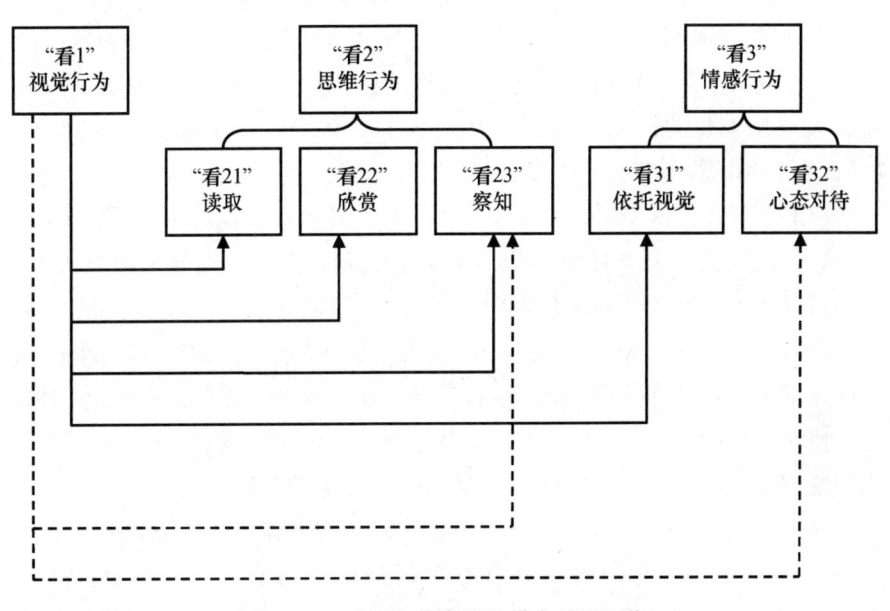

图4—5 "看"类词群的横向系联网络

注：（1）实线箭头表转喻，虚线箭头表隐喻；
　　（2）上图只是大致体现各词群间的关系，各词群内部的隐喻转喻关系从略。

第五章

"看"类范畴发展的语言表现

"看"类动词词义聚合网络的构建其实就是围绕"看"的基本义位进行纵向扩展、横向系联的过程，同时也是对人类大脑中以"看"为基点所系联的心理词汇网络的揭示。这个心理词汇网络并不是与生俱来的，而是随着人类认知世界经验的发展，从无到有、从少到多不断丰富起来的。"看"所指称的视觉行为是人类与客观世界进行信息交流的基本方式，因其对生存的重要性而最先被人类认知，并且形成基本等级范畴——视觉范畴，成为人们认知其他复杂抽象事物的重要基点和参照点。在此基本等级上，范畴可以向上发展为上位范畴，向下区分为下属范畴，向外扩展为相邻范畴。同时这些不断生成的新的范畴作为人类认知的结果，需要以概念的形式固定下来，这就得依托外部的语言符号。如果用已有的词汇来兼指新的概念，便导致原有词形义位的增加，如果已有的词汇无法满足这一表达需求，人们便会造出新词新语。这是认知推动范畴发展在词汇语义层面的表现。

范畴的发展变化在线性句法层面也得到了相应体现。一般说来，下属范畴词位会从基本范畴词位继承绝大部分句法功能，如表视觉范畴的"看"和其下位变体"注视"等句法表现大致相当。而横向扩展的相邻范畴之间在句法功能上则会存在一定差异，如表视觉行为范畴的"看1"能后接"着"或前加"正在"表持续，而表思维察知行为的"看23"不管是否依托视觉，一般都只用"正在"表持续，很少用"着"。如：

     看1   看23
例1 他看着我。   他看着产品的质量。*[①]

[①] 例句后的*，指根据本书作者的语感，该句子不成立，或者仅在极特殊的语境下成立。

例2 他正在看我。   他正在看产品的质量。
例3 他正在看着我。   他正在看着产品的质量。*
例4 他正看着我。   他正看着产品的质量。*

不过，只要是表具体行为范畴的"看"，都属于行为动词，在句法表现上的差异不会太大。当"看"进入语用层面，表达更为抽象的主观情态范畴时，不仅其词义会发生变化，其句法功能更显示出明显的差异，从某种程度上说，是范畴选择了句法表现，推动词义演变。如"看摔着"中的"看"表提醒，这是依靠"看V着"这一特定结构来实现的。因此，范畴的主观性发展在句法层面表现得淋漓尽致。

本章将对"看"类概念范畴发展在词形、词义和句法方面的表现进行探讨，兼及语用。

第一节 范畴发展表现为词形转换

人类对某一范畴的认知发展反映到语言层面可以表现为词形的转换。由于人们对世界的认知总是遵循着由具体到抽象，由简单到复杂的规律，因此语言层面的词形转换也相应地体现了这一规律。由于汉字表意的特殊性以及汉语字词关系的复杂性，我们这里所说的词形转换是广义的，包含了范畴内合体字的生成和复合词的产生。

一 范畴内合体字的生成

在构建"看"类词词群的过程中，我们发现，除了"看"之外，还有一系列以"目"为义符的合体字被用来指称视觉范畴中较为复杂的概念，如"盯、瞪、瞟、睃、睇、眄、瞠、瞥"等，还有不是直接以"目"为义符，但视觉行为的工具"眼睛"隐含其中的合体字，如"望、视、观、览、窥"等，另外"目"作为"眼睛"的象形表述字，也可以被用来表示视觉行为，尤其是在古汉语中，如：

旦日，卒中往往语，皆指目陈胜。(《史记·陈涉世家》)

初入营，营卫止哙，哙直撞入，立帐下。项羽目之，问为谁。（《汉书·樊哙传》）

根据认知语言学的"人类中心说"，人们认识事物总是以人自己身体为认知的基本参照点，进而认识周围的事物，再进一步引申其他抽象的概念。我们有理由认为，"目"极有可能是指称视觉行为范畴的最初语言形式，虽然后来"视、看"相继取代了其基本范畴词地位，但仍无法动摇它在范畴发展中的基元性，包括"看、视"在内大量"目"类合体字的存在便是最好的佐证。在上古汉语中，单音节词占绝对优势，字即是词，词即是字，而且汉字系统还处于发展阶段，因此以"目"为基点，生成合体字变成了当时体现视觉范畴复杂化的最佳途径。《说文解字》中"目"部收录的大量表示视觉行为的合体字很好地说明了这一点。初步统计，《说文》中直接或间接以"目"为义符表视觉行为的字至少有57个，通过以"……视也"的训释形式为判断标准，还不包括未用"视"作训释词的。如：

瞳，目无精直视也。从目黨声。
瞜，瞜娄，微视也。从目无声。
眒，目冥远视也。从目勿声。一曰久也。一曰旦明也。
瞥，转目视也。从目般声。
䀩，目惊视也。从目袁声。《诗》曰："独行䀩䀩。"
眮，目财视也。从目辰声。
瞤，失意视也。从目脩声。
矆，大视也。从目蒦声。
瞚，小视也。从目买声。
督，氏目谨视也。从目叔声。
䁝，目孰视也。从目鸟声。读若雕。

从《说文》所收录的这些合体字意义可以看出古代先民对视觉动作认知的细微关注，不仅就视觉动作进行了多角度的体现，如"转目视"、"低目视"、"目无精直视"、"目冥远视"、"深视"等，还有针对特定视觉动作主体的"病人视"，而且涉及心态情感在视觉行为中的投射，如

"惊视"、"失意视"、"恨视"等,以及用视觉来考察分析的"省视"、"察视"等。可见,这一时期的视觉范畴认知发展是通过生成合体字来体现的,而且这些由单字构成的单音节词形成了一个比较完备的视觉行为表义体系,完全可以构建一个以"视"为中心的"视"类词群,这个词群在某些方面甚至比现代汉语中的"看"类词群更为完备。因为现代汉语中很多对应的意义是用词组来表示的,也有少数单音词沿用至今,但意义或多或少发生了转移或复杂化,最典型的就是"看",从"以手翳目而望也"发展成为现代汉语中跨视觉、心理和情感等几个认知域的基本范畴词。还有一部分仍以构词语素的形式存在现代汉语中,如"视、观、瞻"等,而大部分视觉范畴合体字都在历时演变过程中消亡了。究其原因,大致可以归结为以下三点:

第一,字词系统需要删繁就简。大量体现细微区别的单音字词的产生,大大增加了汉语字词体系的繁杂性,不仅难写难记难认,而且在表达的时候也增加了选词的难度,严重违背了语言经济性原则。字词系统的臃肿繁复需要删繁就简。

第二,语音系统限制。语音受到人类发音器官的限制,在一种语言中所具有的音节数是有限的。音节有限而词义无限,这就必然导致同音字词的存在。再加上上古汉语语音系统的简化(主要是复声母和复韵尾的单化),大量单音字词的产生更加剧了音节和词义之间的矛盾,解决这一矛盾比较切实可行的办法就是归并已有的单音字词,通过双音化来体现差别。

第三,人类认知的思维抽象能力进一步增强。随着生活内容的变化和认知能力的发展,人们对现实现象观察、分析、抽象、归纳的视角发生了相应的改变,从原来有点极端的同中求异慢慢转变到较为平稳的求同存异,从而将体现差异的着眼点从单音节合体字内部转移到双音节复合词上来。

"看"类范畴单音词的产生和消亡只是整个汉语词汇系统变更的一部分,本书不予深究,但这些合体字的生成确实是"看"类范畴发展在历时上的表现,并且对现代汉语"看"类词群的构建产生了深远的影响。

还有一点需要补充的是,"盯"、"瞪"等现代汉语常用的视觉范畴词未见于《说文》,但它们都见于后来的《广韵》《集韵》等,并训为"直视",这说明在东汉以后还有新的合体字生成来表示视觉范畴,但也不排除来自方言的可能。

二 范畴内复合词的产生

根据上面的论述,"看"类范畴的发展由单音合体字来体现受到了种种限制,表现出明显的缺陷,因此,人们逐渐将重心转移到用复合词来体现复杂概念这一途径上。我们所构建的"看"类词词群所囊括的就以双音节复合词为主,共计156个。但是这一方式的转变并不是一蹴而就,也不是说人们从一开始就知道造出复合词来表达某一概念,事实证明,几乎每一个复合词都经历了一个逐渐凝固的变化过程,"看"类复合词同样如此。"看"类复合词往往是由两个单音词的临时组合而逐渐固定下来的,其最初尚是一个词组,搭配灵活,单音词与单音词之间可以自由搭配,其各自所表示的词义在由其组合成的词组中有所虚化。随着两个单音词之间的搭配关系逐渐固定,这两个单音词也就由临时组合的词组凝固成一个词,由其组合成的词组的词组义在其各自原来表示的具体义基础上进一步融合,从而形成了由其所组成的双音词的词义。这一过程也非常符合人们认知心理的接近原则,在线性顺序上邻接的两个词由于某种原因经常在一起出现时,语言使用者就有可能将其视作一个整体而不再对其作内部结构的分析,这样就使得二者之间原有的语法距离缩短或消失,最终导致原来的语法结构功能的虚化,进而由相邻接的两个词凝固为一个双音词。

但是,在这个过程中有一步非常关键,那就是选择哪两个单音节词来进行共现搭配。从造词法角度来说,就是词素的选择问题。通过考察,这153个"看"类双音节词的词素组合类型大致可分成十类[①]。

(一) 视觉动词词素 + 视觉动词词素

视觉动词词素是指表视觉活动义的词素,包括"看、视、瞧、瞅、见、观、览、瞥、眄、乜、睨、瞭、觑、顾、盼、张、望、瞻、瞩、眺、瞵、瞰、窥"等。由两个视觉动词词素构成的"看"类双音节复合动词有21个。

---

① 此分类忽略词素排列顺序,如"视觉词素 + 类视觉词素"包括视觉词素在前和类视觉词素在前两种情况。

(二) 视觉动词词素+类视觉动词词素

"察、读、阅、验、赏"因经常与视觉词素并用，且在语义上与视觉行为直接相关，从而带有了某种程度上的视觉意味，我们称之为类视觉词素。由一个视觉动词词素和乙各类视觉动词词素构成的"看"类动词有7个。

(三) 视觉动词词素+非视觉词素

由一个视觉动词词素和一个非视觉词素构成的"看"类动词有87个。其中，包含视觉动词词素"看"的有19个；包含视觉动词词素"视"的有38个；包含视觉动词词素"观"的有8个；包含视觉动词词素"览"的有5个；包含视觉动词词素"望"的有9个；包含视觉动词词素"顾"的是4个；包含视觉动词词素"眺"或"瞰"的分别有2个；包含视觉动词词素"瞻"、"瞧"或"乜"的各1个，分别是：瞻仰、小瞧、乜斜。

(四) 类视觉动词词素+类视觉动词词素

由两个类视觉动词词素构成的"看"类动词有3个：阅读、察验、赏阅。

(五) 类视觉动词词素+非视觉词素

由一个类视觉动词词素和一个非视觉词素构成的"看"类动词有16个，其中包含类视觉动词词素"阅"的最多，达到12个；包含词素"读"的有2个；包含"察"或"验"的各个：诊察、检验。

(六) 视觉词素+眼部名词词素

眼部名词词素是指可以表示眼睛的名词词素，包括"目、眸、眼、睛"。由一个视觉词素和一个眼部名词词素构成的"看"类动词只有2个：目见、目睹。

(七) 类视觉词素+眼部名词词素

由一个类视觉词素和一个眼部名词词素构成的"看"类动词只有1

个：目验。

（八）非视觉词素+眼部名词词素

由一个非视觉词素和一个眼部名词词素构成的"看"类动词有 13 个，其中词素"目"的有 9 个；包含词素"眸"的有 2 个；包含词素"眼"或"睛"的各 1 个：放眼、定睛。

（九）非视觉词素+非视觉词素

由两个非视觉词素构成的"看"类动词，共 5 个：打量、端量、端详、检查、巡查。

（十）非词素+视觉词素

"睥睨"中的"睨"是视觉动词词素，还可以单独成词，但"睥"不是词素，它既不能单用，也不能与其他词素复合成词，只出现在"睥睨"一词中。"睥睨"一词不能扩展、切分，而且"睥"、"睨"二字叠韵，我们认为它是单纯词，而且可能是叠韵联绵词。在"看"类动词中仅此一例。

两个构词词素都来源于视觉词的，分析其内部结构和语义关系，大抵有两种情况：

第一，两个单音节词素大致处于同一等级，可以互训、互补、互相制约，达到表义更为明确的目的。如"看望"，"看"有探望之义，"望"也有"探望"之义，它们都可以单独成词表示"探望"，但由于这两个词都具有多义性，通过将两者并用的方式使"探望"之义得到双重激活，从而排除了被理解为其他义位的可能，表意更为明确。

另外，两个视觉词素的同义复用还起到一种场景式描写的效果，以突显主体对某一视觉行为的重复施行，如"顾盼"，即是左顾右盼，生动地描绘出了一个人向左右四周看来看去的情景。较之英文的直白表述 look around，其形象性、趣味性可见一斑。

第二，两个单音节词素地位不同，存在上下位关系，一般位置居后的是上位概念，如"窥视"，"窥"是"小视也，从穴规声"，即从小孔或缝里看，"视"即是"看"。在这里，"视"对"窥"起到标明义类的作用，但我们感觉"窥"在与"视"结合成词之后，它原有的"看"义在

"视"的强势"威慑"下所剩无几,"窥"在这个合成词中的地位降格为仅表方式,从而使"窥视"变成一个典型的偏正式复合词,其义相当于单独成词的"窥"。

只有一个视觉词素的复合词在"看"类双音复合词中所占比重最大,加上类视觉词素部分,高达79%。其中视觉词素居后的复合词数又远远多于视觉词素居前,我们将这两类分别记为"X+视觉词素"和"视觉词素+Y"。居于视觉词素之前的X,一般是从不同角度对视觉及心理行为方式、情状、产生原因或目的等进行说明,如"斜视、凝视、扫视、鸟瞰、审视、赏阅、诊察"等;居于视觉词素之后的Y则是对视觉及心理行为作用或结果的说明,如"视察、看顾、观测、观赏"等。

以上分类及其词例如下(表5—1):

表5—1　　　　　　　"看"类双音节词词素组合类型

	词素组合类型	词项
1	视觉动词词素+视觉动词词素（21个）	瞅见、顾盼、观看、观览、观望、观瞻、看见、看望、窥见、窥视、瞭望、眄视、瞥见、瞥视、瞧见、觑视、眺望、瞻顾、瞻望、瞩望、张望
2	视觉动词词素+类视觉动词词素（7个）	察看、观察、观赏、窥察、视察、验看、阅览
3	视觉动词词素+非视觉词素（87个）	"一看/看一"（16个）：看承、看待、看顾①、看管、看轻、看守、看押、看重、参看、查看、传看、收看、踏看、相看、小看、照看； "一视"（38个）：傲视、鄙视、逼视、仇视、敌视、谛视、俯视、忽视、虎视、环视、监视、检视、掠视、裸视、藐视、蔑视、漠视、凝视、怒视、平视、歧视、轻视、扫视、审视、收视、探视、透视、小视、斜视、省视、巡视、仰视、珍视、诊视、正视、重视、注视、坐视； "一观/观一"（8个）：参观、传观、静观、旁观、围观、纵观、观测、观摩； "一览/览一"（5个）：饱览、披览、一览、游览、纵览； "一望"（9个）：拜望、鹄望、凝望、翘望、守望、探

---

① "看顾"的"顾"意为"照顾",不是视觉词素。

续表

	词素组合类型	词项
3	视觉动词词素 + 非视觉词素（87个）	望、仰望、遥望、展望； "一顾"（4个）：反顾、环顾、回顾、四顾； "一眺"（2个）：凭眺、远眺； "一瞰"（2个）：俯瞰、鸟瞰； "瞻一"（1个）：瞻仰 "一瞧"（1个）：小瞧 "乜一"（1个）：乜斜
4	类视觉动词词素 + 类视觉动词词素（3个）	阅读、察验、赏阅
5	类视觉动词词素 + 非视觉词素（16个）	"一读"（2个）：拜读、饱读； "一阅/阅一"（12个）：参阅、查阅、传阅、翻阅、检阅、校阅、批阅、披阅、评阅、圈阅、审阅、阅批； "一察"（1个）：诊察 "一验"（1个）：检验
6	视觉词素 + 眼部名词词素（2个）	"目一"（2个）：目睹、目见
7	类视觉词素 + 眼部名词词素（1个）	"目一"（1个）：目验
8	非视觉词素 + 眼部名词词素（14个）	"一目/目一"（9个）：目击、目送、侧目、骋目、驰目、极目、凝目、纵目、目测 "一眸"（2个）：回眸、凝眸； "一眼"（1个）：放眼 "一睛"（1个）：定睛
9	非视觉词素 + 非视觉词素（5个）	打量、端量、端详、检查、巡查
10	非词素 + 视觉动词词素（1个）	睥睨

共时是历时发展的结果，通过对"看"类双音节复合词的共时考察，我们可以了解到其历时发展并探究其本源，主要有以下两个方面的思考：

第一，从核心词素成词能力不均衡看复合词产生的语体背景。

在所有视觉词素中，"视"的成词能力最强，在"看"类词词群中有

43个双音节复合词以"视"为核心词素,遥遥领先于其他,而在现代汉语中处于核心地位的"看"则大为逊色,只有21个,以下依次是"望"16个,"观"14个。

在《说文解字》中,"视"是"看"类范畴词的核心训释语,由此可见,当时"看"类范畴的基本词位是"视",地位相当于今天的"看"。据有关研究结果,"'看'最早见于《韩非子》,但先秦仅此一例,此后在整个西汉和东汉的上半叶文献用例都罕见。从汉末起例子才逐渐增多,到三国时,在各类问题中已用得较为普遍,可以推断,当时的口语早已是说'看'而不说'视'了。晋代以后,'看'的词义和用法又有了新的发展,用例继续猛增,在文学语言中也逐步取代'视'而占据了主导地位。"(汪维辉,2000年)也就是说"看"早在汉末三国时期就已经在口语中取代了"视"的地位,到晋代以后进一步抢占了"视"的书面语地盘。"看"的核心地位形成久已,却为何在构词能力上如此不济呢?

比较以"看"为构词词素的复合词和以"视"为构词词素的复合词,我们发现后者具有明显的书面语色彩,被用于口语交际的可能性非常小,在平民口语中我们一般用"看"或以"看"为核心词构成复杂的短语来进行表述,如:

斜视:斜着眼睛看。

注视:眼睛一眨不眨地看/直勾勾地看。

仰视:抬头看/往上看。

怒视:生气地看。

鄙视:看不上眼。

探视:看。

或者用"盯、瞟、瞥、瞄"等表义较为形象的视觉词来表述,有时还会用更为生动的非视觉词来代替,如:

轻视:不把……放在眼里。

其他以"观、望、览、眺、瞰"等为词素构成的"看"类双音复合词也表现出书面语体倾向。

这就说明,大部分"看"类复合词的产生来源于书面语,也多半用于书面语。在纯粹的口语中,产生此类双音复合词的几率不大,如比"看"口语色彩更浓的"瞧、瞅",就基本上没有形成构词词素。也就是说,词素的成词能力与其自身的语体色彩和出现的语体环境密切相关。

这个结论可以通过方言词汇来进行佐证。方言一般以口语形式存在，受书面语影响相对较小。虽然现代汉语各方言受到推广普通话运动的影响，其词汇系统已经发生了改变，但其基本核心词汇仍在进行着顽强的抗争。在笔者的家乡话——平江话中，表示"看"类范畴的词就只有三个单音节词：望（/mɕŋ/，声调有两种，分别为阴去和阳去）、看（/xæn/，声调为阴去）、瞩（/dẓ'ʮ/，声调为阴平），声调不同的"望"分别对应普通话中视觉的"看"和心理的"盼望"，没有形成相关的双音节复合词。

第二，以不同词素为核心构成的复合词所表达意义的类型化体现出同义视觉词的细微意义差别。

前面提到，构成"看"类双音复合词的视觉词素主要是"视、看、望、观"。其中"望"的差异最大，是"远看"的意思，并由此引申出表示"对无法触及事物或未来的期待和盼望"。所以它所构成的复合词也多遵循这一脉络，如"遥望、眺望、展望、瞻望"等。比较"观看"和"观望"，后者明显具有心理上的远距离意味。

比较"细看"和"谛视"，"偷看"和"窥视"，可以发现"看"和"视"的语体差异。

至于"视"和"观"的差别则体现在它们各自所产生的复合词群体之中。"视"通过表方式的词素，对具体动作进行了多角度的细化，如"正视、注视、仰视、怒视"等，这些一般都对客体对象进行了"点"状集中。"观"则一般是对客体对象的"面"式把握，注重整体，如"观察、观测、观摩"等，这也由此生发出"观"与"欣赏"类思维的联系，形成"观赏、观览、观瞻"等，而不能说"视赏"等。另外，"观"作为视觉的整体把握，还引申出"景象或样子"，如"奇观、蔚为大观"等。反映到心理领域，"视"所构成的"重视、蔑视、歧视"等都是有针对的心态对待，而"观"没有，但是"乐观、悲观、人生观"则从另一个角度体现了"观"的整体性。在平江话中的"看"和"望"（阴去）正好对应"视"和"观"的这一差别。在很多情况下，平江话中的"看"和"望"可以替换，但在表示"仔细看"时，一般说"尖起眼睛看"或"过细看"，而不用"望"。"望"一般有粗略和整体把握的感觉。它们的这种区别还体现在引申义中，如表示"探望病人"的"看病人"和"望病人"，前者一般指比较细致的，还会带上点儿礼品之类的探望，而后者则仅指了解大致情况式的探望。由此可见，如果根据《说文解字》对"观"的解释——"谛视"来区别"视"和"观"，似乎不太符合后来的语言事实。有些近义词的细微差别只有通过群体性的类型比较才能凸显出来。

另外，在构建"看"类词词群时，我们发现很多双音节复合词找不到词义上的对立项，如有"怒视、敌视、仇视"等表示愤怒仇恨类的视觉或心理动词，却没有表示友好爱慕类的词项。还有，一种视觉作用多个动词从不同角度来表述，而很多视觉动作则只有一个词项或根本没有独立的词项，如：表"斜着眼珠看"的动词有"斜视、瞟、睒、乜斜、睨、睥睨"等等，而表"正着眼珠看"的则只有"正视"，表"眼珠向上翻着看"的则没有相应词项。这些事实说明词汇系统虽然是人类认知范畴化的体现，但其成员并不是所有认知概念的对应，在人类认知过程中受到重视的概念会在词汇中明确体现出来，反之则不会进入词汇体系，如果有些概念在某个历史阶段重要而形成了相应的词汇，但随着社会的变更，它们在认知层面不再起作用时，便会逐渐退出词汇系统，如农牧时期对牛详细分类产生的各种名称"犆：毛色黑白相杂的牛"；"牭：四岁的牛"；"牻：力大的牛"；"牰：黑眼眶的牛"等等，在现代汉语词汇系统中已经销声匿迹。因此，我们构建"看"类词群是了解人类对视觉及相关心理范畴认知的一个有效途径。

第二节　范畴发展表现为词义引申

一　词义引申概述

用一个词兼指多个概念的研究由来已久，传统训诂学关于引申义的探索就是其发端，引申义的研究是从南唐徐锴开始的。他在《说文解字系传·说文解字疑义》中提到了两种假借："据义而借"和"远而借之"。"据义而借"就是引申，又称为假借引申。"远而借之"就是据音假借，也就是人们通常所说的假借。其中，"据义而借"的词义引申成为语言学上的一个重要问题，引申被认为是词义运动的基本形式（陆宗达、王宁，1981）。尤其是近年来，学者们从多个角度对词义引申的现象进行了研究，并取得了不少成果。

有关于引申形式的研究，如蒋绍愚（1989）归纳为连锁式和辐射式两种；① 程俊英、梁永昌（1989）分为连锁式、辐射式、连锁和辐射综合式；② 赵克勤（1994）归纳为串联式、并列式和混合式。③ 有关于引申动因的研究，大致可归结为主体世界、客体世界和语言世界三个方面（张志毅，2001）。④ 有关于引申规律的研究，基本上已经达成了共识，如白兆麟（1991）总结了词义引申的一般规律，即由个体到一般、由具体到抽象、由兼到偏、由实到虚；⑤ 陆宗达、王宁（1981）着眼于具体演变规律归纳出古代书面汉语词义引申的三大类八小类——理性的引申（包括因果、时空、动静、施受、反正、实虚）、状所的引申（包括同状、同所）、礼俗的引申；⑥ 徐国庆（1999）立足相关性和相似性，在陆王的基础上归纳出引申式和比喻式，立足相关性的词义引申包括八种：因果引申、时空引申、反正引申、实虚引申、动静引申、状所引申、同属引申和同感引申，立足相似性的词义派生则包括五种：同形相喻、同用相喻、同位相喻、同质相喻和同所相喻，他的这种二分法分别可以对应认知语言学上的转喻和隐喻，从某种程度上实现了词义研究和认知视角的结合。

二 "看"词义发展中的"继发引申"

前人研究词义演变的系列成果为我们提供了借鉴，在构建"看"类词义聚合网络的过程中，我们也发现"看"的词义引申表现出明显的"继发性"脉络，对应各义位在词群中的节点，可以表述如下：

看1⑦　　⟶　　L1 看1　　⟶　　看23　　⟶　　L2 看23　　⟶　　看32
（视觉动作）（获取视觉信息）（思维考察或分析）（形成评判）（态度或情感对待）

---

① 蒋绍愚：《古汉语词汇纲要》，北京大学出版社1989年版，第72—74页。
② 程俊英、梁永昌：《应用训诂学》，华东师范大学出版社1989年版，第52—53页。
③ 赵克勤：《古代汉语词汇学》，商务印书馆1994年版，第87—92页。
④ 张志毅：《词汇语义学》，商务印书馆2001年版，第314—332页。
⑤ 白兆麟：《词义引申及引申推义》，《古汉语研究》1991年第4期，第29页。
⑥ 陆宗达、王宁：《训诂与训诂学》，山西教育出版社1994年版，第113—124页。
⑦ 此处给出的是简化后的词网节点。本章内关于"看"的不同义位节点皆按此方法简化表示。

从"看1"视觉动作发出到"L1看1"获取视觉信息,到"看23"思维对信息进行考察分析,作出评判"L2看23",最后因评价而有相应的态度对待"看32",这些"看"在时间上相继发生,逻辑上递为因果,构成了一个完整的语义延续统。也就是说,这里存在着一种新的引申规律——继发引申,这是以往词义引申研究所未涉及的。我们先来看以下实例:

例1 我看了他一眼。(看1,视觉动作。)

例2 看他在吃饭,我就没打扰他。(L1看1,"看1"的结果——获取视觉信息)

例3 看他吃饭的样子,狼吞虎咽的,很着急。(看23:观察分析)

例1 我看他是要赶时间。/我看不用两分钟他就能吃完。(L2看23:判断/预测)

例5 以后不能把他当闲人看了。(看32:看待)

例1中的"看"是具体的视觉动作,其后的"了"表明视觉动作发生并完成,"一眼"是对动作的量化,这就隐含着施事主体"我"会经由"看"这一动作达到"见"的结果。说话人可以将重心聚焦于行为表述上,不一定要描述结果。例2中"看"后的"到"可以隐去,直接引出视觉行为获取的信息内容"他在吃饭",此时的"看"聚焦于视觉结果,但明显承接视觉动作而来,是"看1"的延续,且与之构成因果关系。例3中的"看"侧重"观察分析",以视觉动作发出并获得信息为前提,是"看1"和"L1看1"的续接行为,而且隐含着某种分析考察结果的产生。例4则是在"看23"考察分析的基础上,做出判断或预测等,在此之后,施事主体可能会对客体采取相应的态度对待,如例5。从例1到例5,我们通过一系列句子,完整体现了"看"以具体的视觉动作义为起点,按时间顺序和逻辑因果关系引申出的一系列词义,这些词义所表达的过程相继发生,层层延续,构成了一个完整的语义延续统。

词义是在语言的使用中形成的,同一个词会因为使用方法不同而形成多项意义,而这些意义是依据一定规则形成的词义引申序列。在意义的联结上，这些词义所表达的过程和事理有连有断或似连似断，在使用过程中人们会聚焦于延续统的某一点上，形成义项。人们使用时常首先激活聚焦点，由于词所描写的对象等不同，在激活聚焦点的同时，有的也同时激活这个延续统的先生（先发生）部分或邻近的后生（后发生）部分，交际时是以某一义项为杠杆激活往往大于该义项的信息。一般词典释义则是对这些聚焦点的析取和描写，有时候词典释义也会将激活点纳入释义范围，如"重视"处在"看32"的下位，聚焦于"态度对待"，但《现代汉语词典》解释为"认为人的德才优良或事物的作用重要而认真对待"，在这里"认真对待"前面的内容便是对其先生部分"评判"的激活，同时也隐含了"评判"产生之前的"考察"过程。

从"看1"到"看21"（读取）或从"看1"到"看22"（欣赏）也遵循了这一规律，如"我在看书"聚焦的是"读取内容"，同时激活"视线投射于书并获取文字符号信息"，"我看风景"聚焦的是"欣赏风景"，同样激活"视线投射于具体风景并获取视觉信息"，只不过由于客体对象的限制，"看21"和"看22"很少会有进一步的续发过程，所以它们和"看1"同时激活的比率非常高，以致《现代汉语词典》将它们都并入了"使视线接触"这一义项。但"看书"和"看风景"可以被替换为"阅读书"和"欣赏风景"是不争的事实，因此，"看21"和"看22"不能并入"看1"。我们说它们很少有进一步的续发过程，并不是说没有可能，当语境赋予它们一定条件时，它们同样可以引申出继发义位，如"看卷子"就将"看22"（读取）延伸到了"分析评判"的阶段，而成为"看21"的邻位变体"L1 看21)"，所以我们也可以说"评卷子、判卷子"等。"看—阅—评"这也构成了一个语义延续统，"评"必须以"看"和"阅"为前提和基础。

另外，在这一延续统上，后生义位的主要激活的是其邻近部分，距离越远，激活度越低。正因为如此，越往后的义位由于离起点"看1"已经有了一定距离，因此较少激活"视觉动作"，如："我把他当弟弟看"，这里的"看"是居于语义延续统末端的"对待"，因此这里的"看"激活"评判"，但使"我"对"他"产生类似"弟弟"评价的信息来源可能是视觉动作，如"我看他年纪小，把他当弟弟看"，也可能是其他来源，如"我看他没爹没娘，把他当弟弟看"，"没爹没娘"可能是听来的信息。尤其是当对象客体为抽象事物时，"看1"的激活可能性更加渺茫，如"我看这个问题很严重",但这并不影响其先生部分"考察"的激活,因此,《现代汉语词典》所列"看"的第二个义项"观察并加以判断"便析取了这个语义延续统上相邻的两部分内容。但其所举例句"我看他是个可靠的人"和"你看这个办法好不好"明显聚焦于"判断或评价",如果要对"观察或考察"进行凸显的话,需要前加"据我观察"或"据你观察",同时表"判断评价"的"看"隐匿。

通过上例,我们可以看出,在某一特定语境中,只能聚焦于语义延续统上的一个义位,其前生后生部分仅作激活。聚焦不稳定的语句就直接导致歧义的产生。如:"我在看杯子。"这里的"看"至少存在着聚焦于"看1"或"看23"两种可能,因此产生歧义,如果改为"我在看杯子怎么样",就将焦点聚集于"看23(考察)"了。至于"看杯子"是为了挑选还是其他目的,则属于语用范围,本书暂不作考虑。

"继发引申"是我们通过考察共时语料,对"看"几个主要义位历时引申的构拟,至于词义的发展是否真的遵循这一脉络,还有待进一步考证。既然是规律就应该可类推,经过考察,我们发现这一引申规律在其他动词的词义演变中也有体现,如:

听:
例6 我在听他们说话。(听1:用耳朵接收声音)
例7 我听他们说要让我去乡下。(听2:听见,是"用耳朵接收声音"的结果)
例8 听他们的语气,似乎很强硬。(听3:分析考察)
例9 你听出来了吗?(听4:判断)
例10 所以咱们只能听他们的。(听5:听从)

例6的"听"聚焦于听觉动作过程,激活相应结果,例7聚焦于听觉动作结果,激活其先生部分听觉动作的发生,并隐含进一步的心理过程。例8以接收到听觉信息为前提,对其展开心理分析或考察,产生判断结果势在必然。例9在分析考察听觉信息的基础上做出判断。例10根据判断做出反馈。从例6到例10,"听"所表示的内容构成了一个环环相扣的完整"听觉—心理"过程:用耳朵接收声音→接收到声音内容→分析考察声音内容→进行判断→心理反馈。可见,从"用耳朵接收声音"为起点,"听"也遵循着"继发引申"规律作出了以上词义演变。

打:
例 11　有人在打门。(打1:敲击)
例 12　他家的门给人打了。(打2:击破)

例 11 的"打"是指"用手敲击"的动作过程,到例 12 则表示"猛力敲击"所造成的结果"击破",隐含了"敲击"过程的发生。

学:
例 13　我在学技术。(学1:学习)
例 14　跟着他可以学不少东西。(学2:学到、学会)

例 13 和例 14 中的"学"也体现了"过程—结果"的演变。比较"跟着他我学了很久"和"跟着他我学了很多",就可以明显反映出"学"的不同聚焦点。

想:
例 15　我在想那天吃饭的情景。(想1:事物在大脑中重新印现)
例 16　我想吃饭了。(想2:希望获取意念中的事物或重复某种经历)
例 17　我得想办法解决吃饭问题。(想3:开动脑筋思索)
例 18　我想在附近找个小餐馆随便吃点儿。(想4:决定,打算)

例 15 中的"想"应该是其本义,"曾经在眼前呈现过的事物在大脑中重新印现"即为"想",重新印现的事物可能会激发"主体的获取欲望,或希望重新经历大脑中出现的某过程",这一义位体现于例 16,要实现愿望就得"开动脑筋思索",如例 17,在思索过后得出结论,"打算"施行某办法来解决问题,如例 18。

通过以上佐证,我们可以初步确定"继发引申"确实在部分动词的词义发展中存在，而且通过这一规律引申出的词义表现出以下特征：

第一，整体延续性：以某个具体的动作义为起点，按时间顺序和逻辑因果关系引申出的一系列词义构成了一个完整的语义延续统。可用符号表示如下：

$$A1 \longrightarrow A2 \longrightarrow A3 \longrightarrow \cdots \longrightarrow An$$

如：看1 ⟶ L1看1 ⟶ 看23 ⟶ L2看23 ⟶ 看32

　　视线接触　　看见　　考察分析　　判断/预测　　心态对待

第二，承前启后性：在具体语境中，聚焦于语义延续统上的一个节点，一般会对其前后相邻节点有一定程度的激活，带有承前启后性。因此，真实语境中的语义内容往往大于义位节点本身。如"我看他人不错"聚焦于"评价判断"，激活"评价判断"产生之前的"考察"过程，并隐含其后的"心态对待"图5—1。

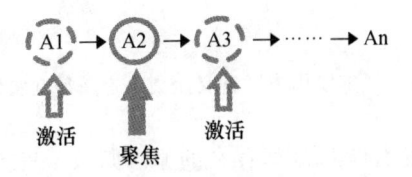

图5—1　"继发引申"词义承前启后激活

实例分析，如：我看他人不错。（见图5—2）

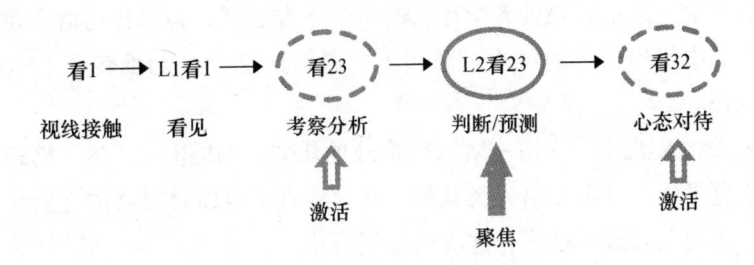

图5—2　"继发引申"词义承前启后激活实例分析

第三，距离决定激活度：在具体语境中聚焦于某一节点时，激活度较高的是其前后邻近部分（尤其是前邻节点），距离越远，激活度越低。如

"我看他今天不会来了"聚焦"预测",邻近的先生部分"考察分析"得到激活,但视觉动作及其结果激活度低(见图5—3):

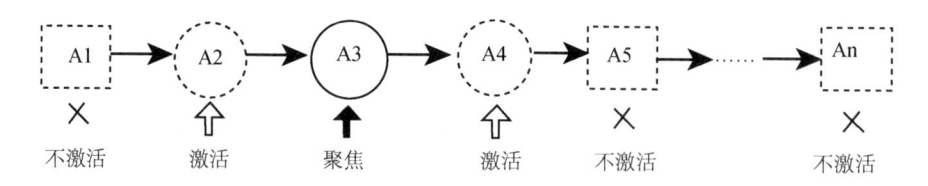

```
A1  →  A2  →  A3  →  A4  →  A5  →  ……  →  An
×     ⇧      ⬆     ⇧      ×              ×
不激活  激活   聚焦   激活   不激活         不激活
```

图5—3　"继发引申"词义距离决定激活度

实例分析,如:我把他当弟弟看见图5—4。

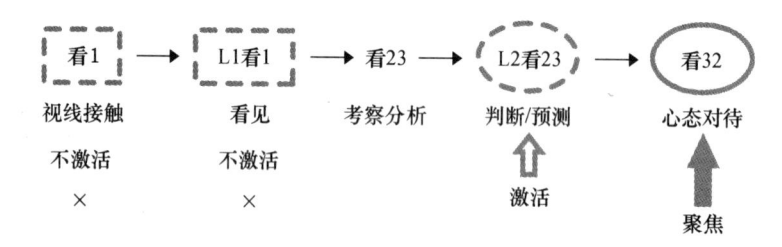

```
看1  →  L1看1  →  看23  →  L2看23  →  看32
视线接触  看见    考察分析  判断/预测   心态对待
不激活   不激活            ⇧          ⬆
×       ×                激活        聚焦
```

图5—4　"继发引申"词义距离决定激活度实例分析

我们认为"继发引申"规律存在的原因归根于三点:

第一,客观世界中"作用—结果"模式的存在。所谓"继发"其实就是客观世界中"作用—结果"的再现,视觉力等作为一种作用力,其发生必然会产生相应的结果,在结果产生之后,又会引发新的作用力及其结果的产生。这是客观世界中存在的一个基本法则,必然会在语言表达和概念形成中得到相应的体现。事实上,语篇连接的"起承转合"也是同样的道理。

第二,人类对"作用—结果"模式的认知。"作用—结果"模式存在于客观世界中,只有经由人类认知,从对客观世界纷繁复杂的经验中进行抽象,才能获知这一模式,并反映于语言中。

第三,转喻思维机制的作用。第四章我们提到,人类认知的"邻近原则"和"凸显原则"成就了转喻思维机制,"继发引申"所形成语义延续统上各义位节点所指过程的"相继发生"便是"邻近",对各节点义位形成起决定作用的"聚焦"便是"凸显",因此,"继发引申"从认知角度来说，是转喻思维机制的产物。

第三节 范畴发展表现为句法功能变化

"看"范畴经历了一个从视觉到心理、从简单到复杂的发展过程，在词汇语义层面表现为义位的增加和词形的多样化、复杂化，词汇语义层面的演变不可能在其内部悄无声息地发生，而必须依托于实际语言环境。尤其是引申义和复音词，它们都是经由某种特定的线性句子语境来产生、定型，最后推而广之的。所以，不同的词义在句子中呈现不同的组合序列。词义和词的分布之间具有密切的关系。一个词无论包含多少种意义，在一定语句中起作用的，往往只是其中的某一个意义。词的不同意义往往会在句法或词汇搭配层面上表现出不同的组合特征。"看"范畴的发展变化在线性句子层面也得到了相应体现。如，指向察知思维结果表述的"看"，体现在词汇语义层是词义发生了转变，体现在句子层面，则是不能带受事宾语，没有表时态的"着/了/过"，一般引入表判断或预测的小句宾语，等等。这些恰恰是机读词典所需要的另一部分重要内容，即与词义信息对应的语法信息，这些信息是帮助机器进行语义识别的形式化标记。因为"上下文语境是计算机区分词语意义的最终凭借，因此信息处理用词语义项区分的依据主要来自词语的句法行为。"（吴云芳、俞士汶，2006）[①] 由此可见句法功能信息的重要性。

在现代汉语中，"看"虽然存在着多个义位，但根据我们构建的同义词群，它所表示的具体行为范畴不外乎视觉、思维和情感三类，对应词群中的"看1、看2、看3"。这三类"看"都主要以表述动作行为过程为核心，在句法功能上稍有区别。其中，表态度对待的"看32"带有一定的状态性质，其句法表现又有不同。另外，在表思维察知过程的基础上，"看"还发展出表思维察知结果的评判和预测义，即"看23"的结果邻位变体"L2 看23"。由于核心指向结果表述，"L2 看23"的句法组合搭配表现出了较大的差异。认知语言学认为这些句法组合特征是由语义决定

[①] 吴云芳、俞士汶：《信息处理用词语义项区分的原则和方法》，《语言文字应用》2006年第2期，第126—133页。

的。句法不是一个自主的规则系统，而是语义结构的常规象征，其实质是一个约定俗成的象征系统，是人类认知客观世界成果在语言层面的映射。句法与词法是不可分的，它们构成象征系统的连续体，只是被人为地切分了。从实质上，它们都是人类认知客观世界成果在语言层面的映射。这就涉及语言象似性的研究。"所谓象似性是说语言的能指和所指之间，也即语言的形式和内容之间有一种必然联系，即两者之间的关系是可以论证的，是有理据的。"（赵艳芳，2001）[1] 最早提出象似性概念的是美国哲学家皮尔斯，他明确指出"每种语言的句法，借助约定俗成的规则，都具有合乎逻辑的象似性"（沈家煊，1993）[2]。从20世纪80年代以来，随着语言与认知研究的兴起，这一话题愈来愈受到语言学家们的关注，赵艳芳在总结国外相关研究的基础上将象似性分为两大类：拟象象似性和隐喻象似性。拟象象似性指句法结构映照认知结构的现象，即当一语言表达式（长短、顺序及构成成分之间的关系）与所表达的概念内容、经验有一致性时，我们就说这一表达式具有象似性质。如："我到食堂吃饭"就用句法结构再现了事件发生的时间顺序及其在人们认知经验中的时间顺序：先"到食堂"，然后"吃饭"。隐喻象似性是指从一个概念投射到另一个概念，从一个认知域映射到另一个认知域的过程，包括隐喻语言的运用、隐喻概念体系等。隐喻象似性的范围极其宽泛，似乎所有概念和语言形式都可以归入其中。因此我们主要运用拟象象似性来解释和挖掘不同"看"的句法功能表现，"看"所拟之"象"就是我们在第三章中提到的"力"的图式。

从视觉到心理，"看"逐渐发生了从具体客观行为向抽象主观行为的转变，当语境中的句子主语与说话人这一言者主语重合时，"看"的主观性得到进一步强化，不再是对主体行为的客观描述，而是对言者主观情态的表达，承担起了"言有所为"的语用功能。如"看摔着"中的"看"表提醒，"看你做的好事儿"中的"看"表责备，等等。此时"看"虽然还有着与行为义保持着若有若无的联系，但表义已经明显虚化，我们认为这些"看"已经进入主观情态范畴，相应的，其句法功能也发生了质的转变。

---

[1] 赵艳芳：《认知语言学概论》，上海外语教育出版社2001年版，第155页。
[2] 沈家煊：《句法的象似性问题》，《外语教学与研究》1993年第1期，第2—8页。

除此之外,"看"还可以表示客观关系范畴,如"这事儿全看你了"中"看"表因果决定关系,"科技兴农看桂阳"中"看"表领域及典型代表关系。"看"所表示的这类范畴产生于特定结构,也必须依托这类结构而存在,因此,句法组合特征也非常有限。

一 表具体行为范畴的"看"

句法功能表现与范畴发展密切相关,因此我们先将"看"所指称的若干具体行为概念从词义聚合网络中抽取出来,列表如下(表5—2):

表5—2　　　　"看"指称具体行为范畴的义位概览

词网节点	义位核心表述	力的图式	典型例句
看1	视线投注	视觉力 =〉具体(过程)	我在看那边
L1 看1	看见	视觉力 =〉具体(结果)	我看他拎了两个袋子
看21	读取(非文字/文字符号)	读取力 =〉抽象(视觉 =〉具体)(过程)	过马路要注意看红绿灯 我喜欢看书
L2 看21)22	评阅	读取力 =〉抽象(视觉 =〉具体)(过程,结果外化)	今年开始用电脑看卷
看22	赏看	欣赏力 =〉抽象(视觉 =〉具体)(过程)	我在看电影/风景
看23	察看	察知力 =〉抽象(视觉 =〉具体)(过程)	你看机器运转得怎么样
L1 看23)210 L1 看23)2100	诊察 诊治	察知力 =〉抽象(视觉 =〉具体)(过程复杂化)	医生给病人看病
L1 看23)24	探望	察知力 =〉抽象(视觉 =〉具体)(过程复杂化)	我去看朋友
L1 看23)25	照看	察知力 =〉抽象(视觉 =〉具体)(过程复杂化)	我在家里看孩子
L1 看23)26	看管	察知力 =〉抽象(视觉 =〉具体)(过程复杂化)	一个狱警看10个犯人
L2 看23)1	评判	察知力 =〉抽象(视觉 =〉具体)(结果)	我看这个小伙子不错

续表

词网节点	义位核心表述	力的图式	典型例句
L2 看23) 2	预测	察知力 =〉抽象（视觉 =〉具体）（结果）	我看明天会下雨
看31	表情达意的看	视觉力 + 情感力 =〉具体（过程）	我不屑地看了他一眼
看32	看待或对待	身体行为或心态对待 + 情感力 =〉具体/抽象（过程）	我一直把他当兄弟看

我们对"看"各义位的区分是基于"力"的图式进行的，因此，要发掘其不同句法功能表现也要从"力"的图式着手。这符合我们语言表达的认知象似性规律。

根据物理学的力学理论，力是物体对物体的作用。力的作用主要涉及以下要素：

①力的性质。

②力的参与角色：施力物体和受力物体。

③力的方向。

④力的量化。

⑤力的方式和强度。

⑥力产生的结果。

以上各要素便是我们分析"看"各义位不同句法功能表现的依据。

（一）视觉 =〉具体

主体对客体的具体视觉行为，通过视线接触客体来实现，因此，视线接触到什么就得到什么信息，非常简单直接。这具有明显的"力"的物理特性，根据物理学的力学理论，力是物体对物体的作用，如"车撞树"、"脚踢球"等都是对"力"的体现和利用。只不过"看"所涉及的"力"是更为抽象无形的"视力"。它不能使受力物发生形变和改变运动状态，但能使施力者得到受力物的视觉信息。

力的作用涉及两个物体：施力物体和受力物体。力不能离开施力物体和受力物体而独立存在。因此，"看1"在句法结构上表现为：

施事 + 看 + 受事。（S1）

这是"看1"的基本句式。主体在前客体在后，也正指明了力作为矢量的方向。如：我看他。"我"是发力的起点，"他"是受力的终点。有时我们也会用"施事＋朝/向＋受事＋看"（S1'）这一变式，但此时隐含着先有施事"视线"方向的调整，然后才有作用力的发生。

视觉力必须以一定的生理条件为基础，因此施力者必须是有视觉能力的生命体，这是对S1中"施事"的定性（注：电子眼或摄像机的"看"是仿生学产物，只是"记录"）。由于受到生理条件的制约，视觉力所能作用的对象也有一定限制，受力者必须是具体的人、物或方位，包括动态的人或物（在基本式中以小句宾语形式出现）。这是S1中"受事"的定性。

力是矢量，不光有方向，而且可以量化，力持续时间的长短和重复次数的多少也会影响到作用力的效果，视觉行为也是如此。当人们想获取更多更确切的信息时，会对客体看久一点或多看几"眼、次、遍"，反之则持续时间短，重复次数少。因此有扩展式：

　　　　施事＋看＋受事＋时量/动量。（S1b）

另外，力的量化还可以通过方式和强度来表现，如"狠狠地打"、"重重地踢"。"看1"也可以用表方式和强度的词来修饰，如：瞪着眼睛看，仔细地看。

力可以持续，在时间轴上表现为过程，作用力的发出为起点，作用力的停止为终点。因此，视觉动词"看1"可以有：

　　表起点及持续：开始看，看起……来
　　表持续：（正）在看，看着，看下去
　　表终点：看了、看完
　　在完结之后的某个时间点上回顾此过程：看过

力对物体的作用是以其作用效果表现出来的。视觉力的作用效果是施力者得到受力物的视觉信息。这实际上是靠受力物的反作用力，就好比"车撞树"时，对车产生影响的反向冲撞力。因此视觉动词"看1"后的结果补语一般是指向施事的,"看"的直接效果"见"和表示程度的"清楚"。这是视觉力的典型结果。当这种反作用力得到强化,并达到一定程度时,会使施力者发生状态改变,如:我看累了,眼睛看花了。同样,当视觉力的作用力强化到一定程度时,也可以使受力者发生状态改变,这是视觉力的非典型结果。如:你看得她脸都红了。有时还会用"把"来凸显作用力对受事的强度。如:你把她看红了脸。此时"你"和"她"的身份是明显的,分别为"施事"和"受事"。但有时候则不甚明显,如"他看得我脸都红了",到底是"他看我,使得我脸红了",还是"我看他,使得他脸红了"? 这需要结合上下文来分析。而导致这一歧义产生的原因,就是视觉行为的作用力和反作用力均可得到强化。

由于作用力不论强弱都会产生一定结果,因此视觉动词发展出一系列表述视觉行为结果的扩展式。视觉行为的直接结果是"见",因此"看1"的过程结果表达基本式为:

施事 + 看 + 受事,见 + 受事/受事信息。(S2)

如:"我看他,见他了"(虚构)或"我看他,见他个头高高的"。这一结构严格地遵循着"作用—结果"的顺序进行描述,实际上是两个图式的对接。但由于"见"是"看1"的直接结果,联系非常紧密,根据认知的接近原则,人们往往把二者看成一个整体,将两个图式重叠起来,从而将 S2 简化成:

施事 + 看见 + 受事/受事信息。(S2a)

如:"我看见他了","我看见他个头高高的"。如果要对结果进行程度凸显,则可用表程度的词替换直接结果"见",表述为:

施事 + 看 + 结果程度 + 受事/受事信息。(S2b)

如:"我看清楚他的脸了"、"我看清楚他脸上有颗痣"。当受事信息出现在句中时,其凸显度一般高于结果"见"及其程度"清楚",会以小句的形式独立出现,如:"我看见/清楚了,他脸上有颗痣"和"他脸上有颗痣,我看见/清楚了"。

作用力一经发出,不论强弱都会产生一定结果,有按施力者意愿发生的结果,如"看见、看清楚",也有不符合意愿的"看不见、看不清楚"等典型结果,也有与施力者意愿无关的非典型结果,如,"看累、看红了脸"等。作用力能否发出,发出后能否产生符合主体意愿的结果,这就产生了对作用力可能性的表述。在句法上体现为可以带"得"类可能补语及相应否定式,如:看得//不了,看得//不得,看得//不见,看得//不清楚。这种可能性与主体的能力和客体的性质有关。如:

　　小李眼睛很近视,看不了这个,小王眼睛好,他看得了,还能看得很清楚。
　　这是你奶奶的命根子,你看不得。那个没这么稀罕,你看得。

非典型结果与主体的意愿无关,一般不涉及作用力可能性的表述,因此很少带"得"类可补语。只有在极少数情况下会出现,如"她脸皮太薄了,一眼就看得红";"这玩艺儿太小了,再好的眼睛也看得花"。

通过以上分析,"看1"在句法上的表现可大致归纳如下:

①表示具体的视觉行为动作,是典型的谓词性成分,连接施事主语和受事宾语。

②施事受事定性,施事主语为有视觉能力的生命体,受事宾语必须是具体的人、物或方位,包括动态的人或物(在基本式中以小句宾语形式出现)。

③可持续(有起点/过程/终点)。"看"在句中可以和"着、了、过",以及"开始、(正)在"等搭配,表示动作的时态。如:

　　我看着妈妈操劳的身影,不禁泪眼模糊。
　　小王朝墙角的书架看了一眼,便径直走了过去。
　　我看过你小时候的照片,跟现在大不一样。
　　我在看他们家的厨房。

④可量化(时量/动量/方式/强度),可以搭配时量结构和"眼、次、遍"等构成的动量结构,可重叠。还可以前接用表方式和强度的词做状

语或构成连动结构。如：

> 我看了他好一会儿，他居然不知道。
> 他进门就把每个人都仔细地看了一遍。
> 你的照片我看过两次。
> 看看指尖已经燃尽的万宝路，他知道这是最后一支了。

⑤有结果（典型/非典型），有可能性（可能/不可能）。可以直接跟"见、到、清、清楚、准"等典型结果搭配构成动补结构，也可以插入"得/不"构成可能补语。但非典型结果一般没有能性表述。如：

> 我看见灰喜鹊了。
> 在昏暗的路灯下，他看不清楚对方的脸。
> 隔那么远，你看得准吗？

⑥有方向。可以前接有指向具体视觉动作方式和表视觉朝向的修饰语"朝/向……"或后接"向……"如：

> 听见鸟叫，我朝窗外看了两眼。
> 我看向窗外。

作为"看1"结果邻位变体的"L1看1"虽然也属于视觉行为范畴，但它只表示视觉行为的结果。也就是说，在整个视觉行为图式中只截取了"视觉信息获取"这一瞬时的结果反馈。所以"L1看1"的句法功能表现不同于"看1"，主要表现为：

①视觉信息是表达的焦点，所以宾语一般是对视觉信息进行整体详尽描写的小句，而不能是简单的受事宾语。

②不可持续、不可量化，不能带"着、了、过"以及时量动量等成分。

③结果是显性客观的，即"见"，且已内化涵盖在"L1看1"本身的词义之中，所以不另带结果补语和能性成分。

④不凸显方向属性，不带"朝/向"等修饰成分。

（二）思维＝〉抽象

由于视觉与思维的紧密联系，主体在用视线接触客体的同时，也在用思维处理客体相关信息。我们可以将这一过程简化为"视觉＋思维＝〉具体"。如果说视觉动词的行为力是视觉行为主体对客观现实世界通过视线的接触、获得，其同步的思维处理就是视觉主体基于自身的已有体验、文化背景、情感态度和价值取向对视觉对象的分析、评价、判断和推测等。这些思维处理也是作用力的一种，而且它们依附于视觉力而产生并存在，因此共享着视觉力的某些特征，但也因其更抽象、更隐蔽而具有区别性特征。我们将思维作用力称为"思维力"。思维力非常错综复杂，由于思维力的参与，我们现将"视觉＋思维"进行分类讨论。

1. 读取力＝〉抽象（视觉＝〉具体）

综合了视觉力和读取思维力的"看"仍然涉及施力物体和受力物体，两种力所作用的客体其实有差别，前者为物体，后者为视觉所获取的物体符号能指信息。但由于两种作用力几乎同步发生，在人们的印象中，往往将它们合而为一。我们先进行整合式分析，在句法结构上沿用视觉力的基本式，将其基本图式表示为：

施事＋看＋受事。（S1）

这是"看21"的基本句式。

施事的定位从有视觉能力的生命体发展成有视觉能力及读取思维力的生命体。受事的定位则为符号及其表现形式，包括图像符号类（如红绿灯、箭头、数学公式、地图、时钟等）和语言符号类（与视觉相关的存在形式为文字，依托书、报、杂志等纸质媒介或电子媒介进行展示）。

关于"看21"作用力的方向性，视觉力有明显的方向，但思维力则较弱，如果有"施事＋朝/向＋受事＋看"的句法表现，此时的"看"偏重于视觉力，动作性较强，读取力较弱，试比较"他朝那本书看"和"他看那本书"就可以发现这一差异。因此，从"看1"到"看21"，方向性相对减弱。

关于量化，"看21"不仅涉及视觉力的量，还加入了思维力的量。从时量来看，由于多了思维读取，"看21"过程本身所耗费的时间就要长于单一的视动。再加上符号一般是以群体形式出现,所指信息有一定的潜伏性,使得读取过程得到进一步延长。因此,"看21"的时量性比"看1"强。相应的,与"看1"共现频率较高的动量表述"一眼"、"几眼"等不再是"看21"的典型动量表述,取而代之的是突出过程及范围的"遍"。当人们想从同一客体上读取更多内容时,虽然也可以用延长作用时间来实现,但更多的是通过增加作用过程的次数来达到目的,如"我看《红楼梦》看了三遍"和"我看《红楼梦》看了三个月",第二句表达的可能是"《红楼梦》太长,我花了三个月",并不一定表示主体向获得更多信息的目的。

再考察"看21"作用力的方式和强度。"看21"同样可以用表方式和强度的词来修饰,但增加了更多描述心理的抽象成分,如:全神贯注地看,专心地看。突出动作的具体方式"瞪着眼睛"等则出现机会不大。

在持续性方面,"看21"和"看1"相差不大,在句法表现上也大致相同,故不赘述。

"看21"和"看1"最显著的差别表现在作用效果上。"看1"的作用效果是得到受力物的视觉信息,来源于视觉力,"看21"的作用效果是获取受力物的内在所指信息,直接来源是思维力。因此,虽然"看21"后的结果补语也是指向施事的,但其直接效果不再是"见"或"清楚",而变成"懂"或"明白"等。另外,由于思维力要获取的所指信息隐藏在内部,人们的认知经验可以将客体看成是一个相对封闭的空间,所指信息存在于这个空间内部,进到这个空间内部就能得到这些信息,古语云"书中自有黄金屋","书山有路勤为径"就是这个道理。所以"看21"又有"看进去"这一结果表述,如:"这本书看进去很有意思。"可是,读取者本身也可以看成是一个容器,用来容纳获得的所有信息,因此"看进去"又有另一层意思,如:我脑子一片混乱,什么都看不进去。这里用"进去"而不用"进来",说明在人们的经验中,用来容纳信息的这个容器虽然是主体的一部分,但具有相对独立性,因其无法捉摸而在感觉上有点遥远。

上面说的"看懂、看明白、看进去"都是"看21"作用力的典型结果,当作用力达到一定强度时,同样可以产生非典型结果,除了"看累、看花眼",指向施事的还有"看上瘾、看入迷、看糊涂"等对思维的影响结果。指向受事的非典型结果不多见,在语料中找到少量,如"地图看旧了"、"书看厚了"等，但例句中使受事"地图"和"书"发生状态改变的并不是视觉力和思维力，而是身体的辅助动作"翻"。可见，有思维力参与的"看21"对主体的影响远远大于"看1"。

"看21"的过程结果表达基本式为：

施事+看+受事，懂/明白+受事/受事所指信息。（S2）

简式为：

施事+看懂/明白+受事/受事所指信息。（S2a）

如："我看这本书，明白了书里的内容"；"我看明白了这本书里的内容"和"我看明白了这本书"。

和"看1"一样，"看21"也有作用力可能性的表述，在句法上可以带"得"类可能补语及相应否定式，如：看得//不了，看得//不得，看得//不下来，看得//不下去，看得//不过来，看得//不懂，看得//不明白，看得//不进去。这些可能性与主体的视觉能力、思维读取力以及客体的性质、难易程度相关。如：

奶奶要戴眼镜才看得了书。（与主体的视觉能力相关）
他没上过学，看不了《人民日报》。（与主体的思维读取力和客体难度相关，侧重前者）
这本书比较浅显，小学生都看得懂。（与主体的思维读取力和客体难度相关，侧重后者）
那种书可看不得。（与客体的性质相关）
这么多文件我一个人看不过来。（与客体难度相关）

暂未发现非典型结果的可能性表述。

通过以上分析，"看21"在句法上的表现可大致归纳如下：

①表示具体的行为动作，是典型的谓词性成分，连接施事主语和受事宾语。

②施事受事定性，施事主语为有视觉能力及读取思维力的生命体，受

事宾语为符号及其存在载体，主要是文字资料类。

③可持续性同"看1"。

④时量性强，动量突出过程，可与较长时量的词语（如"月、年"）以及带有过程范围性质的动量词（如"遍"）搭配。

⑤表方式强度的状语修饰语更多地用描述心理的抽象成分。

⑥作用效果凸显思维特性，其典型和非典型结果补语不同于"看1"。

⑦可能性与主体的视觉能力、思维读取力以及客体的性质和难易程度相关。句法上可以带"得"类可能补语及相应否定式。

⑧方向性较弱，无"朝/向"搭配。

在"看21"的基础上，主体目的发生迁移，不光是读取内容信息，而且要对客体内容有所评判，而产生复杂邻位变体"L2 看21）22"，如：看卷子、看稿件、看校样。施事定位增加了权威性，受事则增强了被支配意味，其句法表现与"看21"大致相同，只是其直接结果补语更多地使用"看出来"，指向评判结果的产生。

2. 欣赏力 =〉抽象（视觉 =〉具体）

"看22"是视觉力和欣赏思维力的综合，视觉力作用于物体，欣赏思维力作用于物体的视觉信息。因两种作用力发生的时间间隔微乎其微，故进行整合分析。句法结构基本式沿用"看1"：

施事 + 看 + 受事。（S1）

施事的定位为有视觉能力及欣赏思维力的生命体。受事定位为感官刺激程度较高的事物，如比赛、表演、景物、新奇事物等，可分为无声静止类（如风景名胜、书画等艺术作品）和有声动态类（如比赛、表演、电视电影节目）。两类不同受事的性质对作用力有要求。对无声静止客体的作用力有点类似于"看21"，而有声客体则要求主体动用视觉及听觉来获取信息，不同性质的信息还需要由不同的思维进行处理。

"看22"的受事宾语也存在一些比较特殊的情况，如"看时髦、看新鲜、看热闹"。由于处在宾语位置，一般认为"时髦、新鲜、热闹"已经发生了名物化，"热闹"因使用频率高在词典中专列义项：

热闹：（3）（~儿），名，热闹的景象：他只顾着瞧~，忘了回

家了。(《现代汉语词典》2005年,1143页)

我们可以肯定语料中还会产生更多类似的表达,"看+性状"其实是通过视觉等获取客体信息,从中提取某种性状让主体得到乐趣或享受。"看热闹"还隐含了主体置身事外的心态。

"看22"作用力的方向性也因受事的分类而有区别。对无声静止客体的作用力方向性比较强,与"看1"大致相当,对有声动态类客体的作用力方向性较弱,略强于"看21"。这是因为方向性主要来源于视觉力,人们在欣赏风景名胜和书画作品时,视觉力所涉及的范围相对较为宽广,视线可以在此范围内灵活地改变作用点,因此具有较强的方向性。而比赛、表演、电视电影节目需要保障声音信息的有效传递,一般都限制在固定的小范围内,视线得不到较大的伸展,同时不受方向影响的听觉力还可以帮助获取信息,使视觉力的作用效果大打折扣。所以,风景可以"游览",比赛表演只能"围观"就是这个道理。

"看22"可以用时量和动量进行量化。由于欣赏不需要进行符号解读,"看22"作用过程本身所用的时间应介于"看1"和"看21"之间。具体到实际作用过程,则取决于主体的意愿和客体的时间属性。一般说来,风景书画类没有时间限制,主体可根据自身意愿决定作用过程的持续时间。如:"那件古董是他的至爱,他每次一看就是大半天。"也可以增加"看"的次数来获取更多享受,如:"漓江太美了,他乘船看了三遍。"比赛表演类大多有时间限制,主体要想从同一客体上享受到更多,只能通过增加作用过程次数来实现,如:"这部电影他看了好几遍。"

由于客体为感官刺激程度较高的事物,"看22"既可以用突出眼部方式的"瞪着眼睛看"等,也可以用描述思维的"专心地看",还可以用"开心地看"等表述心情的抽象成分,因为"看22"作用力的目的和结果都是为了从视觉欣赏中获得享受。

关于持续性,"看22"与"看1"相似。

"看22"区别于其他"看"的关键也在其作用效果上,即主体感官得到享受或乐趣,直接来源是欣赏思维力。但"看22"很难找出与"看1"的"见"或"看21"的"懂、明白"类似的直接结果补语,这里所说的"直接结果补语"是指与作用力联系最紧密、最自然,只要作用力顺利发出就能产生的结果,它们以补语的形式直接与作用力动词结合的频率非常高，有一定的词化倾向，如"看懂"，有的已经结合成词，如"看见"。虽然在语料中我们也找到了一些表示"看22"结果且能直接出现其后的表述，如："看高兴"、"看好"、"看舒坦"、"看 High"等，但都不够直接结果补语的标准。另外，在其后也可以出现"见"、"懂"，如："那边的风景真美，你看见了吗"和"我没看懂这部电影"。但此时第一句的"见"是对视觉力结果的描述，第二句的"懂"是指向读取力，都不是思维欣赏的结果。究其原因，可能是因为欣赏比视觉感知和内容读取更为主观，不同的人欣赏同一事物，或同一个人在不同时间、不同心境下欣赏同一事物，所产生的感觉差异度可能很大，而且所获取的感官享受或乐趣也更为抽象，难以用一两个标准来描述和衡量。从"看1"到"看21"再到"看22"，所产生作用效果的抽象度越来越高。我们还发现"看21"和"看22"有一定程度的交叉，欣赏力在很多时候是建立在读取力的基础之上的，如电影、艺术作品等，主体需有一定的读取思维能力，才能从中获取到乐趣和享受，如果"看不懂"，则仍停留在读取阶段。从另一个角度看，由于读取和欣赏同属思维范畴，具备这两种思维能力的主体在读取某些语言文字作品的同时，就伴随着欣赏思维力的作用，因此有"赏阅佳作"之说。"看22"的典型结果非常丰富，大多数表心理状态的形容词都可以用来表述，如"高兴、悲伤"，"轻松、惬意"，"满意、舒畅"，"激动、兴奋"，等等，都是指向施事在欣赏力作用下产生的心理感受。由于作用力强度超出一般而产生的指向施事的非典型结果则有：指向施事心理的"看腻、看厌、看呆、看入迷、看上瘾"，指向施事身体的"看累"（注："看累"也可以知身心俱累）。

在视觉欣赏过程中因伴随其他感官或作用力而产生的结果，如："看声乐表演看得我耳朵发麻"；"看比赛看得嗓子也哑了，手也拍肿了"。

还有指向受事的非典型结果，如："好风景都被人给看坏了"（指人在观景时一些不良行为对景区造成的破坏）；"你都快把这部片子看烂了"（这里是用隐喻手法将"片子"实体化，对具体物使用次数越多，磨损就越大，用"烂"来隐喻视觉欣赏力对影片作用次数多），这都是由主体作用力的伴随方式和强度造成的。由于"看22"没有直接结果补语，其过程结果表达没有形成基本式。

"看22"也有作用力可能性的表述，在句法上可以带"得"类可能补语及相应否定式，如：看得//不了，看得//不到，看得//不成，这些可能性与主体的欣赏思维力（含一定读取力）以及客体的性质状态有关。如：

　　我看不了这种地方色彩太浓厚的剧目。（与主体的思维欣赏力和客体性质有关）

　　谁能看得到这小石屋的美呢？（与主体的思维欣赏力和客体性质有关）

　　如果下雨的话，我们都看不成球赛了。（与外部条件有关）

非典型结果的可能性表述，如："一天十遍地看，再好的片子也看得腻。"

通过以上分析，"看22"在句法上的表现可大致归纳如下：

①典型的谓词性成分，连接施事主语和受事宾语。

②施事受事定性，施事主语为有视觉能力及欣赏思维力的生命体，受事宾语为感官刺激程度较高的事物及事物突出性状。

③可持续性同"看1"。

④时量和动量与"看21"大致相当。

⑤表方式强度的状语修饰语可以用凸出眼部方式的具体成分，也可以用描述思维以及表述心情的抽象成分。

⑥作用效果具有较强主观性，个体差异大，没有直接结果补语，大多数表心理状态的形容词都可以作典型结果补语。非典型结果补语也很丰富。

⑦可能性与主体的欣赏思维力（含一定读取力）以及客体的性质状态有关，在句法上可以带"得"类可能补语及相应否定式。

⑧方向性与视觉参与程度成正比。

3. 察知力 =〉抽象（视觉 =〉具体）

察知类思维比读取类和欣赏类复杂得多，先看以下例句：

例1 我在看房子。（分析/考察）

例2 我看这些房子都不错。（评判）

例3 我看这些房子都卖得掉。（预测）

事实上，"分析/考察→评判/推测"是一个完整的思维察知过程，在这里，视觉作用为其提供相关信息原料，一得到信息原料，"分析"便开始起作用，它所产生的结果可能以"评判"和"预测"的形式出现，"评判"或"预测"结果的产生便意味着整个思维作用过程的结束。视觉作用是起点，分析是过程，评判和预测是终点。以上三个例句表明，"看"可以是这一完整过程的部分截取。

"看23"综合了视觉力和分析力，我们对其进行整合分析，原因同"看21"和"看22"。其句法结构基本式依然沿用"看1"：

施事＋看＋受事。（S1）

事实上，由于"看23"图式核心已经转移到"分析/考察"，所以"看"不一定依赖于视觉，察知力所作用的表层信息有不同的来源，如：

看衣服的触感（触觉）
看菜的咸淡（味觉）
看外面吵不吵（听觉）
看花香的浓淡（嗅觉）

根据察知客体信息的类型及复杂深浅程度，主体所需动用的思维分析力有不同层级，如：

看衣服的颜色
看衣服的式样
看衣服的质量
看衣服的销售前景

以上四个例子中的客体内容从单一到综合、从表层到深层、从具体到抽象，相应的思维分析力也从性质上由浅到深，程度上由弱转强。对"销售前景"的"看"已经进入了非常抽象的层面，不直接涉及具体感官的参与，可以表述为纯粹的心理过程：察知类思维 =〉抽象，是思维主体基于自身的经验、文化背景、情感态度和价值取向对抽象事物的分析、评价、判断和推测等。

所以，"看23"施事定位为有分析能力的生命体。受事则可以是具体人或物，如"看人、看房子"；人或物的某方面属性，如"看伤势、看地形"；人或物的动态发展情况，如"看屋里的动静、看洪水的流势、看他的言谈举止"。还可以是纯粹的抽象事物，如"看问题、看立场"；抽象属性，如"看能力、看出身"；抽象物的动态发展情况，如"看文学的走向、看时尚流行趋势"等等。后面这些"看"就是具体视动的隐喻用法。

"看23"因凸显思维分析而具体方向性较弱，但在人们经验中，分析就像视觉观察一样，主体是可以改变方位的，因此有"要从不同角度看事物"的说法。因此，"看23"具有一定的思维方向性。

关于作用力的量化，"看23"不仅涉及视觉力的量，还加入了思维力的量。从时量来看，由于分析本身就是一种过程，具有明显的时量性。相应的，其典型的动量表述也是突出过程的"遍"。

关于作用力的方式和强度。由于视觉力的作用减弱，"看23"一般可用表心理方式和强度的词来修饰，如："仔细看、认真地看"，即使是突出动作的具体方式"瞪着眼睛"等也具有隐喻性。如"收房的时候可得瞪大眼睛看"，这里的"瞪大眼睛"喻"仔细"。

"看23"是有起点的过程，在语义上可持续，可以用"开始看，看起……来"表起点及持续；用"看了、看完、看好"表过程结束；用"看过"来表示经验上的回顾。但在表持续时，一般用"（正）在看"，较少用"看着"。这主要是因为"看23"图式中，视觉力所占的比重往往较低，有时甚至无须依托视觉，比如"看问题、看形势"。其后如果是抽象程度较高的受事宾语，基本不用"着"。

"看23"的作用效果是获知受力物的隐藏信息，直接来源是思维分析。作用效果有指向施事心理的"看明白、看清楚"，但在语料中我们发现，"看23"直接结果补语更多用"出"、"出来"、"到"，在这里"出"和"出来"运用了"客体即容器"的隐喻，通过分析作用力，使隐藏信息从容器中呈现出来，这个过程就像"挤牙膏"。"到"则运用了"到达即获得"的隐喻，隐藏信息未知则距离主体较远，隐藏信息到达主体处即获知。另外，还有对结果进行描述的"看准、看错"等，以及指向受事的"看破、看穿、看透"。这些补语的使用条件不同，"看出、看出来"普遍适用于所有察知分析，"看清楚、看明白、看准、看走眼"不能用于与视觉力无关的察知，"看破、看穿、看透"一般用于思维分析力较强的察知。如：

我看出他不是真心想娶阿莲。
他表演的魔术被人看穿了。

"看23"也可以产生非典型结果，除了"看累"，指向施事的还有一个较特殊的"看走眼"。其实"看走眼"意指"看错"，但它用的是描述施事工具状态的"走眼"，试分析其来源，"走眼"应与"走调"同源，"走"有离开、脱离义，因此"走眼"可以理解为"眼睛脱离了原本的视觉职责"从而获取了错误的内容。指向受事的非典型结果暂未见于语料。

"看23"的过程结果表达基本式为：

施事+看+受事，明白/清楚+受事/受事所指信息。（S2）

简式为：

施事+看+结果+受事/受事所指信息。（S2a）

如："将军看清楚了敌军所处的地形"。

"看23"也有作用力可能性的表述，在句法上可以带"得"类可能补语及相应否定式，如：看得//不出，看得//不出来，看得//不到，看得//不明白，看得//不破。这些可能性与主体的思维分析能力以及客体信息的隐藏深度相关。

暂未发现非典型结果的可能性表述。

通过以上分析，"看23"在句法上的表现可大致归纳如下：

①连接施事主语和受事宾语。
②施事受事定性，施事主语为有视觉能力及分析力的生命体，受事宾语可具体可抽象。
③可持续性突出思维特征，一般用"正（在）"，很少用"着"。
④时量和动量与"看21"大致相当。
⑤表方式强度的状语修饰语一般用表心理方式和强度的词。
⑥作用效果的描述注重隐藏信息的挖掘和捕捉，较多用于容器隐喻相关的直接补语（如"出来"），以及表命中和贯穿的补语（如"准"、

"透")。

⑦可能性与主体的思维分析能力以及客体信息的隐藏深度有关，在句法上可以带"得"类可能补语及相应否定式。

⑧方向性较弱，有一定的思维方向性，一般用"从……角度"来表示。

"看23"的结果邻位变体"L2 看23）1"和"L2 看23）2"分别表示"评判"和"预测"，作为分析的结果表现，它们都隐含了思维过程的发生，自身并不产生作用力，但重在凸显主体在思维考察之后所产生的结果，其作用是引出评判和预测的内容，没有受力物，因此在句法上它们虽然仍作谓语，但无受事宾语。它们也不具备力的量化特征，因此不受时量动量修饰，无方式强度的区别，在语义上不可持续，不能带"着/了/过"，也没有"开始看、看下去、看完、看过"等用法。它们在句法上的表现大多是"主语+看+小句宾语/动词宾语/形容词宾语"，因为表述分析的结果就是其存在的价值。如：

我看他人不错。（评判）
我看行。（评判）
老李看小王迟早要发达，就处处献殷勤。（预测）
我看不会下雨了。（预测）

区分"L2 看23）1"（评判）和"L2 看23）2"（预测）的方式，则是根据其后小句或动词性短语中是否带有"将、要、会"等表将来的副词，有则是"预测"。当说话人要强化评判和预测的内容，弱化作出评判及预测的主体时，也可以用"看起来、看上去、看来"引入，主语"我"不出现，如"我看这衣服的质量不错"可以表述为：

看起来这衣服质量不错。
看上去这衣服质量不错。
看来这衣服质量不错。

另外，"我看、看起来、看上去、看来"等在句中的位置非常灵活，可以出现在句首、句尾和句中，如"我看这衣服质量不错"、"这衣服质量我看不错"、"这衣服我看质量不错"、"这衣服质量我看不错"。究其原因，可能是由于"我看"等已经在无数次的重复使用后，变成了说话人引出评判内容的固定提示语，无论它们被置于评判内容之前、之后，还是插入其间，都不会影响评判内容的顺利表达。

在察知的基础上，人们还因为目的的复杂性而加入其他行为，使"看23"产生了若干复杂过程邻位变体，这些变体的句法功能也表现出一定的特点。

"L1 看 23）210"（诊察）和"L1 看 23）210"（诊治）施事特定为医生，受事为病人或疾病，施事对受事的作用力方向是内在固定的，也就是说语义指向非常明确，因此施受事在主语宾语位置上的出现情况非常灵活，施事处于宾语位置也不会改变作用力方向。如：

> 我去看医生。（施事处宾语位置）
> 李医生看了一天的病，累坏了。（施事处主语位置）
> 他的老毛病居然看好了。（施事不出现，受事处主语位置）

但比较"我去看医生"和"我去看李医生"，我们发现后者有歧义，可以理解为"探望"。因为"李医生"具体到了某个特定的人，极有可能与"我"熟识，联系两者的作用力不一定是"诊疗"。由于受事特定为病人或疾病，"看"后带表示门诊类别或疾病所处身体部位的名词作宾语也不会影响理解，如：看急诊、看眼科、看口腔。

"L1 看 23）210"（诊察）和"L1 看 23）210"（诊治）是一个完整过程的两个部分，诊察是为了治疗，治疗要先经过诊察，它们的区别在于：诊察只涉及察知，治疗则突显对疾病的消除作用力。在句法上体现为直接结果补语的不同，"L1 看 23）210"是"看出、看出来、看明白、看准"等，"L1 看 23）210"是"看好（指向病人）、看没（指向疾病）"等。如：

> 医生看出来他得的是支气管炎。（诊察）
> 医生看好了他的支气管炎。（诊治）

"L1看23)24"(探望)施受事的定位突显两者之间的情感关系,通过受事的性质表现出来,一般为亲人、朋友、长辈、弱势群体等特殊指人名词。如:

> 有时间要多回家看看爸妈。
> 这位人大代表每年都到社区看孤寡老人。

此外,"L1看23)24"(探望)施事对受事的作用力除视觉力、思维察知,还加入了言语沟通、情感力,有的甚至还辅以赠予行为。由于作用力比较复杂,产生的结果也表现出综合性,在句法上很难用结果补语表述出来,所以"L1看23)24"一般有没有直接结果补语。如果一定要表述结果的话,多半在过程表述之后用句子描写出来,如:我去看朋友,她很高兴。

"L1看23)25"(照看)和"L1看23)26"(看管)都表示施事对客体情况进行察知的同时,还处于责任或情感因素对客体作出相应的行为处理。"L1看23)25"强调"照料",受事如果是生命体,一般为自理能力相对较差的老弱病残孕或动物,如:"看孩子、看羊"。还可以是需要料理的事物,如:"看店、看菜园子"。"L1看23)26"强调"管制",受事一般为自制力相对较差的人或动物,如:"看犯人、看牛",还可以是存在自制力较差人或动物的处所,如:"看牢房、看猪圈"。很多情况下可以从宾语的类型来区分二者,当宾语为犯人、监狱等时,一般为"监管",宾语为家人、病人等时,一般为"照看"。如:

> 老公负责赚钱养家,我就在家看孩子。
> 一个狱警看20个犯人,任务挺重的。

但"L1看23)25"(照看)和"L1看23)26"(看管)的边界并不是特别清晰,所以"看牛、看猪圈"可以是"照看牛/猪圈",也可以是"看管牛/猪圈",它们的细微区别体现在其后直接带的结果补语上,"L1看23)26"强调监管,可以用"牢、紧、住"等,"L1看23)25"表"照看",一般不带这类补语,常用"看好"。正因为"L1看23)26"带有较强的控制意味,所以它以把字句形式出现的几率比较高,如:

这孩子太野，你得把他看牢了。
把钱包看紧，别让人偷了。

另外，两者的差异还表现在方式描述的不同，"L1 看 23）25"突出"细心、精心"，"L1 看 23）26"则需要"严格"。

表照看和看管的"看"已经表现出很强的独立性，甚至用语音的变化来体现区别，主要是区别于纯粹的视觉行为"看1"和表"探望"的"L1 看 23）24"。有时表"照看"和"看管"的阴平"看"和去声"看"可以通用。

（三）视觉+情感=〉具体

视觉不仅与思维联系密切，也和情感交织在一起，"看"也可以表情达意。当人们需要用眼睛表达情意时，视觉行为不可避免地发生，我们将这一过程简化为"视觉+情感=〉具体"。情感表达也是作用力的一种，我们称之为"情感力"。情感力作用于客体，不关注客体是否有所回应，我们将之统称为"看31"。

情感力也涉及施力物和受力物，对应句法中的施事和受事，"看31"施事为有视觉能力和情感的生命体。受事可以是任何具体的人、物或方位。与情感力共同发生作用的视觉力有一个特点，就是淡化作用结果，只要能使主体视线接触客体，视觉力的任务就算完成，是否获取到客体的信息并不重要。如："她深情地看着母校，泪眼模糊"。

情感力虽然是内在的，但是有很强的针对性，方向性较强，"看31"可以与"朝/向"等搭配，情感力可以量化，由时量和动量搭配来体现，量词多为名量词"眼、下"，不用或少用"遍、次"等。如：她不屑地朝那女人看了一眼。由于情感义还没有内化到"看"的词义中去，表情感内容的修饰语成为凸显情感力的最常见方式，如"深情地、怒气冲冲地"。因此，"施事+情感方式+看+受事"成为"看31"的常用表达式。情感力的强度一般也隐含在方式之中，如"深情"的"深"，"怒气冲冲"的"怒"。

情感力可持续，带"着"的频率非常高，但很少有表起点、终点和经验的"开始看、看完、看过"，其他表持续的"看下去、在看"也比较少见。如果带"了"表完成，一般要搭配时量或动量补语出现。

情感力的作用效果是情感的宣泄，只要主体发出情感，效果就得到了实现，因此描述作用力过程的同时也表明了结果。所以"看31"没有专门的结果补语。但主体作用于客体之后，客体有时会有所反应，有时会用"得+小句"来表述，如：

我当时什么也没说，只是一直看得她哭为止。
他那异样的目光看得她诚惶诚恐。

这种情况较为少见，一般在紧随作用过程描述之后，以独立小句形式表述出来，如："我看了她一眼，她摇了摇头。"或者在表达作用过程之前，先将客体的本来状态进行描述，如："他刚要插嘴，妈妈看了她一眼。""看"的结果"使他停止插嘴行为"隐含其中。

在产生非典型结果的时候，也可以带"得"字结果补语，如："我生气地看了他一眼，看得我更生气了。"一般导致非典型结果的是视觉力所获得的信息，又如："他那可怜兮兮的样子把原本怒气冲冲的我看笑了。"

由于情感力的主动性完全掌握在施事主体手中，只要投注情感就能够实现，无所谓可能与不可能，所以"看31"没有可能补语。

通过以上分析，"看31"在句法上的表现可大致归纳如下：
①连接施事主语和受事宾语。
②施事受事定性，施事主语为有视觉能力及情感的生命体，受事宾语一般为具体的人、物或方位。
③可持续，用"着"的频率较高。
④可量化，量词多为名量词"眼、下"，不用或少用"遍、次"等。
⑤表方式强度的状语修饰语往往凸显情感内容。
⑥没有专门的结果补语，少数情况下用"得+小句"或独立小句表述结果。
⑦无所谓能性，没有可能补语。
⑧方向性较强，可以与"朝/向"等搭配。

（四）身体行为或心态对待＋情感=〉具体/抽象

视觉行为是情感外化的一个有效途径，此外情感力还可以通过其他行为进行外化，作用于客体，表现为行为态度的对待，故将"看32"的图式简化为：身体行为或心态对待＋情感＝〉具体/抽象。

表态度对待的"看32"由于行为过程进一步泛化，并不指向某一具体的对待过程，因此没有时态表现，不可重叠，很少与时量动量结构搭配，在"看"前一般有表态度的成分出现，如："大家要<u>用平常心</u>来看刑满释放人员。"

态度的形成主观性非常强，往往会带有很强的个人情感色彩，甚至偏离客体本身客观属性，表现出一定的处置性。因此在表述其作用效果时，常常用处置式"把×××看成×××"。"把"突显主体的支配地位，"成"体现结果的主观偏移，如：

哥哥把那颗小石头看成宝贝。
我把他看成兄弟。

"小石头"客观上极有可能不是"宝贝"，但对于"哥哥"来说它就是。"他"在客观血缘上肯定不是"兄弟"，但从主观感情上却是"我"的"兄弟"。因此，在这里起基础作用的不是视觉等客观信息，而是情感因素。类似的还有"把×××看作×××"、"把……当……看"。

当主体对客体产生了主观评判结果之后，会有相应的行为对待。因此"看32"还隐含了主体的行为类型，这些行为表现有时会用句子表述出来，紧随情感评判表述之后，如："哥哥把那颗小石头看成宝贝，<u>每天揣在衣兜里</u>。"还有"大家都把他看扁了，<u>谁都不搭理他</u>"等等。

"看32"还产生了一系列的直接结果补语，如"看重/看轻、看扁、看高/看低、看得起/看不起"等等。这些补语具有明显的隐喻性，分别以"重量、形状、空间"等喻心理地位。有时也会以描述性定语而存在，如"小看、轻看、高看"等。

值得一提的是，"看32"的下位变体将具体的态度成分内化到词义中，如"重视、轻视"等，此时的态度对待具有明确的心理状态性质，因此"重视"等可以前加"很、太、非常"等程度副词，也可以与"最、更"等副词搭配，从而兼具形容词的某些句法属性，成为真心理动词（周有斌、邵敬敏，1993）。如：

领导们都不太重视这次事故。
哥哥对见利忘义的人很鄙视。
健康和金钱,我更重视前者。

通过结合认知,我们考察了各个表具体行为范畴的"看"的句法功能,发现它们最显著的差别体现在结果补语搭配上,归纳如下(见表5—3):

表5—3　"看"指称不同具体行为范畴的结果补语类异

词网节点	义位核心表述	结果补语
看1	视线投注	~见、~清楚 ~累、~花眼
L1 看1	看见	无
看21	读取(非文字/文字符号)	~懂、~明白、~进去 ~累、~花眼、~上瘾、~入迷、~糊涂
L2 看21) 22	评阅	~出来
看22	赏看	无直接结果补语,可间接带表心理状态的形容词表结果,如高兴、舒畅等
看23	察看	~出、~出来、~到、~清楚、~明白 ~准、~错、~穿、~破、~透、~走眼
L1 看23) 210	诊察	~出、~出来、~准、~明白
L1 看23) 2100	诊治	~好、~没
L1 看23) 24	探望	无
L1 看23) 25	照看	~好
L1 看23) 26	看管	~牢、~紧、~住
L2 看23) 1	评判	无
L2 看23) 2	预测	无
看31	表情达意的看	得字结果补语
看32	看待或对待	无

其中,不带结果补语的"L1 看1"、"L1 看23) 24"、"L2 看23) 1"、"L2 看23) 2"和"看32"还可以通过小句宾语中的特殊成分,以

及常用结构式来进行区分。而且这些句法上的差别都可以立足认知，用力的图式来进行解释。

二 表主观情态范畴的"看"

"看"表主观情态范畴是针对具体行为范畴提出来的。"看"表视觉动作、思维活动和情感表达，这些都是具体可察的行为，在言语中有实实在在的所指意义，说话人使用这些"看"来描述已发生、正发生或将发生的行为动作过程或结果，是"言有所述"。而表主观情态范畴的"看"则不以描述具体行为动作为目的，而侧重说话者主观态度或意愿的表达，进入"言有所为"阶段。如：

例1 我看，你还是回家吧！（说话者表明自己的看法和态度，并提出建议）

例2 看摔着！（说话者意在提醒对方注意可能会发生的危险）

例3 看我怎么收拾你！（说话者意在用可能会实施的严重行为来威吓对方）

例4 看你干的好事儿。（说话者意在表明对对方某行为的苛责，使对方反省）

例5 菜炒好了，你尝尝看。（说话者用商量式的缓和语气要求对方做出某种尝试）

以上各例中的"看"都可以从具体行为义中找到源头，如例1中的"看"来自"评判"，例2、例3中的"看"来自"预测"，例4、例5中的"看"来自"考察"，但是它们又不同于其义源，因为它们不能像具体行为义的"看"那样形成独立的概念，它们必须依托于特定的格式共同形成一个概念。由于这类"看"在类化的语境中，以表示说话者的主观态度为目的，所以我们称之为表主观情态范畴的"看"。

Traugott（1989）提到语义变化的道路有三个趋势：趋势之一是基于外部描写的情景意义 > 基于内部描写的情景意义；趋势之二是基于外部和内部描写的意义 > 基于篇章（textual）和元语言学（metalinguistic）的情景意义；趋势之三是意义倾向于表现说话人对命题的主观（subjective）

信仰和态度。"看"从描述具体行为到表达主观情态，实际上表现了主观性（subjectivity）的增强。

主观性是语言所具有的一种特性，即在话语中多多少少总是含有说话人"自我"的表现成分。也就是说，说话人在说出一段话的同时表明自己对这段话的立场、态度和感情，从而在话语中留下自我的印记（Lyons，1977年）。当这种主观态度成为说话人所要表达的重点时，说话人会采用一些相应的语言结构，随着这些结构的不断重复使用，结构中原本表达客观具体义的某些词汇逐渐凝固其中，并最终服务于更加抽象的、语用的、人际的和以言者为中心的功能，变成主观性表达成分，如以上各例中的"看"。这一过程就是"主观化"。

发生了主观化的"看"表现出以下特点：

①语音上，"看"因所表主观情态不同而发生弱化或强化，如例1、5中"看"语音弱化，一般轻读，例2、例3、例4中的"看"则需要重读。

②句法上，"看"失去了表具体行为时所具有的一系列特征，不能带时体成分"着、了、过"，前面也不能加情态动词，也很少有状语修饰，后面不能跟补语。"看"的主语只能是"我"或"你"，一般隐含不出现。

接下来，我们将根据"看"所在结构表示的不同主观情态进行分别介绍。

（一）表认识情态的"看"

通过前面的分析可以知道，"看"可以表示主观察知，既可以是对过去情况的察知，也可以是对现时情况甚至未来情况的察知，如：

  他看你们上次活动办得不错，应该嘉奖一下。（对过去的察知）
  他看大伙儿干得挺辛苦的，让我过来慰劳一下大家。（对现时的评判）
  他看公司会有大的发展。（对未来的预测）

在以上三个例句中，我们可以明显判断出主语"他"进行了实实在在的察知行为，这里的"看"属于具体行为范畴。说话者在言语交际中完成的是"以言指事"的功能。再看以下例句：

> 我看你们上次活动办得不错，应该嘉奖一下。
> 我看大伙儿干得挺辛苦的，过来慰劳一下大家。
> 我看公司会有大的发展。

以上例句的主语"我"同时也是言者主语，与句子主语相比，言者主语具有相当强的主观性。因此，这三个例句不再是简单地描述察知情况，而具有了一定的主观表态性质，所以在"我看"后，可以有停顿，并能插入语气词"哪"，而上面所举的"他看"类例句则不能有此变换，如：

> 我看，公司会有大的发展。（√）
> 他看，公司会有大的发展。（×）
> 我看哪，公司会有大的发展。（√）
> 他看哪，公司会有大的发展。（×）

"我看"的主观表态义在以下例句中表现更为明显：

> 我看你明天不用来了。
> 我看你得跟他好好谈一谈。

这两个句子中的"我看"也可以省略，这恰恰说明了"我看"在句中的傀儡地位，仅表说话者的认识情态。但比较"我看你明天不用来了"和"你明天不用来了"，在特定的场景中，后者比前者的语气要强硬，前者则说明了这一结论的来源是"我"的主观判断和推论，而非其他人。

同样，"你看"也可以表认识情态，如：

> 你看我明天还用来吗？
> 你看我该跟他谈还是不谈？

"我"作为言者主语出现，是认知语言学研究中"移情指示现象"（empathetic deixis），即说话人在交际过程中凸显其个人的主观判断和推测,并将判断和推测与听话人分享,有时也有缓解语气和表示谦虚的作用,体现出较强的认知情态义。而"你"的主观化则更多的是由于"我"的主观化所引起的,在对话环境中,说话人从聚焦于自身主观情态转变成聚焦于受话人的主观情态。因为话语交际要想成功,说话人就需要注意听话人的需求。有趣的是,在很多情况下,"你看"和"我看"可以进行替换,如:

> 我看满族哇,可以说汉化啦。→你看满族哇,可以说汉化啦。
> 我看我姐都三十好几了,该找个归宿了。→你看我姐都三十好几了,该找个归宿了。

分析上例,"我看"句是说话人以自身主观情态为中心,其后内容是自己的态度表述,听话人仅是普通受众,未受到关注。而"你看"句则更凸显听话人,说话人假定听话人与自己具有同样的背景信息,并能得出与自己相同的主观态度。从言语交际的有效性来看,后者明显更能达成交际双方的共识。"我看"和"你看"的可互换也证明句法语义搭配服从于交际功能。

综上所述,在主观化的推动下,"我看"和"你看"分别聚焦于说者态度和听者态度,体现出较强的认知情态义。表达认知情态义的"看"有着固定的句法搭配,一般为"我看/你看 + 小句宾语或动词性宾语","我看/你看"后可以有停顿。

(二) 表提醒告诫的"看"

"看"可以通过视觉信息和思维分析来进行判断和预测对自身不利的情况,引导主体采取相应行动,如:

> 旁观的人看来者不善,纷纷散去。
> 老王看再不去医院会有危险,赶紧叫救护车。

当说话人根据经验判断:如果听话人不做出某行为,就会有某种不利于听话人或听话人不希望发生的情况。因此,说话人出言提示,以预防这种不利情况的发生,如:

例1　看蛇！
例2　慢点儿，看摔着！

例1中的"看"与表视觉活动的"看"非常接近，因为其后宾语是具体事物，而且在对话发生情境中客观存在着，类似的表达还有"看车！"这是说话人引导听话人将视线及注意力转移到可能带来不利情况的危险事物上。

例2中的"看"则因其后所带宾语具有动词性，且非已成事实，而与表思维预测的"看"发生联系，说话人将关注点放在可能发生的不利情况上。这种不利情况也可以小句的形式出现，如："看饭放凉了"、"看开水烫着你"等。

以上两种情况都是说话人出于关心对受话人所发出的提醒，"看"可以替换成"小心"，但"小心"前可出现"你"，而"看"前一般不能，如：

看蛇！——（你）小心蛇！
慢点儿，看摔着！——（你）慢点儿，小心摔着！

这一替换足以体现表提示的"看"与表视觉行为的"看"之间的差异。

事物总是相反相成的，"看"既有出于关心的提醒，也有出于警告、威胁目的的提示，如：

例3　看我怎么收拾你！
例4　看奶奶不打死你！

这里的"看"也是提醒对方小心，但主体的心态已经发生了改变，是恶意提醒别人在某种条件下说话人保证肯定出现某种严重情况，或肯定发生某种严重事件。这些严重事件的出现有一个操控者，可以是说话人，也可能是第三方，所以"看"所引导的一般为小句，而且小句中的谓语动词是自主动词，如例3、例4中"收拾、打"。另外，我们发现一个有趣的现象，"看"后所带的小句谓语常常用否定形式，如"看奶奶不打死你"、

"看老板不开了你"，本来是保证肯定出现某种不利听话人的情况，却用"不"来否定，似乎有悖常理。仔细琢磨发现，其实是说话人将句末原有的"才怪"省略掉了，本应为"看奶奶不打死你才怪"、"看老板不开了你才怪"。但"才怪"在"不…才怪"这一固定表达法中的表义地位非常重要，在一般情况下，如果省略"才怪"会使句义发生颠覆性的改变，如：

　　　　奶奶不打死你才怪。≠奶奶不打死你。
　　　　老板不开了你才怪。≠老板不开了你。

可见，"看"所起到的告诫作用足以让听话人判断出"看"后小句所表严重结果发生的肯定性，不会受到否定词"不"的干扰而产生他解。

（三）带主观评价态度的"看"

"看"可以提示听话人注意可能带来不利的事物以及可能发生的不利情况，这些都是指向未然事件的，即使像"看蛇"这类带具体存在事物的表达，其实也是指向这些事物会带来的未然性后果，因此都是假定性的。而以下例句中的"看"所带的内容都是指向当下或已然情况的：

　　　　例1　看他奶奶惯的！
　　　　例2　看你干的好事儿！
　　　　例3　看那白菜嫩的！
　　　　例4　看把那金箍棒耍的！虎虎生风！

以上例句中的"看"是要把听话人的注意力引导到某种已存在的情况，并表现出说话人的主观评价态度，可能是贬斥责备性的，如例1、2，也可能是褒扬赞叹性的，如例3，有时候说话人的态度须结合上下文来获知，如例4"看把那金箍棒耍的！虎虎生风！"是褒扬赞叹，而"看把那金箍棒耍的！还敢登台献艺？"则是贬斥责备。不管是何种态度，说话人都想把自己发现的情况摆出来，引起听话人注意，并希望听话人产生态度上的共鸣。如果说话人所贬斥责备的内容是听话人造成的，则有让听话人反省并有所悔改的意图，如："看你干的好事儿！"这类句子在某种程度上可以理解为祈使句,"看"前的"你"也大都可以补足,如"你看他奶奶惯的","你看你干的好事儿"等。此类与"看"的视觉投射义关系密切。

(四) 表商量的"看"

《现代汉语词典》第 5 版所列"看"的第 8 个义项为:

> 看:(8) 助,用在动词或动词结构后面,表示试一试(前面的动词常用重叠式):想想~|找找~|等一等~|评评理~|先做几天~。(762 页)

《现代汉语八百词》增订本(1995)也列出了大致相同的义项:

> 看:助词,用在动词(重叠或带动量、时量)后边,表示尝试:你先尝尝~|让我想想~|大家再动动脑筋~|你给我量一下~|先喝一点~(第 333 页)

两本词典都认为这里的"看"是表尝试的助词。但分析词典中所举的若干示例,我们发现,其实"尝试"义是由动词重叠式或动词带时量动量结构来体现的,比较"想想"和"想想看","先喝一点"和"先喝一点看"等,前者没有"看"同样有尝试意味,所不同的是有"看"的多出了缓和语气,带商量的意味。

在这类结构中,"看"的本源义应该是表察知,如:

> 你先尝尝这锅汤,看味道怎么样。
> 你给我量一下,看裤子的长度够不够。

说话人要求听话人尝试性的做某动作,以察知某一特定内容。在一定语境中,"看"所需察知的内容是对话双方心知肚明的,出于语言经济表达原则,说话人往往会省略掉"看"后的内容。由于其后原有的内容隐含,"看"无所依傍,便直接与前面的动词性结构相连,形成较稳定的"VV 看"和"V+动量/时量+看"结构。《现代汉语词典》和《现代汉语八百词》中所举的例子都可以还原成"VV，看+察知内容"，如：

你先尝尝看→你先尝尝，看味道怎么样。
你给我量一下看→你给我量一下，看长度怎么样。
让我想想看→让我想想，看有什么办法/看应不应该答应你。
大家再动动脑筋看→大家再动动脑筋，看还有什么办法。
先喝一点看→先喝一点，看感觉怎么样。

但由于"尝、量、想、动脑筋"等动作仍处于未然状态，没有可察知的对象信息，"看"的察知义也越来越虚。正如上文比较"想想"和"想想看"所得出的结论，后者只比前者多出了缓和语气和商量的意味，所以在"VV看"类结构中的"看"已经逐渐成为表达主观情态的虚义词。

综上所述，在实际语境中由于言者主语的介入，"看"逐渐从其具体行为义发展出一系列表说话人主观情态的用法，我们说"看"进入主观情态范畴实际是从语用角度，即言语交际功能的角度来提出的。"看"在实施这些交际功能的语句中，其本来的行为义已经模糊不清，而言者的主观情态成为整个语句的焦点，并逐步渗透"看"的表义范畴中，最终使"看"的语义范畴发生转变。但这一系列的转变是以特定的句法结构为依托的，"看"在这些句法结构中位置固定，没有时态变化，其前后搭配也有固定的形式，所以进入主观情态范畴的"看"句法表现不活跃。

三 表客观关系范畴的"看"

（一）表因果决定关系的"看"

《现代汉语八百词》中所列"看"第六个义项：

看：6. 决定于。必带名词、动词、小句作宾语，常用正反问句作主语，"看"前多用"就、全、要"等词。三年~头年｜整个比赛就~这一局了｜这件事全~你了｜明天能不能去香山，要~下雨不下雨｜是否动手术，要~病人退不退烧分析《现代汉语八百词》所举例句，我们发现这些句子中的"看"应该分成两类，如果将"看"前内容表述为 X，"看"后内容表述为"Y"，那么这两类"看"可以分别表述为：

1. 考察 Y 作为决定 X 的依据，如：

　　明天能不能去香山，要看下雨不下雨→考察"下雨不下雨"作为决定"明天能不能去香山"的依据。
　　是否动手术，要看病人退不退烧→考察"病人退不退烧"作为决定"是否动手术"的依据。

2. 在 X 中，Y 处于决定性地位，如：

　　三年看头年→在"三年"中，"头年"处于决定性地位。
　　整个比赛就看这一局了→在"整个比赛"中，"这一局"处于决定性地位。
　　这件事全看你了→在"这件事"中，"你"处于决定性地位。

"考察 Y 作为决定 X 的依据"从"看"表具体的"观察、考察"义发展而来，如"看地形、看病人退烧没有"。对特定对象 Y 的"观察、考察"服务于某种特定的目的 X，当说话人意在突显 X 与 Y 之间的关系时，"考察"只是联系二者的纽带，于是便形成了"X 看 Y"的句法格式，比较典型的用例如：

　　选口红看颜色。
　　找对象看人品。
　　找工作看能力。

X 可以用正反结构表述，Y 也可相应地用正反结构，如"能不能去香山要看下雨不下雨"，或者 X 用正反结构，Y 不用，但正反情况隐含其中，如"能不能去香山要看天气"，隐含"天气好能去，天气不好不能去"，或者 Y 用正反结构，X 不用，如"选老公要看他会不会疼你"，隐含"疼你就选，不疼你就不选"。在"X 看 Y"结构中，"看"成了标明

Y 与 X 之间因果对应关系的标记，只不过由于 Y 的可察性，"看"仍残存着"考察"的印记。

当 Y 成为决定 X 的重要依据，而且 Y 是 X 的有机组成部分，或 Y 是 X 事件中的重要参与者时，就产生出"在 X 中，Y 处于决定性地位"的纯粹关系表达，"看"也完全成为强调 Y 重要性的标记词，不再涉及具体行为义，而且在"看"前多用"全、就"等来突出 Y 决定性地位的排他性。如：

整场战役就看这次突袭了。（"这次突袭"在"整场战役"中处于决定性地位）

能不能挺过去全看你自己了！（参与者"你自己"在"挺过去"这个事件中处于决定性地位）

赔赚全看您了。（参与者"您"在"赔赚"事件中处于决定性地位）

（二）突出典型代表的"看"

在新闻报道标题中经常出现以下类型的"看"类句：

科技兴农看桂阳。
战天斗地看我人民子弟兵。
学习雷锋看向阳。[①]
技压群雄看田亮。

以上例句可以有两种理解，我们可以通过变换来进行分解：

①科技兴农看桂阳。→1a）看桂阳科技兴农。
　　　　　　　　　　→1b）科技兴农数桂阳。
②战天斗地看我人民子弟兵。→2a）看我人民子弟兵战天斗地。
　　　　　　　　　　　　　　→2b）战天斗地数我人民子弟兵。
③学习雷锋看向阳。→3a）看向阳学习雷锋。

---

① "向阳"是一所学校名称。

→3b）学习雷锋数向阳。
④跳水看田亮。→4a）看田亮跳水。
　　　　　　　→4b）跳水数田亮。

　　a类句中的"看"虽然因其后宾语的语义类型不同而有所区别，但都可以纳入具体行为范畴，前文已经对表具体行为范畴的"看"进行了详细讨论，此处不再赘述。而b类句中的"数"则起到"指出名次最前的或程度最突出的"（《现代汉语八百词》"数"词条第二个义项，505页）这一作用。可见"看"在这类句子中可以起到"突出典型代表"的作用。

　　"看"突出典型代表也需要依托"X看Y"这一格式。X指某一领域或某一类型化的行为，Y一般是名词性的，整个格式表示"Y是X领域内的典型代表"或"Y是执行X行为的典型代表"。因此，这里的"看"表示的是X与Y之间的特殊关系，凸显Y在X这一项上的典型代表地位。"看"的这一用法来源于视觉或察知等具体行为的聚焦，视觉焦点所及便是整个视景中最突出的部分。所以"看"可以用来引出特定领域内最突出最典型的代表，是一种抽象关系的表达，因失去原有的行为义而丧失了丰富的句法组合特征，仅以"X看Y"的形式出现。

　　通过以上句法分析，"看"所表范畴经历了一个从具体行为范畴到主观情态范畴及客观关系范畴的发展过程，由于后两种范畴只限于基本范畴词"看"本身的范畴发展，因此本书第三章、第四章所构建的"看"类动词词义聚合网络是以具体行为范畴为核心展开的。

　　根据本书考察发现，"看"可以表达包括具体行为范畴、主观情态范畴和客观关系范畴在内的三大范畴。其中，具体行为范畴中的视觉行为范畴是"看"的基本范畴，以此为起点发展出思维和情感行为两类复杂行为范畴以及主观情态范畴和客观关系范畴。这一发展路径大致可以通过下图体现出来（见图5—5）：

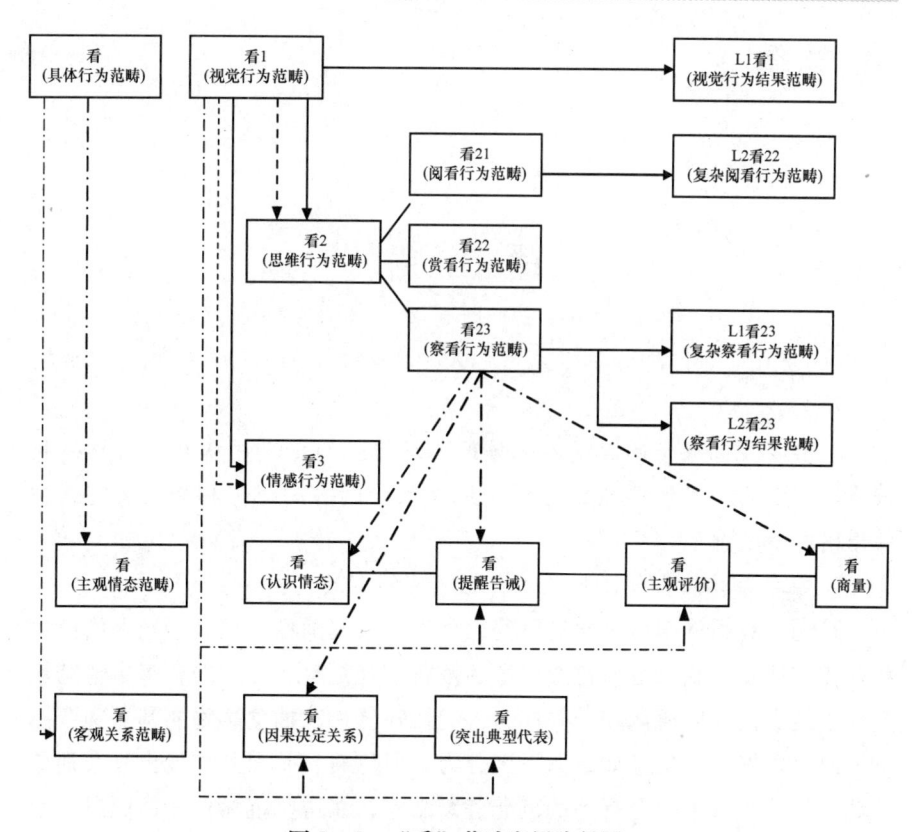

图 5—5　"看"范畴发展路径图

说明：──▶指具体行为范畴内部的转喻式发展。
　　　----▶指具体行为范畴内部的隐喻式发展。
　　　-·-·▶指具体行为范畴向主观情态范畴和客观关系范畴的发展。

# 第 六 章

结　语

　　本书以"词群—词位变体"理论为理论基石，利用认知语言学的相关原理，围绕"看"类动词进行了词义聚合网络的建构和相关研究，主要得出以下结论：

　　1. 从认知角度探索了词义聚合网络构建方式

　　首先，利用认知语言学的范畴化理论，系统阐释了词义聚合网络产生和存在的认知基础。范畴化所产生的范畴集合是整齐有序的，基本范畴最容易也最先被人们所认知，并作为人们认知复杂和抽象事物的基点和参照点，向上发展为上位范畴，向下区分为下属范畴，并向外扩展出复杂抽象范畴，从而构成了一个有序的范畴等级结构，在这些范畴形成的同时产生了词汇，也决定了词汇产生和发展的顺序，构成了一定的词汇等级结构。围绕着基本范畴词所指称的词义概念，其他等级范畴词按照一定的认知规律和层级聚集在它周围，表现出纵横交错的网状结构。从某种程度上说，词义聚合网络的构建是对人类认知范畴发展的溯源性推求和过程构拟，即以基本范畴词为基点，根据人类的认知规律和认知模式来系联上、下位范畴词，以及复杂抽象概念。

　　其次，在"词群—词位变体"理论的基础上，提出一套基于认知的词义聚合网络构建方式。步骤如下：

　　第一步，提取基本范畴词，确立词义聚合网络的基点。

　　第二步，构拟意象图式，发掘词义聚合网络中的上层义位。

　　第三步，利用范畴发展规律，实现词义聚合网络的纵横延展，包括用核心图式法进行词群纵向构建和依靠隐喻转喻思维机制实现词群横向系联。

　　其中，核心图式法是专门针对义素分析法无法适应词义的主观性和模糊性这一缺陷提出的，既吸取了义素分析法的属性分割，又兼顾了词义的整体把握，因而具有较强的可操作性。

2. 全面分析和考察了"看"类动词词位，建立起了"看"类动词词义聚合网络，在实践中验证了认知词义网建构的可行性

首先，从理论上发展了 Lakoff 提出的"力"图式，并以此为依据发掘出"看"类动词的三大上层义位，从而确定"看"类词群体系的大体框架："看1"（视觉力）词群、"看2"（思维力）词群和"看3"（情感力）词群。

其次，用核心图式法分别对"看"三个上层义位的同位变体、下位变体和邻位变体进行了探求，得出了"看"及"看"类动词义位层级体系，在此基础上求取各节点词位，从而构建起三个相对独立的"看"类词群。

最后，从基点词"看"的"一词多义"认知分析入手，最终实现"看"类词群的横向系联。根据认知理论，推动"一词多义"现象产生的是人类的转喻隐喻思维机制。以往的转喻研究主要针对实体转喻，而本书所研究的"看"属动作行为范畴，我们归纳出以下四类："辅助行为转喻核心行为"、"部分行为转喻整体事件行为"、"行为过程转喻行为结果"和"行为转喻行为标记"。这也是对前人转喻理论的推进。另外，在用转喻隐喻理论揭示出"看"词义演变的内在规律和模式之后，本书还对"看"类词群所有成员在语料中的转喻隐喻用法进行了考察，发现这些词虽然在词群中处于不同层级，而且很多词义表面看来差别很大，但是它们的转喻隐喻用法与"看"保持着高度的一致性。这说明隐喻转喻机制对词义演变的影响不是个别的，而是模式化、可类推的。视觉动词群会在同一思维机制下形成同一语义关联模式，导致词义发展也具有群体性类化倾向。我们构建的各"看"类词群也通过这一规则的发掘实现了内部的横向系联，而成为一个交织的网状系统。

3. 认知层面的范畴发展在语言层面的词形、词义、句法和语用等方面得到体现

词义聚合网络的研究必须走主客观相结合的路子，既要从认知深处寻根探源，又要立足语言事实进行描写和验证。本书在对"看"类动词词义聚合网络进行认知构建之后，回归语言本体，结合丰富的语言事实对"看"范畴的发展进行了探察，主要涉及词形转换、词义引申、句法功能

三个层面，兼及语用。

关于词形转换，我们主要对体现范畴复杂化的合体字和复合词进行了考察。在这里，我们用到了"普—方—古"互证，认知解释与事实验证相结合等方法，提出了一些比较有新意的假设性观点，如"词素的成词能力与其自身的语体色彩和出现的语体环境密切相关"，"不同词素为核心构成的复合词所表达意义的类型化体现出同义词素的细微意义差别"，等等。

关于词义引申，本书通过考察"看"的词义发展，提出了前人未曾涉及的"继发引申"规律，从特点、成因等方面对其进行了较为系统的阐释，并小范围验证了该规律的普遍性。

关于句法功能，我们立足真实语料，分别对"看"表示具体行为范畴、主观情态范畴和客观关系范畴的句法搭配组合进行了考察。研究发现，表具体行为范畴的"看"，都是典型的谓词性成分，句法功能显著，但范畴内不同下位变体之间略有差异，邻位变体的差异较大。除此之外，"看"还可以用来表达抽象的主观情态范畴和客观关系范畴，但必须以特定的句法结构为依托，"看"在这些句法结构中位置固定，没有时态变化，其前后搭配也有固定的形式，句法表现不活跃。其中，表主观情态范畴的"看"实际是从语用角度，即言语交际功能的角度来提出的。

总之，本书力图将认知范畴与语言事实相结合，既验证认知词义网的科学性，又对本体研究有所推进。

不得不说，现代汉语词义网络的构建是一个非常复杂而且浩大的工程，本书受篇幅及精力限制，未能涉及词义组合网络的研究，对聚合网络的研究也只限于小范围的试探性摸索。而且，关于词义网络的基点——基本范畴词或基点词位的提取，本书只是稍作探讨，尚未建立起一套完善、明晰的提取标准，也未能实现基本范畴词汇的定量工作。另外，认知范畴的发展虽然可以通过语言共时层面的考察得到体现，但如果能结合历时语料进行验证，将更为科学直观。因此，我们拟在以下方面做进一步的研究工作，以实现汉语词义网络的全面构建：

①建立起完善的基本范畴词确认标准，从现代汉语词汇系统中提取基本范畴词集。

②将词义聚合网络的实践研究推及其他动作范畴、实体范畴和状态范

畴等。
　　③进行词义聚合网络的汉英对比和普方古对比研究。
　　④进一步加强词义聚合网络的微观描写。
　　⑤探索词义组合网络的构建理论及方法。
　　⑥将词义网络研究成果应用于汉语教学和中文信息处理。

附 录

　　本书所考察的 212 个动词 238 条义项，均来源于《现代汉语词典》2005 年第五版，为阅读本书方便，文中涉及的有关动词及义项摘录如下：

　　傲视　　傲慢地看待：~万物。(15 页)

　　白　　用白眼珠看人，表示轻视或不满：~了他一眼。(23 页)

　　拜读　　敬辞，阅读：~大作，获益不浅。(32 页)

　　拜望　　敬辞，探望：~师母。(33 页)

　　饱读　　大量阅读：~经史。(45 页)

　　饱览　　充分地看；尽情地观赏：~史籍/~群书。(46 页)

　　逼视　　向前靠近目标，紧紧盯着：光彩夺目，不可~/在众人的~下，他显得局促不安了。(68 页)

　　鄙视　　轻视；看不起：他向来~那些帮闲文人。(73 页)

　　参观　　实地观察（工作成绩、事业、设施、名胜古迹等）：~团/~游览/~工厂/谢绝~。(128 页)

　　参看　　（1）读一篇文章时参考另一篇：这篇文章写得很好，可以~。（2）文章注释和辞书释义用语，指示读者看了此处后再看其他有关部分。(128 页)

　　参阅　　参看：写这篇论文，~了大量的图书资料。(129 页)

　　侧目　　不敢从正面看，斜着眼睛看，形容畏惧而又愤恨 (137 页)

　　查看　　检查、观察（事物的情况）：~灾情/亲自到现场~。(143 页)

　　查阅　　（把书刊、文件等）找出来阅读有关的部分：~档案材料。(143 页)

　　察看　　为了解情况而细看：~风向/~动静。(144 页)

　　察验　　察看，检验：~物品的成色。(144 页)

　　觇　　窥视；观测：~视/~望/~标。(147 页)

骋目　〈书〉放眼往远处看：凭栏~。（178页）

驰目　〈书〉放眼（往远处看）：~远眺。（182页）

仇视　以仇敌相看待：互相~／~侵略者。（193页）

瞅　〈方〉看：往屋里~了一眼／你别老~着我。（195页）

瞅见　〈方〉看见：瞅得见／瞅不见／她~我来了，打了个招呼。（195页）

传观　传递着看：他拿出纪念册来让我们~。（209页）

传看　传递着看：文件只有一份，咱们就~吧！（209页）

传阅　传递着看：~文件／这篇稿子请大家~并提意见。（211页）

打量　（1）观察（人的衣着、外貌）：对来人上下~了一番。（245页）

瞪　（2）睁大眼睛注视，表示不满意：老秦瞪了她一眼，嫌她多嘴。（288页）

敌视　当作敌人看待；仇视：互相~／~的态度。（292页）

谛视 dìshì　〈书〉仔细地看：凝神~。（302页）

睇 dì　〈书〉斜着眼看。（302页）

盯　把视线集中在一点上；注视：轮到她射击的时候，大家的眼睛都~住了靶心。也作钉。（318页）

定睛　集中视线：~细看（322页）

读　（2）阅读；看（文章）：这本小说很值得一~。（336页）

睹　看见：耳闻目~／有目共~／熟视无~／~物思人。（337页）

端量　仔细地看；打量：他把来人仔细~了一番。（339页）

端详　仔细地看：~了半天，也没认出是谁。（339页）

睋 é　〈书〉（1）望；看。（355页）

翻阅　翻着看（书籍、文件等）：~杂志。（374页）

反顾　回头看，比喻翻悔：义无~。（377页）

放眼　放开眼界（观看）：~望去，一派生气勃勃的景象。（390页）

俯察　〈书〉（1）向低处看：仰观~。（423页）

俯瞰　俯视：~大地。（423页）

俯视　从高处往下看：站在山上~蜿蜒的公路。（423页）

鹄望 húwàng　〈书〉直立而望，形容盼望等待。（576页）

顾　（1）转过头看；看：环~／四~／相~一笑。（492页）

顾盼　向两旁或周围看来看去：左右~。（494页）

观　　（1）看：~看/走马~花/坐井~天。（501页）

观测　　（1）观察并测量（天文、地理、气象、方向等）：~风力。（501页）

观测　　（2）观察并测度（情况）：~敌情。（501页）

观察　　仔细察看（事物或现象）：~地形/~动静/~问题。（501页）

观看　　意地看；参观；观察：~景物/~动静/~足球比赛。（502页）

观览　　（1）观看：~画展/报纸装订成册，便于~。（2）参观游览：~市容。（502页）

观摩　　观看学习，多指观看彼此的工作成绩，交流经验，互相学习：~演出/~教学。（502页）

观赏　　观看欣赏：~热带花卉/~杂技表演。（502页）

观望　　（1）怀着犹豫的心情观看事物的发展变化：徘徊~/他没有拿定主意，还在~。（2）张望：四下~。（502页）

观瞻　　（2）〈书〉瞻望；观赏。（502页）

观照　　原为美学术语，现也指仔细观察，审视：~传统文化/~现实，正视生活。（502页）

忽视　　不注意；不重视：不应该强调一方面而~另一方面/~安全生产，后果将不堪设想。（574页）

虎视　　（1）贪婪而凶狠地注视：~眈眈。（2）威严地注视：战士们~山下的敌人，抑制不住满腔怒火。（577页）

环顾　　〈书〉向四周看；环视。向周围看。（594页）

回顾　　回过头来看：~过去，展望未来。（606页）

回眸　　〈书〉回转眼睛；回过头看（多指女子）：~一笑。（607页）

极目　　〈书〉用尽目力（远望）：~远眺。（636页）

监视　　从旁严密注视、观察：跟踪~/瞭望所远远~着敌人。（662页）

检查　　（1）为了发现问题而用心查看。（665页）

检视　　检验查看：~现场。（666页）

检验　　检查验看；检查验证：~汽车机件。（666页）

检阅　　（1）高级首长亲临军队或群众队伍的面前，举行检验仪式：~仪仗队。（666页）

见　　（1）看到；看见：罕~/眼~为实/喜闻乐~/视而不~。（669页）

鉴　　（3）仔细看；审察：~别/~定。（673页）

校阅　　（1）审阅校订（书刊内容）。（2）〈书〉检阅：~三军/~阵法。（698页）

静观　　冷静地观察：在一旁~/~事态的发展。（727页）

看 kān　（1）守护照料：~门/~自行车/一个工人可以~好几台机器。看押；监视：~犯人/~俘虏。（761页）

看管　　（1）看守（2）：~犯人。（2）照看：~行李。（761页）

看护　　（1）护理：~病人。（761页）

看 kàn　（1）动，使视线接触人或物：~书｜~电影｜~了他一眼。（2）观察并加以判断：我~他是个可靠的人｜你~这个办法好不好。（3）动，访问：~望｜~朋友。（4）对待：~待｜另眼相~。（5）诊治：王大夫把我的病~好了。（6）动，照料：照~｜衣帽自~。（7）动，用在表示动作或变化的词或词组前面，表示预见到某种变化趋势，或者提醒对方注意可能发生或将要发生的某种不好的事情或情况：行情~涨｜别跑！~摔着！｜~饭放凉了，快吃吧！（8）助，用在动词或动词结构后面，表示试一试（前面的动词常用重叠式）：想想~｜找找~｜等一等~｜评评理~｜先做几天~。（762页）

看不起　　〈口〉轻视：别~这本小字典，它真能帮助我们解决问题。（763页）

看承　　〈书〉看顾照料。（763页）

看待　　对待：把他当亲兄弟~。（763页）

看得起　　〈口〉重视：你要是~我，就给我这个面子。（763页）

看顾　　照看；照顾：这位护士~病人很周到。（763页）

看见　　看到：看得见/看不见/从来没~过这样的怪事。（763页）

看轻　　轻视：不要~环保工作。（763页）

看守　　（1）负责守卫、照料：~山林/~门户。（2）监视和管理（犯人、俘虏）。（761页）

看押　　临时拘押：~俘虏/把犯罪嫌疑人~起来。（761页）

看望　　到长辈或亲友等处问候：~父母/~老战友。（763页）

看重　　很看得起；看得很重要：~知识/青年大都热情有为，我们要~他们。（763页）

瞰　　（1）从高处往下看；俯视：鸟~。（763页）

窥　　（1）从小孔或缝隙里看：管中~豹。（2）暗中察看：~探/

~测。(798页)

窥测　窥探推测：~动向。(798页)

窥察　偷偷地察看；窥探：~地形/~敌人的动静。(798页)

窥视　窥探：~敌情/他探头向门外~。(798页)

窥伺　暗中观望动静，等待机会（多指贬义）：~可乘之机。(798页)

窥探　暗中察看：~虚实。(798页)

睐　（2）〈书〉看；向旁边看：青~。(809页)

览　看：游~/展~/浏~/阅~/一~无余。(811页)

睖 lèng　〈方〉睁大眼睛注视，表示不满意：她狠狠地~了他一眼。(830页)

瞭　瞭望：在高处~着点儿。(859页)

瞭望　（1）登高远望：极目~，海天茫茫。（2）特指从高处或远处监视敌情：海防战士~着广阔的海面。(859页)

瞵 lín　〈书〉瞪着眼睛看：鹰瞵鹗视。(864页)

溜　（4）〈方〉看：~一眼心里就有了数。(872页)

浏览　大略地看：~市容/这本书我只~了一遍，还没仔细看。(872页)

瞜 lōu　〈方〉看（语气不庄重）：这是你新买的吗？我~~/这玩意儿不错，让我~一眼。(882页)

掠视　目光迅速地掠过；扫视：站在房门口向室内~一周。(896页)

裸视　（1）用裸眼看：~视力。(901页)

眄 miàn　〈书〉眄视。(947页)

眄视 miànshì　〈书〉斜着眼看。(947页)

瞄　把视力集中在一点上；注视：枪~得准。(948页)

藐视　轻视；小看：在战略上~敌人，在战术上要重视敌人。(948页)

乜 miē　〈方〉乜斜（1）。(949页)

乜斜 miēxié　（1）眼睛略眯而斜着看（多表示瞧不起或不满意）：他~着眼睛，眼角挂着讥诮的笑意。(949页)

蔑视　轻视；小看：~困难/脸上流露出~的神情。(950页)

漠视　冷淡地对待；不注意：不能~群众的根本利益。(965页)

目　〈书〉看：~为奇迹。(971页)

目测　不用仪器仅用肉眼测量。(971页)

目睹　亲眼看到：耳闻~。(971页)

目击　亲眼看到：~者/~其事。（971页）

目见　亲眼看到：耳闻不如~。（971页）

目送　眼睛注视着离去的人或载人的车、船等：~亲人远去。（972页）

目验　不用仪器仅用肉眼察看或验看：~产品/~实况。（972页）

睨 nì　〈书〉斜着眼睛看：睥~/~视。（994页）

鸟瞰　（1）从高处往下看：登上西山，可以~整个京城。（998页）

凝眸　〈书〉凝目：~远望。（1001页）

凝目　目不转睛地（看）：~注视。（1001页）

凝视　聚精会神地看：~着对方。（1001页）

凝望　目不转睛地看；注目远望。（1001页）

怒视　愤怒地注视：~着凶残的敌人。（1008页）

盼（2）看：左顾右~。（1022页）

旁观　置身局外，在一边看：冷眼~/袖手~。（1023页）

批阅　阅读并加以批示或批改：~文件。（1035页）

披览　〈书〉翻阅：~群书。（1035页）

披阅　〈书〉披览；阅读：~文稿。（1035页）

睥睨 pìnì　〈书〉眼睛斜着看，表示傲视或厌恶：~一切。（1040页）

瞟　斜着眼睛看：他一面说话，一面用眼~老李。（1046页）

瞥　很快地看一下：一~/弟弟要插嘴，哥哥~了他一眼。（1047页）

瞥见　一眼看见：在街上，他无意间~了多年不见的老朋友。（1047页）

瞥视　很快地看一下：他和蔼地~了一下每个听讲学生。（1047页）

平视　两眼平着向前看：立正时两眼要~。（1053页）

凭眺　在高处向远处看（多指欣赏风景）：依栏~。（1055页）

歧视　不平等地看待：种族~。（1071页）

翘望　（1）抬起头来望。（1079页）

瞧　〈口〉看：~见/~书/~病/~热闹/一~/他~亲戚去了。（1100页）

瞧得起　〈口〉看得起。（1100页）

瞧见　〈口〉看见：瞧得见/瞧不见/他~光荣榜上有自己的名字。（1100页）

轻视　不重视；不认真对待：~劳动/受人~。（1110页）

觑 qū　把眼睛合成一条细缝（注意地看）：偷偷儿地~了他一眼/他微

微低着头，觑着细眼。(1126页)

 觑 qù 〈书〉看；瞧：~视/~伺/小~/面面相~/冷眼相~。(1129页)

 圈阅 导人审阅文件后，在自己的名字处画圈，表示已经看过。(1030页)

 扫视 目光迅速地向周围看：向台下~了一下。(1177页)

 赏 欣赏；观赏：~花/~月/雅俗共~。(1193页)

 赏阅 欣赏阅读（诗文等）：~佳作。(1193页)

 睄 shào 〈方〉略看一眼。(1201页)

 审视 仔细看：~图纸。(1214页)

 视 （1）看：~力/~线/近~/熟~无睹。（2）看待：一~同仁/轻~/重~/藐~。(1248页)

 视事 〈书〉指官吏到职开始工作：就职视事。1248页)

 收看 看（电视节目）：~实况转播。(1252页)

 收视 收看：~率/~效果。(1252页)

 守望 看守瞭望：~塔。(1257页)

 四顾 向四周看：~无人/茫然~。(1293页)

 睃 suō 斜着眼睛看。(1309页)

 踏看 在现场查看：~地形。(1315页)

 探视 （1）看望：~病人。（2）察看：向窗外~。(1325页)

 探望 （1）看（试图发现情况）：四处~/他不时向窗外~"（2）看望（多指远道）：我路过上海时，顺便~了几个老朋友。(1325页)

 眺 眺望：远~/登高远~。(1355页)

 眺望 从高处往远处看：凭栏~/站在山顶~。(1355页)

 透视 （2）利用X射线透过人体在荧光屏上所形成的影像观察人体内部。(1377页)

 望 （1）向远处看：登山远~/一~无际的稻田。（2）探望：拜~/看~。(1411页)

 围观 许多人围着观看：铁树开花，引来许多人~。(1413页)

 睎 xī 〈书〉瞭望。(1455页)

 盻 xì 〈书〉怒视：瞋目~之。(1464页)

 相 xiāng 亲自观看（是不是合心意）：~亲/~中。（7）观察事物的外表，判断其优劣：~马。

相看 xiāngkàn　（1）看；注视。（2）看待：另眼～。（3）亲自观看（多用于相亲）。(1484 页)

小看　〈口〉轻视：～人/别～这些草药，治病还真管用。(1499 页)

小瞧　〈方〉小看。(1499 页)

小视　小看；轻视：近来他技艺颇有长进，～不得。(1500 页)

斜视　（2）斜着眼看：目不～。(1507 页)

省 xǐng　（2）探望；问候（多指对尊长）：～亲。(1526 页)

省视 xǐngshì　看望；探望：～双亲。(1526 页)

巡　（1）巡查；巡视：～夜/～逻/出～。(1552 页)

巡视　（1）到各处视察：师首长～哨所。（2）往四下里看：～着四周的听众。(1553 页)

验　（1）察看；查考：～货。(1572 页)

验看　察看；检验：～指纹/～护照。(1573 页)

仰视　抬起头向上看：～天空。(1578 页)

仰望　（1）抬起头向上看：～蓝天。(1578 页)

遥望　往远处看：～天边，红霞烂漫。(1583 页)

一览　（2）放眼观看：登山临水，～江南春色。(1596 页)

游览　从容行走观看（名胜、风景）：～黄山。(1650 页)

远眺　向远处看：登高～。(1680 页)

阅　（1）看（文字）：～览/～报栏/此件已～。（2）检阅：～兵。(1684 页)

阅读　看（书报等）并领会其内容：～报刊/～文件。(1684 页)

阅批　审阅并批示：～申请报告。(1684 页)

瞻　（1）往前或往上看：观～/高～。(1711 页)

瞻顾　〈书〉（1）向前看，又向后看；思前想后。〈书〉（2）照应；看顾。(1711 页)

瞻望　往远处看；往将来看：抬头～/～前途。(1711 页)

瞻仰　恭敬地看：～遗容。(1711 页)

展望　（1）往远处看：他爬上山顶，向四周～。(1712 页)

张　（4）看；望：东～西望。(1715 页)

张望　从小孔或缝隙里看；向四周或远处看：探头～/四处～。(1715 页)

珍视　珍惜重视：~友谊/教育青年人~今天的美好生活。(1729页)

正视　用严肃认真的态度对待，不躲避，不敷衍：~现实/~自己的缺点。(1740页)

重视　认为人的德才优良或事物的作用重要而认真对待；看重：~学习/~群众的发明创造。(1771页)

瞩　　注视：~目/~望/高瞻远~。(1781页)

瞩目　〈书〉注目：举世~/万众~。(1781页)

瞩望　(2)〈书〉注视：举目~。(1781页)

注目　把视线集中在一点上：引人~/这个小县城当时成了全国~的地方。(1783页)

注视　注意地看：他目不转睛地~着窗外。(1783页)

纵观　放眼观察（形势等）：~古今/~全局/~时势。放开眼任意观看：~四周/~群书。(1815页)

纵目　尽着目力（远望）：~四望。(1815页)

坐视　坐着看，指对该管的事故意不管或漠不关心。(1828页)

参考文献

一 论著

[1] 曹炜：《现代汉语词义学》，学林出版社2001年版。

[2] 陈忠：《认知语言学研究》，山东教育出版社2005年版。

[3] 程琪龙：《概念框架和认知》，上海外语教育出版社2006年版。

[4] 程琪龙：《认知语言学概论：语言的神经认知基础》，外语教学与研究出版社2001年版。

[5] 《词汇学理论与应用》编委会，《词汇学理论与应用》（三），商务印书馆2006年版。

[6] 崔复爰：《现代汉语词义讲话》，山东人民出版社1957年版。

[7] 董为光：《汉语词义发展基本类型》，华中科技大学出版社2004年版。

[8] 董为光：《汉语研究论集》，华中科技大学出版社2007年版。

[9] 段玉裁：《说文解字注》，上海古籍出版社1981年版。

[10] 冯志伟：《自然语言的计算机处理》，上海外语教育出版社1996年版。

[11] 符淮青：《词义的分析和描写》，语文出版社1996年版。

[12] 符淮青：《汉语词汇学史》，安徽教育出版社1996年版。

[13] 符淮青：《现代汉语词汇》，北京大学出版社1985年版。

[14] 葛本仪：《汉语词汇研究》，山东教育出版社1985年版。

[15] 葛本仪：《现代汉语词汇学》，山东人民出版社2001年版。

[16] 何自然：《认知语用学：言语交际的认知研究》，上海外语教育出版社2006年版。

[17] 黄曾阳：《HNC（概念层次网络）理论——计算机理解语言研究的新思路》，清华大学出版社1998年版。

[18] 黄曾阳：《语言概念空间的基本定理和数学物理表达式》，海洋出版

社 2004 年版。

[19] 贾彦德：《汉语语义学》，北京大学出版社 1999 年第 2 版。
[20] 贾彦德：《语义学导论》，北京大学出版社 1986 年版。
[21] 蒋绍愚：《古汉语词汇纲要》，北京大学出版社 1989 年版。
[22] 蓝纯：《认知语言学与隐喻研究》，外语教学与研究出版社 2005 年版。
[23] 李葆嘉：《语义语法学导论》，中华书局 2007 年版。
[24] 李福印：《认知语言学概论》，北京大学出版社 2008 年版。
[25] 李行健、刘叔新：《词语的知识和运用》，天津人民出版社 1979 年版。
[26] 林杏光、菲白：《简明汉语义类词典》，商务印书馆 1987 年版。
[27] 刘叔新：《汉语描写词汇学》，商务印书馆 1990 年版，
[28] 刘叔新：《现代汉语同义词词典》，天津人民出版社 1987 年版。
[29] 刘叔新、周荐：《同义词语和反义词语》，商务印书馆 1992 年版。
[30] 刘宇红：《认知语言学：理论与应用》，中国社会科学出版社 2006 年版。
[31] 刘正光：《语言非范畴化：语言范畴化理论的重要组成部分》，上海外语教育出版社 2006 年版。
[32] 卢植：《认知与语言：认知语言学引论》，上海外语教育出版社 2006 年版。
[33] 吕叔湘：《现代汉语八百词》（增订本），商务印书馆 1999 年版。
[34] 梅家驹等：《同义词词林》，上海辞书出版社 1983 年版。
[35] 孟琮等：《汉语动词用法词典》，商务印书馆 1999 年版。
[36] 牛保义：《认知语言学理论与实践》，河南大学出版社 2007 年版。
[37] 彭建武：《认知语言学研究》，中国海洋大学出版社 2005 年版。
[38] 盛炎：《语言教学理论》，重庆出版社 1990 年版。
[39] 束定芳：《认知语义学》，上海外语教育出版社 2008 年版。
[40] 束定芳：《语言的认知研究：认知语言学论文精选》，上海外语教育出版社 2004 年版。
[41] 宋永培：《〈说文〉与上古汉语词义研究》，巴蜀书社 2001 年版。
[42] 苏宝荣：《词义研究与辞书释义》，商务印书馆 2000 年版。
[43] 苏新春：《汉语词义学》，外语教学与研究出版社 2008 年版。

[44] 唐孝威：《语言与认知研究》，社会科学文献出版社 2007 年版。
[45] 陶原珂：《词位与释义》，高等教育出版社 2004 年版。
[46] 汪维辉：《东汉—隋常用词演变研究》，南京大学出版社 2000 年版。
[47] 王军：《汉语词义系统研究》，山东人民出版社 2005 年版。
[48] 王勤、武占坤：《现代汉语词汇》，湖南人民出版社 1959 年版。
[49] 王文斌：《隐喻的认知构建与解读》，上海外语教育出版社 2007 年版。
[50] 王寅：《认知语法概论》，上海外语教育出版社 2006 年版。
[51] 王寅：《认知语言学》，上海外语教育出版社 2007 年版。
[52] 王寅：《认知语言学探索》，重庆出版社 2005 年版。
[53] 王寅：《中西语义理论对比研究初探：基于体验哲学和认知语言学的思考》，高等教育出版社 2007 年版。
[54] 武谦光：《汉语描写词汇学》，湖南教育出版社 1988 年版。
[55] 武占坤、王勤：《现代汉语词汇概要》，内蒙古人民出版社 1983 年版。
[56] 萧国政：《汉语语法的事实发掘与理论探索》，湖北人民出版社 2005 年版。
[57] 萧国政：《汉语语法研究论：汉语语法研究之研究》，华中师范大学出版社 2001 年版。
[58] 徐国庆：《现代汉语词汇系统论》，北京大学出版社 1999 年版。
[59] 于屏方：《动作义位释义的框架模式研究》，中国社会科学出版社 2007 年版。
[60] 詹人凤：《现代汉语语义学》，商务印书馆 1997 年版。
[61] 张敏：《认知语言学与汉语名词短语》，中国社会科学出版社 1998 年版。
[62] 张永言：《词汇学简论》，华中工学院出版社 1991 年版。
[63] 张志毅、张庆云：《词汇语义学》，商务印书馆 2001 年版。
[64] 赵彦春：《认知词典学探索》，上海外语教育出版社 2003 年版。
[65] 赵艳芳：《认知语言学概论》，上海外语教育出版社 2001 年版。
[66] 中国社会科学院语言研究所词典编辑室：《现代汉语词典》，商务印书馆 2005 年第 5 版。
[67] 周殿龙、李长仁：《汉语词汇学史》，中国华侨出版社 1996 年版。

［68］周光庆：《古汉语词汇学简论》，华中师范大学出版社1989年版。

［69］周国光：《现代汉语词汇学导论》，广东高等教育出版社2004年版。

［70］周荐：《汉语词汇新讲》，语文出版社2000年版。

［71］周荐：《汉语词汇研究史纲》，语文出版社1995年版。

［72］周荐：《同义词语的研究》，天津人民出版社1991年版。

［73］朱星：《汉语词义简析》，湖北人民出版社1981年版。

［74］朱跃：《语义论》，北京大学出版社2006年版。

［75］Aitchison, J, *Words in the Mind: An Introduction to the Mental Lexicon*, Oxford: Basil Blackwell, 1987.

［76］Allwood, J. & Gardenfors P., *Cognitive Semantics*, Amsterdam: John Benjamins, 1999.

［77］Anderson, J.R, *Cognitive Psychology and Its Implications*, 1995, W. H. Freeman and Company.

［78］Barsalou, L.W, *Cognitive Psychology: An Overview for Cognitive Scientists*, 1992.

［79］Butterworth, B, *Language Production: Speech and Talk*, London Academic Press, 1983.

［80］Croft, W., *Cognitive Linguistics*, Cambridge: Cambridge University Press, 2004.

［81］Evans, V. & Green M., *Cognitive Linguistics: An Introduction*, Edinburgh: Edinburgh University Press, 2006.

［82］Evans, V., *A Glossary of Cognitive Linguistics*, Edinburgh: Edinburgh University Press, 2007.

［83］Evans, V. et al, *The Cognitive Linguistics Reader*, Sheffield: Eqminox, 2007.

［84］Sweetser E., *From Etymology to Pragmatics: Metaphorical and Cultural Aspects of Semantic Structure*, Cambridge Cambridge University Press, 1991.

［85］Geeraerts, D., *Diachronic Prototype Semantics*, Oxford: Oxford University Press, 1997.

［86］Geeraerts, D., *The Oxford Handbook of Cognitive Linguistics*, Oxford: Oxford University Press, 2007.

[87] Goldberg, A., *Constructions: A Construction Grammar Approach to Argument Structure*, Chicago: The University of Chicago Press, 1995.

[88] Heine, B., *Cognitive Foundations of Grammar*, Oxford: Oxford University Press, 1997.

[89] Heine, B. et al, *Grammaticalization: a Conceptual Framework*, Chicago: University of Chicago Press, 1991.

[90] Hudson, R., *Word Grammmar*, Oxford: Basil Blackwell, 1984.

[91] Jackendoff, R., *Foundations of Language*, Oxford: Oxford University Press, 2002.

[92] Jackendoff, R., *Semantics and Cognition*, Cambridge, Mass: The MIT Press, 1983.

[93] Johnson, M., *The Body in the Mind*, Chicago: University of Chicago Press, 1987.

[94] Lakoff, G. & Johnson M., *Philosophy in the Flesh: The Embodied Mind and Its Challenge to Western Thought*, New York Basic Books, 1999.

[95] Lakoff, G., *Women, Fire, and Dangerous Things*, Chicage: University of Chicago Press, 1987.

[96] Lakoff, G. & Johnson M., *Metaphors We Live By*, Chicago: University of Chicago Press, 1980.

[97] Lakoff, G., *Ten Lectures on Cognitive Linguistics*, Beijing Foreing Language Teaching and Research Press, 2007.

[98] Langacker, R. W., *Grammar and Conceptualization*, Berlin: Mouton de Gruyter, 2000.

[99] Langacker, R. W., *Concept, Image, and Symbol*, Berlin: Mouton de Gruyter, 1991.

[100] Langacker, R. W., *Foundations of Cognitive Grammar*, Volume I, Stanford: Stanford University Press, 1987.

[101] Langacker, R. W., *Foundations of Cognitive Grammar*, Volume II, Stanford: Stanford University Press, 1991.

[102] Lehrer, A., *Semantic Fields and Lexical Structure*, Amsterdam: North Holland, 1974.

[103] Lyons, J., *An Introduction to Theoretical Semantics*, Cambridge:

Cambridge University Press, 1968.

[104] Lyons, J., *Semantics*, Cambridge: Cambridge University Press, 1977.

[105] Lyons, J., *Linguistic Semantics: An Introduction*, Cambridge: Cambridge University Press, 1995.

[106] Palmer, F. R., *Semantics*, Cambridge: Cambridge University Press, 1981.

[107] Pinker, S., *The Language Instinct: How the Mind Creates Language*, New York: Harper-Collins Publishers Inc, 1994.

[108] Sperber, D. & Wilson, D., *Relevance: Communication and Cognition*, Oxford: Blackwell, 1995.

[109] Talmy, L., *Towards a Cognitive Semantics*, Cambridge, Mass: The MIT Press, 2000.

[110] Taylor, J. R., *Linguistic Categorization: Prototypes in Linguistic Theory*, Oxford: Oxford Uniuersity Press, 1995.

[111] Taylor, J. R., *Cognitive Grammar*, Oxford: Oxford University Press, 2002.

[112] Taylor, J. R., *Ten Lectures on Applied Cognitive Linguistics*, Beijing: Foreign Language Teaching and Research Press, 2007.

[113] Turner, M., *The Literary Mind*, Oxford: Oxford University Press, 1996.

[114] Ullman, S., *Semantics*, New York: Bames & Noble, 1962.

二 论文

[1] 白云：《论常用动词虚化程度的等级性——以"吃""打""看""听""走"的虚化为例》，《语文研究》2007年第3期，第22—26页。

[2] 岑运强：《词义类型与句义结构模式》，《北京师范大学学报》（社会科学版）1996年第4期，第69—70页。

[3] 陈殿玺：《试探词义引申的途径和方式》，《古汉语研究》1994年增刊，第65—67页。

[4] 陈长书：《论动态词义的两种结构类型及其特征》，《枣庄师范专科学校学报》2004年第5期，第98—101页。

[5] 陈贤纯：《对外汉语中级阶段教学改革构想——词语的集中强化教学》，《世界汉语教学》1999年第4期，第3—11页。

[6] 陈阳芳:《以原型为中心的词汇教学的实际意义》,《黑龙江生态工程职业学院学报》2007 年第 1 期,第 104—107 页。

[7] 陈振宇、朴珉秀:《话语标记"你看"、"我看"与现实情态》,《语言科学》2006 年第 2 期,第 3—13 页。

[8] 董振东:《语义关系的表达和知识系统的建造》,《语言文字应用》1998 年第 3 期,第 76—82 页。

[9] 董成如:《转喻的认知解释》,《解放军外国语学院学报》2004 年第 2 期,第 6—9 页。

[10] 方一新、雷冬平:《近代汉语"看来"的词汇化和主观化》,《周口师范学院学报》2006 年第 3 期,第 107—111 页。

[11] 方平权:《汉语词义引申类型研究回顾与述评》,《湛江师范学院学报》2006 年第 5 期,第 75—80 页。

[12] 冯光武:《语言的主观性及其相关研究》,《山东外语教学》2006 年第 5 期,第 26—33 页。

[13] 傅翀:《语言中的原型范畴》,《信阳师范学院学报》(哲学社会科学版)2005 年第 5 期,第 81—83 页。

[14] 高名凯:《论语言系统中的词位》,《北京大学学报》1962 年第 1 期,第 29—42 页。

[15] 高玲玲:《视觉动词 see 语义演变的认知语用阐释》,《安徽大学学报》(哲学社会科学版)2008 年第 3 期,第 96—100 页。

[16] 郭聿楷:《义素分析与原型范畴》,《中国俄语教学》2001 年第 1 期,第 42—45 页。

[17] 韩玉国:《汉语视觉动词的语义投射及语法化构拟》,《外国语言文化》(季刊)2003 年第 4 期,第 10—13 页。

[18] 洪成玉:《词义的系统特征》,《北京师范学院学报》1987 年第 4 期,第 1—11 页。

[19] 洪成玉:《训诂学和语义学》,《古汉语研究》1997 年第 2 期,第 76—79 页。

[20] 猴瑞隆:《汉语感觉范畴隐喻系统》,《郑州大学学报》(哲学社会科学版)2003 年第 5 期,第 108—112 页。

[21] 胡佩迦:《汉语中感官知觉词的隐喻认知义考察》,《湖北师范学院学报》(哲学社会科学版)2005 年第 2 期,第 73—77 页。

[22] 黄曾阳：《HNC 理论概要》，《中文信息学报》1997 年第 4 期，第 11—20 页。

[23] 贾彦德：《语义场内词义间的几种聚合关系》，《新疆大学学报》1982 年第 1 期，第 91—97 页。

[24] 江傲霜、刘亚丽：《典型理论研究综述》，《红河学院学报》2003 年第 2 期，第 25—28 页。

[25] 李葆嘉：《汉语元语言系统研究的理论建构及应用价值》，《南京师大学报》（社会科学版）2002 年第 4 期，第 140—147 页。

[26] 李葆嘉：《汉语的词语搭配和义征的提取辨析》，《兰州大学学报》（社会科学版）2003 年第 6 期，第 1—9 页。

[27] 李葆嘉：《语义语法学理论和元语言系统研究》，《深圳大学学报》（人文社会科学版）2003 年第 2 期，第 105—110 页。

[28] 李葆嘉、李瑞：《试论词汇系统的语义性本质》，《江苏大学学报》（社会科学版）2007 年第 1 期，第 83—88 页。

[29] 李福印：《意象图式理论》，《四川外语学院学报》2007 年第 1 期，第 80—85 页。

[30] 李红儒：《试论认知意向谓词系统与视觉感知谓词》，《外语学刊》2001 年第 3 期，第 61—65 页。

[31] 李茜：《框架网（FrameNet）———一项基于框架语义学的词库工程》，《科技论坛》2005 年第 16 期，第 38—39 页。

[32] 李锡胤：《词典的广度、深度，词义层次及其体系》，《辞书研究》1986 年第 3 期，第 1—13 页。

[33] 廖光蓉：《多义词范畴原型裂变、次范畴化及相关问题研究》，《外语与外语教学》2005 年第 10 期，第 12—13 页。

[34] 梁丽、冯跃进：《认知语言学中的基本层次范畴及其特征》，《华中科技大学学报》（社会科学版）2003 年第 4 期，第 106—110 页。

[35] 刘楚群：《现代汉语中的预转语"看起来"》，《汉语学报》2006 年第 3 期，第 73—77 页。

[36] 刘丽华、李明君：《意象图式理论研究的进展与前沿》，《哈尔滨工业大学学报》（社会科学版）2008 年第 4 期，第 110—117 页。

[37] 陆俭明：《隐喻、转喻散议》，《外国语》2009 年第 1 期，第 44—50 页。

[38] 欧阳晓芳：《汉语词的动态交际义及其相关思考》，《湖北社会科学》2007 年第 4 期，第 125—127 页。

[39] 欧阳晓芳：《词义类型及语言理解》，《中文计算技术与语言问题研究——第七届中文信息处理国际会议论文集》，2007 年，第 168—172 页。

[40] 彭宣维：《认知发展、隐喻映射与词义范畴的延伸——现代汉语词汇系统形成的认知机制》，《北京师范大学学报》（社会科学版）2004 年第 3 期，第 46—52 页。

[41] 彭媛：《原型范畴理论的演变与发展及其启示》，《孝感学院学报》2005 年第 7 期，第 90—93 页。

[42] 覃修桂：《"眼"的概念隐喻——基于语料的英汉对比研究》，《外国语》2008 年第 5 期，第 37—43 页。

[43] 钱进：《论汉语词语的语义性别原型模式差异》，《江苏教育学院学报》（社会科学版）2000 年第 3 期，第 80—83 页。

[44] 邱广君、张俐、王宝库、朱靖波、邱波：《汉语信息处理中的语义关系类型分析》，《东北大学学报》（自然科学版）1998 年第 1 期，第 48—51 页。

[45] 师璐：《试论意象图式及其在词义延伸中的作用》，《四川外语学院学报》2004 年第 5 期，第 112—114 页。

[46] 沈家煊：《句法的象似性问题》，《外语教学与研究》1993 年第 1 期，第 2—8 页。

[47] 沈家煊：《词义与认知——〈从词源学到语用学〉评介》，《外语教学与研究》1997 年第 3 期，第 74—76 页。

[48] 沈家煊：《转指和转喻》，《当代语言学》1999 年第 1 期，第 3—15 页。

[49] 沈家煊：《语言的"主观性"和"主观化"》，《外语教学与研究》2001 年第 4 期，第 268—320 页。

[50] 石安石：《关于词义与概念》，《中国语文》1961 年第 8 期，第 35 页。

[51] 石向实：《论皮亚杰的图式理论》，《内蒙古社会科学》1994 年第 3 期，第 11—16 页。

[52] 孙维张、孙炜：《语义的分类及其类型》，《语言文字应用》1998 年

第 3 期，第 89—93 页。

[53] 史厚敏：《原型理论的认知机制》，《湖南文理学院学报》（社会科学版）2006 年第 1 期，第 132—135 页。

[54] 舒鑫柱：《现代汉语词汇语义网模型设计》，《山西大学学报》（自然科学版）2005 年第 4 期，第 361—364 页。

[55] 王吉辉：《词义的虚化及虚化的类别》，《语文研究》1997 年第 3 期，第 30—33 页。

[56] 王宁：《古汉语词义系统研究》序，《古汉语词义系统研究》（宋永培著），内蒙古教育出版社 2000 年版。

[57] 王寅：《事件域认知模型及其解释力》，《现代外语》（季刊）2005 年第 1 期，第 17—26 页。

[58] 汪少华：《隐喻推理机制的认知性透视》，《外语与外语教学》2000 年第 10 期，第 14—17 页。

[59] 文旭：《概念隐喻的系统性和连贯性》，《外语学刊》2003 年第 3 期，第 1—7 期。

[60] 闻亚兰：《语义范畴原型理论视野下的"一词多义"》，《词汇教学》2006 年第 2 期，第 52—54 页。

[61] 吴云：《认知框架下的空间隐喻研究》，《修辞学习》2003 年第 4 期，第 24—28 页。

[62] 吴世雄、纪玉华：《原型语义学：从家族相似性到理想化认知模式》，《厦门大学学报》（哲学社会科学版）2004 年第 2 期，第 57—64 页。

[63] 吴丽英、王凤元：《心理词汇的原型意义研究》，《河北北方学院学报》2005 年第 1 期，第 47—50 页。

[64] 吴新民：《汉英视觉动词概念隐喻的比较研究》，《济宁师范专科学校学报》2006 年第 4 期，第 59—62 页。

[65] 萧国政：《动词"打"本义的结构描写及其同义词群建构——一种人机共享的"词群—词位变体"研究初探》，《中文计算技术与语言问题研究——第七届中文信息处理国际会议论文集》，2007 年，第 3—9 页。

[66] 邢欣、白水振：《语篇衔接语的关联功能及语法化——以部分感官动词语法化构成的衔接语为例》，《汉语学习》2008 年第 3 期，第

15—21 页。

[67] 熊学亮:《语言的 ICM 和语言研究的 ICM》,《复旦学报》(社会科学版) 2003 年第 2 期, 第 134—140 页。

[68] 解海江:《汉语义位"吃"词义扩展的认知研究》,《烟台师范学院学报》(哲学社会科学版) 2006 年第 1 期, 第 91—94 页。

[69] 徐之明:《试论词义"组合同化"应遵循的原则——兼与张博同志商榷》,《贵州大学学报》(社会科学版) 2000 年第 5 期, 第 79—83 页。

[70] 徐时仪:《汉语双音词的衍生和发展探论》,《柳州职业技术学院学报》2005 年第 1 期, 第 39—47 页。

[71] 姚秋莉:《颜色词的语义认知与原型》,《外国语言文学》(季刊) 2003 年第 4 期, 第 30—34 页。

[72] 姚敏:《隐喻理论的认知本质与理解》,《哈尔滨工业大学学报》(社会科学版) 2005 年第 4 期, 第 123—126 页。

[73] 颜红菊:《汉语词汇语义关系研究的新视角》,《湘潭大学学报》(哲学社会科学版) 2007 年第 1 期, 第 114—119 页。

[74] 颜红菊:《语义场理论的认知拓展》,《求索》2007 年第 4 期, 第 195—196 页。

[75] 杨卫华:《对俄语视觉词语义的认知语言学研究》,《中国俄语教学》2000 年第 3 期, 第 34—40 页。

[76] 杨端志:《训诂学与现代词汇学在词汇词义研究方面的差异与互补》,《文史哲》2003 年第 6 期, 第 52—57 页。

[77] 姚天顺、张俐、高竹:《WordNet 综述》,《语言文字应用》2001 年第 1 期, 第 27—32 页。

[78] 吴云芳、俞士汶:《信息处理用词语义项区分的原则和方法》,《语言文字应用》2006 年第 2 期, 第 126—133 页。

[79] 袁明军、张慧晶:《语义特征研究概观》,《汉语学习》1999 年第 5 期, 第 24—31 页。

[80] 袁庆德:《词义究竟是如何引申的》,《吉林师范大学学报》(人文社会科学版) 2003 年第 1 期, 第 86—90 页。

[81] 张燚:《语义场:现代语义学的哥德巴赫猜想》,《新疆师范大学学报》(哲学社会科学版) 2002 年第 1 期, 第 95—98 页。

[82] 张明鸣:《论义位和义素分析在语义理解中的作用》,《东北大学学报》(社会科学版) 2003 年第 5 期,第 385—387 页。

[83] 张建理:《汉语"心"的多义网络:转喻与隐喻》,《修辞学习》2005 年第 1 期,第 40—43 页。

[84] 张建理:《英语视觉动词:概念的转换和彰显》,《浙江大学学报》(人文社会科学版) 2005 年第 6 期,第 161—169 页。

[85] 张谊生:《"看起来"与"看上去"——兼论动趋式短语词汇化的机制与动因》,《世界汉语教学》2006 年第 3 期,第 5—17 页。

[86] 张秀松:《情态标记词"看"的语法化》,《南华大学学报》(社会科学版) 2006 年第 3 期,第 76—78 页。

[87] 张立新、张权:《论语言行为情态——情态及情态隐喻的认知语用分析》,《广东外语外贸大学学报》2007 年第 2 期,第 54—57 页。

[88] 赵艳芳、周红:《语义范畴与词义演变的认知机制》,《郑州工业大学学报》(社会科学版) 2000 年第 4 期,第 53—56 页。

[89] 赵世举:《关于汉语词汇系统宏观问题的初步思考》,《词汇学理论与应用》(三),丛刊 2006 年,第 56—66 页。

[90] 周光庆:《汉语词汇研究的认知学基础》,《华中师范大学学报》(人文社会科学版) 2005 年第 5 期,第 106—112 页。

[91] 周国光:《词汇的心理属性和词汇的体系性》,《华南师范大学学报》(社会科学版) 2003 年第 1 期,第 57—69 页。

[92] 周国光:《语义场的结构和类型》,《华南师范大学学报》(社会科学版) 2005 年第 1 期,第 77—85 页。

[93] 周明强:《歧义、歧解和用歧的认知问题》,《语言文字应用》2004 年第 3 期,第 83—90 页。

[94] 周有斌、邵敬敏:《汉语心理动词及其句型》,《语文研究》1993 年第 3 期,第 32—36 页。

[95] 邹智勇:《语义范畴的认知语言学诠释》,《外语学刊》2000 年第 3 期,第 41—46 页。

[96] 曾立英:《"我看"与"你看"的主观化》,《汉语学习》2005 年第 2 期,第 15—22 页。

[97] Evans, V., "Lexical Concepts, Cognitive Models and Meaning-Construction", *Cognitive Linguistics*, 2006, 17 (4), pp. 491–534.

[98] Evans, V., "How we conceptualise time", *Essays in Arts and Sciences*, 2004, 33 (2), pp. 13 – 44.

[99] Evans, V., "The meaning of time: Polysemy, the lexicon and conceptual structure", *Journal of Linguistics*, 2005, 41 (1), pp. 1 – 39.

[100] Gallese V. & Lakoff G., "The Brain's Concepts: The Role of the Sensory-Motor System in Reason and Language", *Cognitive Neuropsychology*, 2005, 22: pp. 455 – 479.

[101] Gibbs, R. W. J. & Colston, H. L., "The Cognitive Psychological Reality of Image Schemas and Their Transformations", *Cognitive Linguistics*, 1995, 6, pp. 347 – 378.

[102] Goddard, C, "*On* and *On*: Verbal Explications For a Polysemic Network", *Cognitive Linguistics*, 2002, 13, pp. 277 – 294.

[103] Kreitzer, A., "Multiple levels of Schematization: A Study in the Conceptualization Space", *Cognitive Linguistics*, 1997, 8, pp. 291 – 325.

[104] Lakoff, G., "The invariance hypothesis: Is abstract Reason Based on imageschemas?", *Cognitive Linguistics*, 1990, 1 (1), pp. 39 – 74.

[105] Lakoff, G. and Thompson H., "Introduction to Cognitive Grammar", *Proceedings of the 1st Annual Meeting of the Berkeley Linguistics Society*, Berkeley Linguistics Society, pp. 295 – 313.

[106] Ouyang, Xiaofang, "Conceptual Attributes and Activation Mechanism in Modern Chinese", *Recent Advance of Chinese Computing Technologies*, 2008, pp. 155 – 158.

[107] Per Aage Brandt, "Mental Spaces and Cognitive Semantics: A Critical Comment", *Journal of Pragmatics*, 2005, 37, pp. 1578 – 1594.

[108] Radden, G &Kovecses. Z, "Towards a Theory of Metonymy", In Panther K-U & Radden, G. (eds), *Metonymy in Language and Thought*, Amsterdam: Gohn Benjamins Publishing, 1999.

[109] Sandra, Dominiek, "What linguists Can and Can't Tell You About the Human Mind: A Reply to Croft", *Cognitive Linguistics*, 1998, 9 (4), pp. 361 – 478.

[110] Sharifian, Farzad, "On cultural Conceptualisations", *Journal of Cog-

[111] Shun Morimoto & Shawn Loewen, "A Comparison of the Effects of Image-schema-based Instruction and Translation-based Instruction on the Acquisition of L2 Polysemous Words", *Language Teaching Research*, 2007, 11 (3), pp. 347 – 372.

[112] Traugott, E. C., "On the Rise of Epistemic Meaning in English: an Example of Subjectification in Semantic Change", *Language*, 1989, 65, pp. 31 – 55.

[113] Tyler, Andrea & Evans, V., "Reconsidering Prepositional Polysemy Networks: The Case of Over", *Language*, 2001, 77 (4), pp. 724 – 765.

[114] Xiao, Guozheng & Hu, Dan, "Semantic Composition and Formal Representation of Synonym Set", *Recent Advance of Asian Language Processing Technologies*, 2008, pp. 93 – 97.

[115] Xiao, Guozheng, "Constructing Verb Synsets for Language Reasoning based on Synset-Allolexeme Theory", *Recent Advance of Chinese Computing Technologies*, 2008, pp. 3 – 10.

[116] Zwaan, Rolf, "The immersed experiencer: Toward an embodied theory of language Comprehension", *The Psychology of Learning and Motivation*, 2004, Vol. 44, New York: Academic Press, pp. 35 – 62.

三 学位论文

[1] 胡悻:《基于多维特征属性描写的现代汉语概念语义网的建构研究》,博士学位论文,武汉大学,2007 年。

[2] 刘传江:《原型理论在词义分析中的应用》,硕士学位论文,吉林大学,2004 年。

[3] 王桂花:《汉英视觉动词对比研究》,硕士学位论文,鲁东大学,2008 年。

[4] 武文杰:《现代汉语视觉行为动词研究》,博士学位论文,山东大学,2008 年。

[5] 张磊:《汉英视觉动词语法化的认知研究》,博士学位论文,中央民

族大学，2006年。
[6] 赵倩：《汉语人体名词词义演变规律及认知动因》，博士学位论文，北京语言大学，2007年。